Abby Sunderland/Lynn Vincent

Wild Eyes –
mit dem Wind um die Welt

Mit 16 allein auf dem Meer

BRUNNEN
Verlag Giessen · Basel

© der deutschen Ausgabe Brunnen Verlag Gießen 2012
www.brunnen-verlag.de
Umschlagfoto: © 2011 GizaraArts.com (Abby);
© 2010 Trevor Wilkins (*Wild Eyes*)
Umschlaggestaltung: Sabine Schweda
Innenfotos: soweit nicht anders angegeben: © Familie Sunderland
Satz: DTP Brunnen
Druck: CPI – Ebner & Spiegel, Ulm
ISBN 978-3-7655-1184-4

INHALT

Für Mama,
für alles, was du hinter den Kulissen für mich getan hast.
Ich verdanke dir unendlich viel.

Für Papa,
für all deine Unterstützung und
dass du immer an mich geglaubt hast.
Nur so konnte mein Traum wahr werden.

Danke für eure Liebe und dass ihr mir
immer den Rücken gestärkt habt.

*Nähme ich Flügel der Morgenröte
und bliebe am äußersten Meer,
so würde auch dort deine Hand mich führen
und deine Rechte mich halten.
Psalm 139,9-10*

Abby Sunderlands Geschichte wird aus verschiedenen Perspektiven erzählt:
🔺 von Abby selbst
🔱 und von der Journalistin Lynn Vincent.
Man erkennt sie an den beiden unterschiedlichen Symbolen.

Eine Karte von Abbys Route befindet sich hinten auf den letzten beiden Seiten im Buch, eine Abbildung von Abbys Boot *Wild Eyes* auf Seite 214.

DER INDISCHE OZEAN

Auf Seekarten gibt es Orte, vor denen selbst wettergegerbte, alte Seeleute einen riesen Respekt haben. Denn sie wissen: Hier darf nichts schiefgehen. Wer hier durchkommen will, darf nichts dem Zufall überlassen. Orte wie die windumtoste Passage südlich von Kap Hoorn in Südamerika. Oder die Mitte des Indischen Ozeans. Hier war ich!

Flächenmäßig ist der Indische Ozean zwar kleiner als der Pazifik und der Atlantik, doch immerhin bedecken seine Wassermassen rund 14 Prozent der Erdoberfläche – 74,9 Millionen Quadratkilometer. Im Norden begrenzt durch die zerklüfteten Küsten Indiens und Südostasiens, erstreckt er sich im Westen bis Afrika. Im Osten rollen seine Wogen an die Strände Australiens und Indochinas. Im Süden trotzt die Antarktis seiner Wucht. Auf seiner unendlichen Wasserfläche schimmern wie kostbare Juwelen unzählige Inseln und exotische Inselstaaten wie Madagaskar, Piratenstützpunkt des 18. Jahrhunderts, oder die Malediven, deren türkisblaue Gewässer die Heimat von sechsundzwanzig verschiedenen Haiarten sind.

Der Indische Ozean ist schön und gleichzeitig schrecklich. Segler kennen seine friedliche Seite, mit stetigen Winden und klarem Himmel. Sie wissen aber auch, dass er sich in ein brüllendes Ungeheuer verwandeln kann, das mit schweren Gewitterwolken, Blitzen und turmhohen Wellen zum Kampf herausfordert – der Mensch gegen das Meer. Noch vor weniger als hundert Jahren bedeutete ein manövrierunfähiges Schiff in den rollenden Brechern des Indischen Ozeans das Todesurteil. Für den Kapitän blieb nur die Hoffnung, dass ihm sein Rumvorrat nicht ausging, bevor er starb.

Selbst heute, im Zeitalter der Technik, bleibt der Indische Ozean ein gefährliches Gewässer. Sein Zentrum liegt zweitausend Seemeilen von der nächsten Such- und Rettungsstation entfernt. So weit, dass einem Rettungsflugzeug, das tief genug fliegen kann, um ein sinkendes Segelboot zu orten, der Kraftstoff ausgeht, bevor es das Boot erreicht.

Seewetterbericht des Seewetterdienstes *Commander's Weather*
Vorhersage für den 9. Juni 2010
12:30 UTC (= koordinierte Weltzeit):

Am Mittwoch auffrischender Wind aus NW bis N um 15:00 UTC, dann vorwiegend zwischen 21:00 UTC und 6:00 bis 9:00 UTC raue See aufgrund eines herannahenden Sturmsystems ...

Am Rande des Tiefdruckgebiets kommt es heute ab 21:00 UTC zu vereinzelten Böen und zunehmender Windgeschwindigkeit bis zu 50-60 Knoten. Danach auffrischender Wind aus NW, zwischen 6:00 und 9:00 UTC gefolgt von einer Kaltfront.

Wind aus NW mit einer Geschwindigkeit von 35 bis 50 Knoten, mit einzelnen Böen bis zu 60 Knoten.

Voraussichtlich 9 bis 12 Std. schwerste Wetterbedingungen.

Am tollsten waren die Stürme. Die *Wild Eyes* war ein schnelles Boot, eine 12-m-Jacht der Open 40-Klasse. Sie war für hohe Geschwindigkeiten gebaut und es machte Spaß, mit ihr über die bis zu neun Meter hohen Wellenkämme zu fliegen. Wellen, von denen jeder Segler nur träumen kann: riesige heranrollende Wasserberge, die aussahen wie in dunkle, graue Seide gehüllt. Tagsüber hingen große, schwarze Wolken über dem Meer, nur hin und wieder kam ein Sonnenstrahl durch. In der Nacht klarte es meistens auf. Dann stand ich an Deck, mit eingehakter Sicherungsleine, und mein Boot und ich jagten über die hohe Dünung, während die Sterne über mir so groß und hell leuchteten wie Monde.

In der zweiten Juniwoche verschlechterte sich das Wetter. Schwere Stürme zerfetzten die Segel der *Wild Eyes* und schlugen alles kurz und klein. Das Schlimme war, dass mir zwischendurch, wenn der Sturm mal Pause machte, keine Zeit blieb, um die Schäden zu reparieren.

Das Segelflicken gehörte zu meinen wichtigsten Aufgaben, denn ohne Segel war die *Wild Eyes* hilflos. Meistens war ich, wenn mir der Sturm mal eine Pause gönnte, nur damit beschäftigt – alle anderen Reparaturarbeiten blieben liegen. Daher segelte ich auch schon die längste Zeit mit meinem Ersatzautopiloten, und selbst der funktionierte nicht richtig. Kaum hatte ich ein Leck unter dem Drosselventil repariert, drang schon wieder Seewasser in die Kabine ein. Die Heizung war schon lange kaputt, meine Kleidung trocknete nicht mehr und ich fror Tag und Nacht erbärmlich. Und während ich fieberhaft versuchte, die Schäden zu reparieren, frischte der Wind erneut auf und schon bald wurde ich wieder von Sturmböen in meiner winzigen Kabine hin und her geworfen wie ein Tischtennisball.

Da half nur, mir selbst Mut zu machen. *Du schaffst es, Abby! Lass dich nicht hängen! Du kannst nicht alles gleichzeitig machen – immer schön eins nach dem anderen.*

Der offene Ozean führt Segler an ihre körperlichen Grenzen und darüber hinaus. Das Segeln wird dann zu einem Akt reiner Willenskraft. Nie durfte ich zulassen, dass die Angst die Oberhand gewann. Denn wenn man anfängt, sich auszumalen, was alles passieren könnte, lähmt die Angst das Denken und man kann nichts mehr machen. Auf See hängt das Überleben von klaren Gedanken und schnellem, entschlossenem Handeln ab. Entscheidungen müssen sofort getroffen werden. Man darf keine kostbare Zeit verschwenden. Aber ich musste lernen, dass es Situationen gibt, in denen alle Willenskraft nicht ausreicht, egal, wie stark ich mich fühlte.

Am 10. Juni 2010 kam ich mitten im Indischen Ozean in das schwerste Unwetter meiner gesamten Tour. Wind und Wellen prügelten auf mein Boot ein und brachten es insgesamt vier Mal zum Kentern, sodass der Mast waagrecht aufs Wasser gedrückt wurde. Unter Deck musste ich mich festbinden, damit ich nicht dauernd gegen die Kabinenwände geschleudert wurde. Jedes Mal, wenn eine Sturzsee die *Wild Eyes* unter sich begrub, stieg der Autopilot aus und schaltete in den Stand-by-Modus. Und jedes Mal, wenn das Boot sich wieder aufrichtete, musste ich nach oben hechten, ins Cockpit springen und die Ruderpinne herumreißen, um von Hand zurück auf Kurs zu steuern.

Ich öffnete die Luke zum Niedergang und sah, wie die *Wild Eyes* in der schweren See rollte und krängte. Von draußen drang das Brüllen des Windes an meine Ohren. Wellen schlugen über meinem Boot zusammen, Salzwasser klatschte mir ins Gesicht und nahm mir den Atem. Ich musste mein Trapez am Geländer einhaken, bevor ich den Niedergang hochklettern konnte. Das Deck war nicht mehr waagrecht, sondern ragte rechts wie eine hohe Wand vor mir auf. Ich machte einen Schritt nach draußen und suchte mit den Füßen Halt auf der schmalen Innenwand des Cockpits, die knapp unter der Wasserlinie lag. Die *Wild Eyes* rollte heftig in den Wellenbergen und tauchte immer wieder ein. Gischt peitschte mir ins Gesicht und hüllte das senkrechte Deck in weißen Nebel. Immer noch auf der Cockpitwand balancierend, tastete ich mich langsam voran. Dabei versuchte ich krampfhaft, nicht daran zu denken, dass der einzige feste Boden, den ich unter den Füßen hatte, der Meeresboden unter mir und das nächste erreichbare Land das 700 Meilen entfernte Kerguelen-Archipel war.

Ich spürte, wie die Angst in mir hochstieg, obwohl ich verzweifelt dagegen ankämpfte. Mit aller Kraft konzentrierte ich mich darauf, was zu tun war. *Weiter, Abby. Geh weiter, bis zum Cockpit. Nimm die Ruderpinne. Steuere das Boot.*

Als ich wieder in der Kabine war, wurde die *Wild Eyes* zum vierten Mal von einer Sturzsee überrollt, schlimmer als vorher. Noch bevor ich die Luke öffnete, wusste ich, dass der Mast komplett unter Wasser gedrückt worden war – und das war nicht gut. Mit klopfendem Herzen wartete ich. Ich hörte nur das Brüllen des Windes und das Geräusch der Stage und Beschläge, die gegen den Mast schlugen. Ich hielt den Atem an.

Wird sich das Boot wieder aufrichten? Oder wird es diesmal durchkentern?

Ich spürte, wie die *Wild Eyes* tapfer gegen die Wellen ankämpfte – und dann langsam und allmählich wieder hochkam.

Erleichtert atmete ich auf. *Ich liebe dieses Boot!*

1 GUADALUPE

Baja California, Mexiko, 2001

„Schau mal, Papa, ein Panga (mexikanische Bezeichnung für ein Skiff, kleines Boot; d. Übers.)!" Aufgeregt zeigte Abby Richtung Insel. Vor ihnen lag die Insel Guadalupe, westlich der Halbinsel Baja California, dem nördlichsten Bundesstaat Mexikos. Auf der kargen Insel lebten nur etwa zwei Dutzend Menschen, die meisten von ihnen Hummer- oder Muschelfischer. Hier gingen die Sunderlands auf ihrer Reise das erste Mal vor Anker. Die Reise war ein lang gehegter Traum: ein Segeltörn entlang der mexikanischen Küste, im eigenen Boot und mit der ganzen Familie.

Sanft zog die Dämmerung herauf, als die 15-Meter-Jacht *Amazing Grace* leise um die Südspitze der Insel in eine majestätische Bucht glitt. Laurence und Marianne standen mit den Kindern am Bug: Zac, damals 10 Jahre, Abby (8), Toby (4) und Jessica (3). Zusammen blickten sie staunend nach oben. Die Bucht bildete einen natürlichen Hafen und war von Backbord her durch rötliche, 200 m hohe Klippen vom Meer abgeschirmt. An der Steuerbordseite türmten sich die nackten Felsen bis in den Himmel. Das blaugrüne, knapp 20 m tiefe Wasser war glasklar, sodass man selbst im schwindenden Licht noch den Meeresboden sehen konnte.

Das kleine Motorboot, das Abby entdeckt hatte, kam langsam näher. Es war ein langes, schmales Skiff, ein typisches mexikanisches Fischerboot. Laurence konnte einen Mann ausmachen, der aufrecht im Boot stand und mit beiden Armen winkte. „Hola, señor!", grüßte der Fischer auf Spanisch. „Cerveza para langosta? Cerveza para langosta?"

Laurence warf seiner Frau einen fragenden Blick zu. Wer in Südkalifornien wohnt, versteht in der Regel recht gut Spanisch und weiß, dass *cerveza* „Bier" heißt. Aber „langosta"? Als das Skiff näher kam, wurde klar, was der Fischer meinte: Im Boot krabbelten 40 bis 50 fangfrische, rosig-braune Hummer übereinander wie Riesenameisen.

„Wow", sagte Zac. „Das sind ja Riesenkerle!" Die Kinder starrten fasziniert auf das Gekrabbel im Boot.

„Langosta, natürlich!", lachte Laurence. „Hummer! Si, señor!" Sein Spanisch war etwas eingerostet und er ging in Gedanken die Zahlen von eins bis zehn durch. „Wir hätten gern vier Stück – cuarenta!"

Das wettergegerbte Gesicht des Mannes strahlte.

„Cuarenta! Muy bien!"

„No, espera! Espera!", rief Marianne dazwischen. „Warten Sie!" Und zu Laurence sagte sie: „Du, ich glaube, *cuarenta* heißt vierzig."

„Nein, nein, warten Sie, warten Sie!", schrie jetzt auch Laurence, wild gestikulierend. „Espera! Espera!"

Doch der Fischer hatte schon begonnen, die Hummer schwungvoll auf die *Amazing Grace* umzuladen, wo sie auf dem Bootsdeck herumschlitterten und krabbelten. Die Kinder lachten und kreischten, umringten die neuen Passagiere neugierig, um mit einem Aufschrei zurückzuspringen, wenn sie ihren Zehen zu nahe kamen.

Trotz der Sprachbarriere konnte man sich nach einigem Feilschen auf den Tausch von zwölf Hummern gegen zwei Sixpacks Bier einigen, die ihnen jemand auf der Insel Santa Catalina vor der kalifornischen Küste mitgegeben hatte, und beide Seiten waren zufrieden.

Dann versammelten sich alle im Cockpit und die Kinder sahen mit großen Augen zu, wie Laurence den Krustentieren fachmännisch den Kopf umdrehte, bevor er sie in einen großen Topf mit kochendem Wasser warf. Mit Knoblauchbutter zum Dippen ein Festmahl aus dem Meer – das erste von vielen in den darauf folgenden drei Jahren.

Im Jahr 2001, nach zwei fehlgeschlagenen Versuchen, wollte sich die Familie Sunderland endlich einen Traum erfüllen: für eine Zeit lang dem sesshaften Leben an Land den Rücken zu kehren und von einem Ort zum anderen zu segeln. Mit der Freiheit, die Route selbst zu bestimmen und dort, wo es ihnen gefiel, so lange zu bleiben, wie sie wollten.

Laurence arbeitete damals bei der Hafenaufsicht auf Santa Catalina Island, einer Insel vor der Küste Südkaliforniens, nicht weit von Los Angeles. Dort, in der malerischen Bucht Emerald Bay, einem beliebten Ankerplatz für Segler, beantwortete er Funksignale von Booten auf See, leistete Hilfe in Seenot und wies einlaufenden Booten ihre Liegeplätze zu.

Es war eine Arbeit, bei der ihm seine langjährige nautische Erfahrung zugutekam. Laurence wurde in einer Kleinstadt an der englischen Kanalküste geboren, unweit der Hafenstadt Lymington und der Isle of Wight – der Heimat des internationalen America's Cup, der bekanntesten und ältesten noch heute ausgetragenen Segelregatta. Östlich von Lymington liegt die Stadt Portsmouth, berühmt für legendäre Regatten.

Als Sohn eines Klavierstimmers, der nebenbei ein Fischfangunternehmen betrieb, bekam Laurence sein erstes Boot noch vor dem ersten Fahrrad. Das Boot war sein ganzer Stolz. Als Zehnjähriger ruderte er gern mit seinen Freunden die Seitenarme des Lymington River hinauf. Dort gab es genug flache Sandbänke zum Anlegen, Brennholz für Lagerfeuer und manchmal auch Möweneier, die man sich zum Frühstück braten konnte.

Sein Vater nahm ihn regelmäßig mit zum Segeln und weckte in ihm die Liebe zur Seefahrt und zum Meer. Mit sechzehn machte Laurence seinen Schulabschluss und entschied sich gegen ein Studium oder eine weiterführende Schule. Als Praktiker, der seine Zeit am liebsten draußen in der Natur verbrachte, begann er eine Lehre als Bootsbauer und lernte das Handwerk von der Pike auf: Metall- und Fiberglasverarbeitung, Elektronik, Schweißen, Klempner- und Zimmermannsarbeiten.

Als Laurence neunzehn Jahre war, wurde in Großbritannien ein neues Steuergesetz erlassen, nach dem Luxusgüter besonders hoch zu versteuern waren, was verheerende Auswirkungen auf die Bootsindustrie hatte. Daraufhin beschloss er, nach Australien auszuwandern, wo er in Zimmermannsbetrieben Arbeit fand und gelegentlich auch Aufträge als Bootsbauer bekam. Mit Freunden gründete er eine Band, die in Australien eher mäßigen Erfolg hatte, und so machte sich die Gruppe 1990 auf, die Musikmetropolen der Welt zu erobern, unter anderem auch Los Angeles.

Nach anstrengenden Studioaufnahmen ging Laurence gern an den Strand von Venice Beach zum Surfen. Dort fiel sein Blick auf eine junge Frau Anfang zwanzig, die am Wasser saß und vier Jungen im Teenageralter beobachtete, die in der Brandung herumsprangen. Sie war schlank und sportlich, in Shorts und T-Shirt. Ihr langes, hellbraunes Haar schimmerte in der Sonne und wehte um ihre Schultern. Laurence war hingerissen. Fieberhaft suchte er nach einem Vorwand, sie anzusprechen, fasste sich dann ein Herz und sagte einfach: „Sie sind eigentlich noch zu jung, um schon so große Kinder zu haben."

Das Mädchen lächelte. „Das sind auch nicht meine Kinder, sondern Jungs aus dem Kinderheim. Ich bin ihre Betreuerin."

Sie hieß Marianne, hatte vor Kurzem ihren Abschluss in Psychologie gemacht und arbeitete mit Jugendlichen aus sozialen Brennpunkten.

Marianne war ebenfalls sehr angetan von dem blonden Surfer mit den blauen Augen und dem australischen Akzent. Sie verabredeten sich für den Abend. Keiner von beiden hatte etwas zum Schreiben dabei, sodass Laurence Mariannes Telefonnummer mit dem Autoschlüssel in seinen Lederturnschuh ritzte.

Die Band löste sich bald auf, doch Laurence blieb in Kalifornien und gründete 1990 seine erste Firma: *Sunderland Yacht Management*. Ein Jahr später heirateten Laurence und Marianne.

1998, als Laurence für eine Saison oder zwei bei der Hafenaufsicht auf Santa Catalina beschäftigt war, lebte die Familie bereits auf einem Boot. Und so nahm die Idee des Segeltörns mit der ganzen Familie Gestalt an – die beste Gelegenheit, ihre Jacht auf Seetüchtigkeit zu testen. Die Reise sollte, wenn alles glattging, bis nach Großbritannien führen – mit Lymington als Ziel, Laurence' Heimathafen.

An ihrem kalifornischen Liegeplatz in der Emerald Bay hatten sie weder Strom noch sonstige Annehmlichkeiten wie Wasch- oder Einkaufsmöglichkeiten in der Nähe. Mithilfe des Dieselmotors und von Sonnen- und Windenergie erzeugten sie ihren Strom selbst und lernten, den Stromverbrauch an Bord auf das Nötigste zu beschränken. Lebensmittelvorräte mussten für zwei oder drei Wochen eingekauft und eingeteilt werden. Das Trinkwasser gewannen sie durch die bordeigene Entsalzungsanlage.

Die Kinder liebten das Leben in der Emerald Bay. Marianne ruderte fast täglich mit ihnen zur Insel Santa Catalina und ging mit ihnen an den Strand. Die beiden ältesten, Zac und Abby, segelten manchmal mit Zacs kleiner Jolle allein hinüber oder schwammen zum Ufer. Alle Kinder lernten von Anfang an schwimmen, schnorcheln, angeln und paddeln.

Die schulpflichtigen Kinder unterrichtete Marianne zu Hause, das heißt vom Boot aus, nach dem amerikanischen „Homeschooling"-Modell. Dafür bot die nähere Umgebung reichlich Anschauungsmaterial. Als erster Europäer hatte der spanische Entdecker Juan Cabrillo 1542 seinen Fuß auf die Insel Santa Catalina gesetzt und sie San Salvador genannt. Später, im Jahr 1602, wurde sie von Sebastian Vizcaino wiederentdeckt, der sie Santa Catalina nannte, im Gedenken an die heilige Katharina.

In den folgenden dreihundert Jahren zog die Insel Besucher und Siedler unterschiedlichster Couleur an, wie Schmuggler und Otterjäger aus dem heutigen Alaska, das damals zu Russland gehörte. Natürlich waren die geschützten Buchten auch ideale Zufluchtsorte für Piraten. Laurence liebte es, den Kindern Piratengeschichten zu erzählen, während Marianne ihnen lebensnahen Geschichts- und Biologieunterricht gab. Die Kinder lernten die Tierwelt der Insel kennen, wie das Hirschferkel und den Insel-Graufuchs, und hörten vom Stamm der Aleuten, der für die Ausrottung der Otter verantwortlich war.

Das Leben an Bord der Jacht während der Zeit auf Catalina Island war die beste Vorbereitung für den geplanten Törn. Dabei hatte für Laurence und Marianne die Sicherheit der Kinder oberste Priorität. Jeder musste wissen, wie er sich an Bord zu verhalten hatte. „Auf See gelten besondere Regeln", pflegte Laurence zu sagen. „Das Leben auf einem Boot kann manchmal recht eintönig sein. Tagelang passiert nichts. Aber wenn etwas passiert, dann passiert es schnell. Deshalb darf nichts schiefgehen. Wer nicht hört oder nicht auf seine Sachen aufpasst, den bestraft das Meer. Wenn ihr das Beiboot oder euer Surfbrett nicht ordentlich festmacht, ist es weg. Wenn ihr eure Sicherheitsleinen nicht einhakt und an Deck ausrutscht, kann es sein, dass ihr über Bord geht, ohne dass euch jemand sieht. Und dann seid ihr weg." Die Kinder nickten. Laurence wusste, sie würden im Laufe der Reise mehr und mehr Verantwortung lernen. Und sie sollten die Gelegenheit haben, fremde Länder, Menschen und Kulturen hautnah zu erleben, anstatt die Welt nur durch Film und Fernsehen kennenzulernen. Diese Reise sollte etwas ganz Besonderes sein, ein gemeinsames Erlebnis, das die Familie zusammenschweißte.

Am 21. Oktober war es endlich so weit. Die 15-Meter-Jacht *Amazing Grace* mit Kuttertakelung nahm Kurs auf Mexiko. Die Bordcrew bestand aus Kapitän Laurence, dem ersten Offizier Marianne, dem Vollmatrosen Zac und den Leichtmatrosen Abby, Toby und Jessie.

Die Kinder kannten an den endlosen, eintönigen Tagen auf See keine Langeweile. Sie lasen, spielten Indianer, bauten improvisierte Ritterburgen und waren immer beschäftigt. Jessica war mit ihren zweieinhalb Jahren die Jüngste – und diejenige, die sich an Bord am sichersten bewegte. Schließlich hatte sie auf dem Boot laufen gelernt. (Und alle amüsierten sich darüber, dass sie dafür an Land keinen Schritt geradeaus gehen konnte.) Zac und Abby, die beiden Ältesten, waren ganz in ihrem Element. Eifrig halfen sie beim Segelsetzen und anderen Arbeiten an Bord, sogar in der Küche fassten sie gerne mit an. Der arme Toby hatte mit anhaltender Seekrankheit zu kämpfen. Alle hofften, dass sich dies nach ein paar Tagen legen würde wie bei den anderen Kindern.

Dass bei einem Segeltörn alle mithelfen müssen, lernten die Kinder schnell. Einkaufen in den Häfen zum Beispiel war ein größeres Unternehmen, an dem die ganze Familie beteiligt war. Im Hafen von Tenacatita kletterten alle, mit Rucksäcken bewaffnet, in das kleine, motorisierte Dingi, das sie als Beiboot mitführten. An Land rumpelten sie mit einem alten, klapprigen Bus durch das staubige Dorf La Manzanilla bis ins Ortszentrum von Melaque. *Las tiendas*, die Geschäfte, waren niedrige, stuckverzierte Gebäude, deren Namen von Hand auf den bröckeligen Putz gepinselt waren. Drinnen tauchten Marianne und die Kinder große Schöpfkellen in die Eichenfässer mit Reis, Bohnen und Zucker und füllten ihre Schätze in große, stabile Papiertüten.

Marianne zeigte Abby und Zac, woran man die besten Papayas und Bananen erkennt, und alle vier Kinder bekamen ein Stück rohes Zuckerrohr, das süß und köstlich schmeckte, wenn man lange genug darauf herumkaute.

Nachdem die Einkäufe erledigt waren, gingen Marianne und die Kinder in die „Tortilleria". Dort formten ein paar rundliche, fröhlich durcheinanderschwatzende Mexikanerinnen mit geschickten Bewegungen aus einem Maismehlteig dünne Fladen, die sie in der heißen Bratpfanne in begehrte Köstlichkeiten verwandelten. Die Familie kaufte ein Dutzend Tortillas für sieben Pesos und aß sie auf dem Heimweg im Bus – eines der Familienrituale, an das sich die Kinder bis heute erinnern.

Nach einem solchen Großeinkauf war der Bedarf an Grundnahrungsmitteln meistens für eine Weile gedeckt. Um zusätzlich frisches Obst und Gemüse zu kaufen, tuckerten sie von Tenacatita mit dem Dingi unter dem dichten Dach der Mangrovenbäume einen Salzwasserarm hinauf. Er endete in einer paradiesisch anmutenden Bucht, die aufgrund ihres Reichtums an bunten, tropischen Fischen „das Aquarium" genannt wurde. Dort gab es eine kleine Ansammlung von bescheidenen Häusern und Open-Air-Restaurants, die einmal pro Woche von einem Gemüsebauern beliefert wurden. Die Bootsbesitzer, die mit ihren Jachten in Tenacatita vor Anker lagen, wussten das und gehörten längst zu seinen regelmäßigen Kunden.

Die weite Fahrt mit dem Dingi durch die Mangroven war für die Kinder immer ein besonderes Ereignis. Langsam glitt das Boot mit gleichmäßigem Brummen unter den tief hängenden Ästen hindurch. Sie sahen Blaufußtölpel und winzige, hell schimmernde Finken und hin und wieder ein dösendes Krokodil am Ufer. Die Krokodile waren in der Regel sehr scheu und glitten beim Näherkommen blitzschnell ins Wasser, wo sie mit einer einzigen kraftvollen Schwanzbewegung abtauchten.

In der „Aquarium-Bucht" mit ihrem türkisfarbenen, glasklaren Wasser, gesäumt von Palmen und pudrigem, weißem Sand zogen sie das Dingi auf den Strand. Meistens mussten sie nicht lange warten, bis der klapprige Kleinlaster heranschnaufte. Marianne und Laurence gaben den Kindern ein paar Pesos und sahen zu, wie der freundliche alte Mann für sie geduldig die spanischen Wörter für Karotten, Kohl oder Kartoffeln wiederholte und ihnen den Preis auf Spanisch nannte. Die Verständigung klappte von Mal zu Mal besser.

„¡Gracias, señor!", riefen die Kinder und winkten zum Abschied.

In ihrem Leben gab es kein Fernsehen und keine Videospiele. Dafür Krokodile, schillernde tropische Vögel und Begegnungen mit Menschen aus anderen Kulturkreisen – wie den Gemüsemann und sein fremdartiges Geld und den anderen Namen für altbekannte Dinge.

Genau das war es, was Laurence und Marianne wichtig war: den Kindern von klein auf bestimmte Werte zu vermitteln, wie Bescheidenheit, und die Gabe, zu improvisieren und aus jeder Situation das Beste zu machen. Und zu zeigen, dass Glück nicht von materiellem Reichtum abhängig ist. Zum Beispiel, dass man keinen Bäckerladen mit einer Auswahl von zwanzig verschiedenen Arten von Donuts braucht, sondern Donuts selbst backen kann. Abby liebte es, in der Kombüse die mit Muskat gewürzten Teigbällchen in heißem Fett zu frittieren. Mit Zucker und Zimt bestäubt und noch warm gegessen, schmeckten ihre Donuts köstlich und wurden zu einer schönen Tradition am Samstagmorgen.

Die drei Jahre mit meiner Familie auf dem Boot gehören zu den schönsten Erinnerungen, die ich an meine Kindheit habe. Immer, wenn wir auf See waren, angelten wir und fingen die unterschiedlichsten Fische – wunderschöne, farbenfrohe und manchmal ganz komische Fische, wie ich sie noch in keinem Buch gesehen hatte. Mein Papa fing die dicksten. Dann kam er immer ins Cockpit und zeigte uns stolz seinen Fang. Ich erinnere mich noch an einen, der wie ein Papagei aussah. Seine Haut schimmerte in leuchtenden Urwaldfarben, und statt eines Fischmunds hatte er einen richtigen Schnabel. Oder an den Trompetenfisch mit seinem langen, schmalen Körper und seiner lustigen Nase wie ein Seepferdchen.

Wir segelten von Insel zu Insel, von Bucht zu Bucht, und blieben dort, wo es uns gefiel, so lange wir wollten. Mein Bruder Zac und ich vertrieben uns die Zeit mit Schwimmen und Schnorcheln, erforschten die Umgebung und spielten am Strand mit anderen Kindern. Überall fanden wir schnell neue Freunde. Sonntags suchten wir uns eine Kirche. Nirgends habe ich fleißigere Kirchgänger und lebendigere Gottesdienste erlebt als in Mexiko. Ich erinnere mich noch gut an diesen einen Gottesdienst in einer kleinen Stadt bei Punta de Mita, nördlich von Puerto Vallarta, an einem Küstenstreifen, der auch die „mexikanische Riviera" genannt wird. Es war ein Open-Air-Gottesdienst im Garten eines Amerikaners, der schon lange in Mexiko lebte. Ungefähr siebzig Leute hatten sich dort versammelt. Neben uns grunzten die Schweine in ihrem Gehege. Die Hühner liefen frei herum und rannten zwischen unseren Beinen durch.

Mit dabei waren die Swedbergs, eine Familie, die wir unterwegs kennengelernt hatten. Ihr Boot hieß *Fantasia* und ihr Sohn Karson spielte im Gottesdienst Gitarre, während die Gemeinde dazu spanische Loblieder sang. Unsere Freundin Maria, eine Mexikanerin, die eine Zeit lang in den USA gelebt hatte und fließend Englisch sprach, dolmetschte für uns. Die Begeisterung der Menschen war ansteckend. Sie sangen, klatschten und lasen abwechselnd Passagen aus einer spanischen Bibelübersetzung vor. Wir rechneten damit, dass der Gottesdienst etwa zwei Stunden dauern würde, aber nach fünf Stunden war immer noch nicht Schluss. Es dauerte so lange, dass wir den letzten Bus nach Punta de Mita verpassten. Zum Glück nahmen uns hilfsbereite Leute in ihrem Pick-up mit in die Stadt. Wir saßen alle hinten auf der Ladefläche – was in Amerika verboten ist – und hatten viel Spaß auf dieser holprigen, staubigen Tour.

Mein Lieblingshafen war Tenacatita. Für Zac und mich war es das Größte, mit unserem Dingi durch die Mangrovenwälder flussaufwärts zu tuckern. Die Krokodile waren eher klein, so um die zwei Meter lang, und lagen normalerweise träge am Ufer in der Sonne, die hier und dort durch das dichte Blätterdach schien. Trotzdem war uns nie ganz wohl dabei, wenn wir sahen, wie sie hinter unserem Boot ins Wasser glitten. Unser Dingi hatte zwar einen Außenborder und einen festen Boden, war aber ansonsten ein Schlauchboot – und somit für Krokodilzähne kein Problem.

Einmal, als wir an einem Spätnachmittag mit dem Dingi durch die Bucht zurück zur *Amazing Grace* fuhren, sahen wir einen jungen Wal, der übermütig aus dem Wasser herausschnellte und mit lautem Klatschen zurück ins Meer fiel. Das Tier war riesig, gut dreimal so groß wie unser kleines Boot, und seine noch größere

Mutter zog in der Nähe ihre Kreise. Ich war begeistert. Ich liebe Tiere und wollte damals unbedingt entweder Tierärztin oder Tierpflegerin werden. Immer wieder schoss der Wal aus dem Wasser, dass es nur so spritzte. Noch nie hatte ich so etwas Schönes gesehen – viel schöner als Disneyland und besser als Geburtstag und Weihnachten zusammen!

Jedes Mal, wenn der Babywal neben seiner Mutter im Wasser landete, schoss eine weiße Gischtfontäne wie ein Geysir in die Höhe. Vorsichtig steuerte mein Vater das Dingi näher heran, bis wir nur noch etwa zwölf Meter von den gigantischen Meeressäugern entfernt waren. Wir saßen im Boot und hielten den Atem an, bis der junge Wal wieder aus dem Wasser schnellte, und riefen aufgeregt: „Da, da!" und „Wow!". Dabei durften wir „Big Mama" nicht aus den Augen lassen. Es sind schon Boote von Walmüttern gerammt worden, wenn sie ihren Babys zu nahe kamen.

Doch die beiden schien unsere Anwesenheit nicht zu stören. Der Jungwal schoss mindestens ein Dutzend Mal aus dem Wasser. Es gibt verschiedene Theorien, warum Wale so was machen, darüber hatte ich schon gelesen – zum Beispiel, dass die Tiere auf diese Weise miteinander kommunizieren. Das Geräusch, das beim Aufprall auf die Wasseroberfläche entsteht, dient ihren Artgenossen als Signal. Eine andere Theorie ist, dass sie sich damit von Schmarotzern befreien, die sich auf ihrer Haut festgesetzt haben. Für mich sah es an dem Tag so aus, als wollte der kleine Wal seiner Mama zeigen, wie hoch er schon springen konnte. Und seine Mutter, die ihn umkreiste, sagte bestimmt unter Wasser zu ihm: „Das war toll! Das nächste Mal noch ein bisschen höher!"

Danach malte ich auf der *Amazing Grace* mit Wasserfarben ein Bild von dem springenden Wal und schickte es meinem Großpapa Al in San Diego, der dort als Maschinenbauingenieur arbeitete. Er nahm mein Kunstwerk mit ins Büro und hängte es sich über den Schreibtisch.

Wir sahen noch viele andere tolle Tiere, wie Haie, Elefantenrobben und Meeresschildkröten. Wenn die Schildkröten an der

Oberfläche schwammen, setzten sich manchmal die Möwen auf ihren Rücken und fuhren per Anhalter mit. Oder diese komischen schwarzen Vögel mit großen roten Airbags unter dem Schnabel und ihren kleinen, flauschigen Küken. Oder die meterlangen Leguane, die sich auf den warmen Steinen der Wellenbrecher sonnten.

Wir lernten auch eine Menge interessanter Leute kennen, zum Beispiel die Swedbergs oder Diane, eine mit allen Wassern gewaschene Soloseglerin, die mit zwei großen Papageien unterwegs war. Es gab die unterschiedlichsten Typen: die Seezigeuner, die ihre abenteuerlich aussehenden Boote mit Draht und Kaugummi zusammenhielten, und die reichen Jachtbesitzer mit ihren PS-starken Powerbooten, die mit voller Motorkraft und unter ärgerlichen Blicken der anderen zu ihren Liegeplätzen im Hafen rauschten.

Wir gingen zwar nicht zur Schule, aber meine Mutter unterrichtete uns auf dem Boot. Am liebsten hätte ich natürlich ganz auf Schule verzichtet, aber eigentlich machte uns der Unterricht bei meiner Mama sehr viel Spaß. Immer kamen auch die Tiere und Menschen vor, denen wir begegnet waren. Genau genommen war unser Segeltörn wie ein einziger, langer Schulausflug. Unser Leben war so viel aufregender als das Leben an Land in einem gewöhnlichen Haus. Ich liebte dieses freie, abenteuerliche Leben, die exotischen Inseln, die fröhlichen Menschen, das immer warme, sonnige Wetter, die vielen Tiere und die „Sandball-Schlachten" am Strand mit den anderen Bootskindern. Wenn man das alles erlebt hat, ist es schwer, sich wieder an ein „normales" Leben zu gewöhnen.

Später, als wir wieder in unserem Haus in Thousand Oaks wohnten, war es für mich zuerst total komisch, so viel Platz zu haben – so viel, dass man im Wohnzimmer Rad schlagen konnte! Natürlich mussten wir uns dann auch wieder an den normalen Schulalltag gewöhnen. Als „Homeschooling"-Schüler wurden wir zwar zu Hause, aber auch regelmäßig in „Homeschool"-Gruppen zusammen mit anderen Kindern unterrichtet. Viele von ihnen waren sehr kontaktfreudig, selbstbewusst und neben der Schule in Sport- und anderen Vereinen aktiv. All das lag mir nicht. Ich war von Natur aus schüchtern, eher eine Einzelgängerin. Ich verbrachte meine Zeit lieber mit meinen Tieren.

Es begann mit dem Huhn. Unser Nachbar hatte uns ein Küken geschenkt, und mein Vater nannte es „Gertrude". Es dauerte nicht lange und wir hatten einen ganzen Hühnerhof, denn Papa brachte eines Tages aus dem landwirtschaftlichen Genossenschaftsladen eine Kiste voller niedlicher, flaumiger Küken mit. Ich war hin und weg. Wir hatten auch zwei Hunde, Australische Treibhunde namens Sandy und Lacy, ein paar süße Zwergkaninchen und ein riesiges Rex-Kaninchen, das so groß war wie ein Kleinkind.

Dann kamen die Truthähne, sechs Stück an der Zahl. Inzwischen war ich Mitglied in einer Vereinigung der amerikanischen Landjugend, und als meine Gruppenleiterin ein neues Zuhause für ihre Truthähne suchte, weil ihre Tochter sich nicht um die Vögel kümmerte, sagte mein Papa: „Kein Problem, wir nehmen sie."

Bald hatten wir eine richtige Farm in unserem Vorstadtgarten, mit Kaninchen, Hunden und Federvieh. Die Nachbarn müssen gedacht haben, nun wären wir völlig abgedreht. Als mein Papa uns die Truthähne aufhalste, hielt ich ihn erst für verrückt. Doch dann kam ich auf die Idee, mit den Vögeln bei Wettbewerben auf Landwirtschaftsausstellungen teilzunehmen, und stellte fest, dass Truthahnzüchter bereit sind, für prämierte Tiere hohe Preise zu bezahlen. Ich habe keine Ahnung, was ein prämierter Truthahn heute so einbringt, aber ich weiß noch, dass ich damals für den ersten $ 500, für den zweiten $ 600 und für den dritten $ 1.200 bekam! So kam es, dass ich als Dreizehnjährige stolze $ 2.300 auf dem Konto hatte.

Ein Jahr später erfüllte ich mir mit dem Truthahngeld den Traum vom eigenen Pferd. Mama und Papa hatten gehört, dass in der Nähe ein ehemaliges Turnierpferd zu verkaufen war. Also fuhren wir hin. „Czar" war ein eleganter Brauner, ein Warmblut mit russischem Arabereinschlag und seidiger, langer Mähne. Es war Liebe auf den ersten Blick. Wir konnten ihn bei Nachbarn unterstellen, die zwei eigene Pferde und eine Koppel mit Offenstall hatten. Ich ging jeden Tag rüber, um Czar zu versorgen und zu striegeln, und ritt ihn ungefähr jeden zweiten Tag. Manchmal ließ ich auch meine kleinen Geschwister auf ihm reiten.

In unserer Vorstadtsiedlung, wo wir leben, ist ein Pferd auf der Straße kein alltäglicher Anblick. Zum Glück ist Czar ein gutmütiges Tier und absolut verkehrssicher. Er ließ sich nicht aus der Ruhe bringen, wenn ich mit ihm, meistens ohne Sattel, durch die Siedlung trottete. Es schien ihn nicht im Geringsten zu stören, wenn Autos hupten, rückwärts aus der Einfahrt fuhren oder wenn Kinder hinter uns herliefen und lautstark „Ein Pferd! Ein Pferd! Darf ich auch mal reiten?" riefen.

Alles in allem – unsere Familie, unser Segeltörn, meine Tiere und meine Zeit bei der Landjugend – eine perfekte Kindheit. Trotzdem war da diese Unruhe in mir. Sie wurde von Jahr zu Jahr größer und ich hatte manchmal das Gefühl, auf der Stelle zu treten.

Als ich dreizehn war, nahm mein Papa mich gern mit, wenn er Boote überführen musste. Und zwar nicht mit dem Anhänger, sondern auf dem Seeweg, von einem Hafen zum nächsten. Das war für mich immer das Größte.

Und – egal, wie groß das Haus und wie klein die Boote waren – in festen Häusern fühlte ich mich zunehmend eingesperrt. Ich vermisste die Weite des Meeres. Das Meer war mein Zuhause.

In dem Jahr sagte ich zu meinem Vater, dass ich eines Tages allein um die Welt segeln würde. Es wunderte mich nicht, dass Papa nicht gleich vor Freude in die Luft sprang. Schließlich gibt es mehr Leute, die im Weltraum waren, als solche, die den Globus per Segelboot im Alleingang umrundet haben. Aber er nahm mich ernst und hielt das Ganze nicht bloß für eine fixe Idee.

„Mal sehen, was noch aus dir wird", sagte er nur.

2 ABBYS TRAUM

Marina del Rey und Thousand Oaks, Kalifornien, 2006

Als ich dreizehn war, musste mein Papa eines Tages zwei Boote auf einmal überführen, von Ventura Beach nach Marina del Rey (ein Stadtteil von Los Angeles, benannt nach seinem Jachthafen). Zuerst wollte ich wieder bei ihm mitsegeln, aber am Ende segelte ich eines der Boote ganz allein. Meine gute Freundin Kasey Nash kam mit und leistete mir Gesellschaft. Die Strecke war ungefähr vierzig Meilen lang.

Als wir schließlich in Marina del Rey ankamen und die Boote vertäuten, fragte Papa: „Und, wie war's?"

„Super!", antwortete ich. „Das war die leichteste Übung. Immerhin bin ich mein ganzes Leben lang mit dir gesegelt!"

Ein Tag auf dem Wasser war für mich genauso normal wie ein Tag an Land.

Am selben Tag überführten Papa und ich noch einmal zwei Boote für eine Bootsausstellung nach Marina del Rey, diesmal von Long Beach aus. Die Strecke ist ungefähr dreißig Meilen länger. Papa segelte mit seiner Slup voraus. Der Himmel hatte sich bewölkt, und dunkle, graue Wolken hingen tief über dem Horizont. Eisige Windböen und eine ruppige Hacksee schlugen uns entgegen. Weiße Gischtfontänen begruben Bug und Baum, und wenn der Schiffsrumpf auf die Wellen krachte, klang es, als würde er gleich auseinanderbrechen.

Als es Abend wurde, stand ich immer noch an der Pinne und steuerte von Hand – insgesamt zwölf Stunden an diesem Tag. Eine anstrengende Knochenarbeit. Ich fühlte mich wie bei einem Marathonlauf. Ich war müde, durchnässt und fror erbärmlich, aber ich war in meinem Element. Es klingt verrückt, aber es war so.

Wenn man auf dem offenen Meer segelt, wird man den Gedanken nicht los, dass jederzeit etwas passieren kann. Und man muss sich der Herausforderung stellen. Das habe ich schon früh von meinem Vater gelernt. An jenem Abend hatte ich die Wahl: Entweder ich fürchtete mich vor den Naturgewalten oder ich schaffte es, Wind und Wellen die Stirn zu bieten.

Später, im sicheren Hafen, ging ich tropfnass und vor Kälte schlotternd von Bord – aber glücklich und stolz, weil ich mich durchgebissen hatte. Meine Eltern sagen immer, es kommt nicht nur darauf an, *dass* man schwierige Situationen meistert, sondern *wie* man sie meistert. Das, sagen sie, formt den Charakter eines Menschen. Ich glaube, ich hatte die Situation auf meine Weise gemeistert. Und ich war ein kleines bisschen stolz.

Die Slup, die Laurence Sunderland segelte, war mit allem möglichen Luxus ausgestattet, wie etwa einem großen Plexiglas-Vordach als Wetterschutz. Laurence stand im Cockpit, gegen das schlimmste Wetter geschützt, und dachte mit Sorge an seine Tochter. Er wusste, dass Abby sich auf ihrem Boot mit aller Kraft gegen den Wind stemmen und mit beiden Händen das Steuerrad umklammern musste. Seit dreißig Meilen stand sie ununterbrochen am Ruder und steuerte durch schwere See und peitschenden Regen, Wind und Wellen voll ausgesetzt. In seinem Kielwasser sah er die Mastleuchte ihres Bootes hin und her tanzen, das gnadenlos von Dollbord zu Dollbord geschleudert wurde. Als Vater hatte er Angst um seine Tochter und dachte gleichzeitig voller Stolz: *Ja, sie schafft es tatsächlich. Sie kämpft sich durch.*

Segeln bei solchem Wetter trennt normalerweise die Spreu vom Weizen. Manch einer, der behauptet hatte, ein gestandener Seemann zu sein, entpuppte sich dabei als Schönwetter-Segler mit der Einstellung: Segeln macht Spaß, aber nur so lange, wie das Wetter mitspielt und ich Gefahren wie Kentern oder über Bord gehen ausschließen kann.

Laurence dachte: *Nach diesem Trip wird sie wahrscheinlich von ihrer Idee, um die Welt zu segeln, geheilt sein.*

Nach einer solchen Erfahrung machen die meisten Segler ihr Boot an der Mole fest und sagen: „Nie wieder!"

Nicht so Abby. Im Hafen zurrte sie ihr Boot ein paar Minuten nach Laurence fest, warf ihm ein Tau zu und kletterte auf den Steg. Sie war erschöpft und bis auf die Knochen durchnässt, doch ihre Augen leuchteten. Laurence staunte nicht schlecht. Da war seine Tochter, noch keine vierzehn Jahre alt, wie sie nach diesem Horrortrip bei eiskalter, stürmischer See ihren Fuß an Land setzte – und sie strahlte ihn an. In dem Moment dachte er zum ersten Mal, dass sie vielleicht wirklich das Zeug zur Weltumseglerin hatte.

Natürlich wusste er, dass noch viel mehr dazu gehört: sehr gute Navigationskenntnisse, Durchhaltevermögen und die Gabe, sich bei Schwierigkeiten nicht aus der Ruhe bringen zu lassen – und nicht zuletzt technisches Know-how. Doch das war nicht alles. Für Laurence gab es noch einen weiteren, ganz wichtigen Aspekt: sein Glaube und sein Vertrauen zu Gott, der ihn noch nie im Stich gelassen hatte. Menschen auf See sind manchmal Extremsituationen ausgesetzt, in denen Gott die einzige Hilfe und Kraftquelle sein kann. Er selbst hatte solche Situationen erlebt, in denen es um Leben und Tod ging. Bei denen Sachkenntnis und Improvisationsgabe nichts nützte und die ganze Hightech-Ausrüstung versagte. Und er wusste: Das Meer kennt keine Gnade, es raubt einem das Letzte – alles, was bleibt, ist die Gnade des Schöpfers.

Der Ozean und seine Geheimnisse hatten Laurence schon immer fasziniert. Obwohl die Erde zu 70 Prozent mit Wasser bedeckt ist, bekommen nur wenige Menschen diesen Teil unseres Planeten zu sehen. Und es gibt noch viele unberührte Inseln, die nur auf dem Seeweg zu erreichen sind und auf die niemand seinen Fuß setzt, der nicht bereit ist, dafür die unendlichen blauen Wassermassen zu überqueren.

Für Laurence war der Ozean in seiner unendlichen Vielfalt fast wie ein lebendiges Wesen. Er spürte, dass das Meer lebt. Nicht nur als Lebensraum für Fische und andere Meerestiere, sondern in vieler Hinsicht. Was wäre unser Wetter ohne das Meer? Das Meer ist die Wiege der Hochdruckgebiete und der Stürme. Neunzig Prozent aller vulkanischen Aktivität gehen vom Meeresboden aus. Im Meer leben nahezu zweihunderttausend identifizierte Tier- und Pflanzenarten, doch Wissenschaftler sind der Meinung, dass es noch mehr als dreimal so viele gibt, die bis heute unentdeckt sind.

Auch der längste Gebirgszug der Welt ist auf dem Meeresgrund zu finden: der mittelozeanische Rücken. Er ist mit 60.000 km der längste zusammenhängende Gebirgszug der Erde, der sich um den ganzen Globus zieht, vom Nordpolarmeer bis zum Atlantik, entlang der Küsten Afrikas, Asiens und Australiens und quer durch den Pazifik bis zur nordamerikanischen Küste. Er ist vier Mal länger als der Himalaja, die Rocky Mountains und die Anden zusammen.

Im Meer liegt auch das größte, von der Natur geschaffene Bauwerk der Erde – das Great Barrier Reef vor der Küste Australiens. Es ist das größte Korallenriff unseres Planeten, mit einer Länge von gut 2.300 km, und ist sogar auf Satellitenbildern aus dem Weltraum zu erkennen.

Aber trotz aller Faszination und Schönheit des Ozeans verlor Laurence Sunderland nie den Respekt vor dem Meer. Es war eine Art Hassliebe. Manchmal kostete er beim Segeln jede salzige Welle aus, die über ihm zusammenschlug, und manchmal wünschte er, er hätte nie einen Fuß auf ein Boot gesetzt.

Solche und ähnliche Gedanken rasten ihm im Zeitraffertempo durch den Kopf, als er mit Abby an jenem Abend auf dem kalten, zugigen Dock stand. Aber er ließ es sich nicht anmerken. Stattdessen sah er seine Tochter an und sagte mit leicht ironischem Unterton: „Na, willst du jetzt immer noch um die Welt segeln?"

Sie strahlte ihn an und nickte. „Gib mir ein Boot", sagte sie. „Dann kann's losgehen."

3 Das richtige Boot

Die Sunderlands hatten viele Reiseberichte und Biografien von Seglern und Entdeckern gelesen, vor allem während ihres Segeltörns in Mexiko. Eines der Lieblingsbücher der Kinder war ein Bericht von Robin Lee Graham, der als Jugendlicher 1965-1971 allein um die Welt gesegelt war. In ihren Schulstunden an Bord behandelten sie auch Grahams Erzählung „Mein Schiff war die Taube", doch das erste Buch gefiel ihnen besser, besonders wegen der vielen interessanten Bilder von exotischen Inseln und Ländern, wo Graham auf Einheimische traf und eine Zeit lang mit ihnen lebte. Solche Geschichten waren es, die den Horizont der Kinder erweiterten, ihre Fantasie anregten und ihnen den Blick für ihre Chancen und Möglichkeiten öffneten.

2008 sah Zac den Dokumentarfilm *Deep Water*. Ein Film über das *Golden-Globe*-Rennen von 1968, eine Ein-Mann-Regatta rund um den Globus, und das tragische Schicksal des britischen Wochenendseglers und Erfinders Donald Crowhurst. Dieser erkrankte wahrscheinlich an Bord psychisch. Es wird vermutet, dass er sich auf dem Meer umbrachte.

Das Rennen gewann schließlich Robin Knox-Johnston. Obwohl er vor der Küste Australiens seine Autopilotanlage verlor, lief er am 22. April 1969 als Erster im Zielhafen ein und war somit der erste Mensch, der ohne Zwischenstopp die Welt allein umsegelt hatte. Für seine seglerische Leistung wurde er von Königin Elizabeth II. ausgezeichnet. Er bestand darauf, seine Siegerprämie der Witwe und den Töchtern von Donald Crowhurst zu spenden.

Nach dem Film sagte Zac plötzlich: „Das könnte ich auch."

„Was denn?", fragte Laurence.

„Ich könnte auch um die Welt segeln."

Die Sunderlands hatten immer darauf geachtet, ihr Geld zusammenzuhalten. Über die Jahre hatten sie auf diese Weise ein solides Sparguthaben angesammelt, und das Haus in Thousand Oaks war abbezahlt – völlig untypisch im Zeitalter der Kreditkartenschulden und astronomisch hohen Immobiliendarlehen. Als die Sponsorensuche für Zacs Weltumsegelung erfolglos verlief, beschlossen sie, sie aus Eigenmitteln zu finanzieren, unter der Bedingung, dass er ihnen das Geld später zurückzahlen würde.

Mit seinen eigenen Ersparnissen kaufte Zac ein Boot, stellte ein Support-Team zusammen und begann, sich auf seine Weltumsegelung von 2008 bis 2009 vorzubereiten. Abby war damals vierzehn und ihr kleiner Bruder Ben noch ein Baby, und so blieb sie viel zu Hause und half ihrer Mutter. Marianne merkte, dass ihre Tochter Zacs Vorbereitungen mit großem Interesse verfolgte.

„Denk bloß nicht, dass du auch um die Welt segeln kannst", sagte sie mehr als einmal. „Das ist nichts für dich."

„Ist es doch!", widersprach Abby lächelnd. „Du wirst schon sehen."

Doch ihre Mutter blieb hart. „Nein, das kommt überhaupt nicht infrage."

Dann kam Zac von seiner Weltumsegelung zurück – und erzählte von fremden Häfen in exotischen Ländern, von freundlichen Menschen, langen Tagen allein auf See und wie er in indonesischen Gewässern den Piraten entkommen war. All das ließ Abbys Wunsch noch größer werden. Seit ihrer ersten Bootsüberführung mit dreizehn mit ihrem Vater hatte sie zahlreiche Boote allein gesegelt. Sie liebte es, allein zu segeln und ihr eigener Skipper zu sein. Und je stürmischer die See, desto mehr Spaß machte es ihr.

Eines Tages sagte Laurence zu seiner Frau: „Abby ist es ernst mit ihrer Weltumsegelung." In den achtzehn Jahren ihrer Ehe hatte Marianne immer wieder erlebt, dass Laurence nichts für unmöglich hielt. Er hatte immer große Pläne für die Familie gehabt. Manche Pläne und Träume, wie der dreijährige Segeltörn, waren in Erfüllung gegangen. Andere nicht, wie etwa sein Traum, ein Holzhaus in der Wildnis zu bauen und mit der ganzen Familie dorthin zu ziehen.

Bei Abbys Weltumsegelung bestand von Anfang an wenig Aussicht auf Erfolg. Sämtliche Ersparnisse waren in Zacs Trip geflossen, und es war klar, dass sich Abby ohne Sponsor ihre Pläne aus dem Kopf schlagen konnte.

„Wir könnten mit einer Pressemitteilung an die Öffentlichkeit gehen, um mögliche Sponsoren auf uns aufmerksam zu machen", schlug Marianne vor. Da sie wusste, wie schwierig es war, Sponsoren zu finden, dachte sie insgeheim: *Damit ist die Sache sowieso bald vom Tisch.* Nicht, dass sie ihrer Tochter nicht zutraute, allein um die Welt zu segeln. Aber ihr graute vor einer weiteren, anstrengenden PR-Kampagne wie bei Zac und nicht zuletzt vor den langen Nächten, in denen sie vor Sorge um ihr Kind nicht schlafen würde.

In der Woche darauf rief Marianne einen Freund der Familie an, Christian Pinkston, der die PR-Kampagne nach Zacs Weltumsegelung geleitet hatte. Christian schrieb eine Pressemitteilung, und tatsächlich klingelte bereits am nächsten Tag bei den Sunderlands das Telefon.

Es war *Shoe City*, eine Schuh-Großhandelskette. Sie hatten Interesse, sich als Hauptsponsoren an Abbys Reise zu beteiligen.

 Wow! Ich konnte es kaum glauben, wir hatten den ersten Sponsor! Plötzlich rückte mein Traum in greifbare Nähe.

Jetzt fehlte nur noch das richtige Boot. Zuerst spielte Papa mit dem Gedanken, selbst ein Boot für mich zu bauen. Das ideale Boot sollte schnell sein und trotzdem sicher, ähnlich wie eine Open 40-Jacht.

Bei der Open-Klasse handelt es sich um leichte Rennsegelboote, die sicherheitstechnisch ziemlich gut sind. Jahrelang waren die Bootsdesigner nur auf Geschwindigkeit aus, wobei manchmal die Stabilität der Boote auf der Strecke blieb. Bei einigen Jachten brach der Kiel oder sie hielten der Belastung nicht stand, wenn der Wind durch die straffe Takelung zu hart ins Segel griff.

Das Boot, das Papa im Kopf hatte, war eine Kombination aus einem sicheren Open-Boot und ein paar bequemen Extras. Aber wir hatten nicht viel Zeit. Das Zeitfenster für die Südroute würde sich bald schließen, bevor das Wetter umschlug. Selbst mein Papa konnte keine Wunder vollbringen und in so kurzer Zeit ein maßgeschneidertes Boot für mich entwerfen und bauen.

Papa recherchierte eine Weile im Internet und beschloss dann, eine der besten Seglerinnen der Welt anzurufen. Sie schlug vor, dass wir Troy Bethel fragten, einen Experten für Boote der Open-Klasse. Papa und Troy diskutierten lange, welcher Bootstyp für mich am geeignetsten war: ein schwereres, stabileres Verdrängerboot oder ein Gleiter oder Halbgleiter. Verdränger sind normalerweise langsamer, gelten aber als sicherer. Die leichten Boote der Open 40, 50, 60 oder 70-Klassen können sich bei höherer Geschwindigkeit halb oder ganz aus dem Wasser heben. Papa hatte wenig Erfahrung mit solchen Booten, doch Troy war schon damit in den südlichen Breiten gesegelt. Er selbst besaß eine Open 50-Jacht, die in Marina del Rey vor Anker lag.

Nachdem wir die Bootstypen verglichen und ihre Vor- und Nachteile durchdiskutiert hatten, schien uns eine Open-Jacht die beste und sicherste Lösung. Meine Route würde mich durch die unterschiedlichsten Gewässer führen, durch schwere, aufgewühlte See rund um Kap Hoorn und durch die lange Dünung des Südpolarmeers. Bei hohem Wellengang laufen die Verdrängerboote leichter Gefahr, von den hinten überkommenden Sturzseen begraben zu werden. Irgendwann steht dann das ganze Cockpit unter Wasser und das Boot droht vollzulaufen. Die Open-Jachten dagegen mit ihrem Gleitrumpf und ihrer großen Segelfläche sind so gebaut, dass sie die Wellenberge hinuntersurfen können, bevor die Welle sich bricht. Mit einem so leichten, schnellen Boot könnte ich den Sturmtiefs eher entkommen und das gefährliche Südpolarmeer rund um die Antarktis schneller hinter mir lassen.

Genauso wichtig wie das richtige Boot war, dass ich körperlich fit war. Im September 2009 fing ich an, intensiv zu trainieren, an Land und an Bord. Segeln ist anstrengend, selbst mit einer Crew, und erst recht, wenn man allein segelt. Sid Wing, ein Segler und guter Freund der Familie, stellte einen Trainingsplan für mich auf: Muskelaufbau im Fitnessstudio – vor allem im Arm- und Schulterbereich – und Dauerlauf. Ehrlich gesagt hasse ich Joggen und ich machte es nur, weil es als Ausdauertraining nötig war. Doch später war ich froh, dass ich das Trainingsprogramm durchgezogen hatte.

Obwohl ich schon viele Segelmeilen gesammelt hatte, fehlte mir die Segelerfahrung mit einer Open-Jacht. Zu Übungszwecken durfte ich Troys Open 50 segeln, die dem Bootstyp sehr ähnlich war, mit dem ich die Welt umsegeln würde, bloß drei Meter länger. Sein Boot war schlank und schnittig wie ein Rennwagen. Nachdem ich es ein paar Mal gesegelt war, wollte ich nie wieder zurück zu den langsameren Verdrängerbooten, die mir jetzt plump und schwerfällig vorkamen. Wenn ich mit Troy segelte, profitierte ich auch unendlich viel von seinem Erfahrungsschatz. Er wusste alles über das Segeln in den südlichen Breiten. Von ihm lernte ich, welchen Belastungen ein Boot in solchen Gewässern ausgesetzt ist und was ich tun musste, um es instand zu halten. Von Troy habe ich ganz viel gelernt. Ihm verdanke ich, dass ich ungefähr wusste, was mich erwartete.

Mein Bruder Zac war im Juli 2009 von seiner dreizehnmonatigen Weltumsegelung zurückgekommen. Er hat mir bei meinen Vorbereitungen viel geholfen. Einmal auf praktische Art, indem er mir weitergab, was er unterwegs gelernt hatte: über Sicherheit an Bord, über Navigation und wie man trotz schwerem Wetter und dauernden Reparaturarbeiten zwischendurch ein bisschen Schlaf abbekommt. Und zweitens, indem er mich mit seinen Sprüchen zum Lachen brachte – oder zur Weißglut.

Inzwischen hatten Papa und ich zwei Boote ins Auge gefasst. Das erste hieß *Wild Eyes*, lag in Rhode Island, im Nordosten der USA, und sollte für 150.000 Dollar verkauft werden. Sie war eine Open 40-Jacht, die den Globus schon einmal erfolgreich umrundet hatte. In der Verkaufsanzeige stand etwas von „erstklassigem Zustand", das Boot sei „tipp-topp" und „startklar zu einer neuen Weltumsegelung".

Das zweite Boot, eine Class 40 (ähnlich einer Open 40), lag in Nassau auf den Bahamas. Mit rund 250.000 Dollar kostete sie zwar viel mehr als die *Wild Eyes*, doch sie war kürzlich überholt und mit einigen Extras ausgestattet worden, sodass Papa und Troy sie sich auf jeden Fall anschauen wollten.

Mit dem von *Shoe City* gesponserten Geld flogen Papa, Troy, Sid und ich nach Rhode Island.

Im Internet hatte ich Bilder von der *Wild Eyes* gesehen und war total begeistert. Die Jacht hieß ursprünglich *BTC Velocity* und war von Scott Jutson gebaut worden, einem australischen Jacht-designer, aus dessen Werft eine Reihe von ganz besonderen Boo-ten stammen, zum Beispiel das Boot des ersten malaysischen Ein-hand-Weltumseglers. Oder der Maxi-Racer *Brindabella*, ein großes Rennsegelboot, das bei einer berühmten australischen Regatta die meisten Rekorde brach.

Das Beste an der *Wild Eyes* war, dass sie sich bereits bei einer Weltumsegelung bewährt hatte.

Nach einem sechsstündigen Flug landeten wir in Rhode Island, nahmen uns einen Mietwagen und fuhren direkt zur Marina, dem Jachthafen. Ich konnte es kaum abwarten! Im Internet hatte ich schon so viel über die *Wild Eyes* gelesen und wollte sie endlich se-hen und Probe segeln. Ich hoffte so sehr, dass sie das richtige Boot für mich war.

Doch als wir dann endlich am Bootssteg standen, traute ich meinen Augen nicht. Was dort am Steg lag, war kein Hochgeschwindigkeitsboot, sondern ein müder Kahn, der dringend eine Überholung brauchte. Die Farbe an Deck blätterte ab, die Abdeckung des Solargenerator-Panels war angebrochen, und die meisten Teile am Rigg waren abgenutzt und mussten erneuert werden. Außerdem löste sich an einigen Stellen die Kevlar-Außenbeschichtung vom Rumpf und damit war nicht zu spaßen. Es war wie ein Schlag in die Magengrube.

Wir mussten daran denken, wie die *Wild Eyes* in der Anzeige beschrieben war, und ich konnte sehen, wie meinem Vater der Kragen platzte. „Das ist Vorspiegelung falscher Tatsachen!", fuhr er den Verkäufer an. „Dieses Boot ist alles andere als seeklar, sondern völlig heruntergekommen und renovierungsbedürftig!"

Ich erinnere mich nicht mehr an den weiteren Verlauf der Diskussion, nur noch, dass wir auf dem schnellsten Weg zurück zum Flughafen fuhren. Wir waren alle total enttäuscht. Wir hatten unsere Zeit verschwendet und wertvolles Sponsorengeld zum Fenster hinausgeworfen. Und ich hatte noch immer kein Boot. Diese Enttäuschung, die Ungewissheit, das Warten, Hoffen und Beten war wohl die schwierigste Übung an meiner ganzen Reise.

Die Summe, mit der *Shoe City* mich sponserte, war sehr hoch. Aber nicht hoch genug, um das Boot zu kaufen, das in Nassau lag, plus die übrigen Kosten der Weltumsegelung zu decken. Trotzdem wusste ich, wie froh und dankbar ich sein konnte, so schnell einen guten Sponsor gefunden zu haben. Mein Bruder hatte damals Hunderte von Briefen verschickt und zwar einige Sponsoren für sein Equipment gefunden, aber keinen, dessen Namen sein Boot tragen würde.

Auf dem Heimflug hatte ich plötzlich eine Idee: *Was wäre, wenn ich noch einen zweiten großzügigen Sponsor fände?*

Immerhin hatten wir genug Geld, um die *Wild Eyes* zu kaufen, wenn wir wollten. Und zu Hause diskutierten mein Papa und Troy ernsthaft darüber, ob es sich lohnte, sie wieder flottzumachen. Einige Wochen vergingen, ohne dass etwas geschah. Dann drängte der Besitzer des Bootes zum Kauf, offenbar hatte er es plötzlich sehr eilig. Wenn wir uns nicht bald entscheiden könnten, stünde die *Wild Eyes* nicht mehr zum Verkauf. Dann bliebe nur noch die Jacht in Nassau, und die konnten wir abschreiben ohne einen zweiten Sponsor. Und damit wäre meine Weltumsegelung geplatzt.

Die Warterei zerrte an unseren Nerven. Ich wünschte mir nichts sehnlicher, als dass es endlich losging. Klar wollte ich gern den Rekord brechen und die jüngste Einhandseglerin der Welt werden (also jemand, der ein Segelboot alleine segelt), doch mir ging es vor allem ums Segeln. Ich sagte mir: *Wenn es diesmal nichts wird, dann versuche ich es halt 2011 noch einmal.* Das Schlimmste war die Vorstellung, nach aller Vorfreude und allem Training zu Hause über den Hausaufgaben zu sitzen und ein stinknormales Landleben zu führen.

Am 7. September 2009 flogen mein Papa und Sid nach Nassau, um die Class 40-Jacht zu besichtigen. Sie war in supergutem Zustand und sie hatten sogar Gelegenheit zum Probesegeln. Trotzdem waren sie nicht überzeugt. Nach knapp hundert Seemeilen hatte mein Vater Zweifel, ob sie das richtige Boot für mich war. Einer der Gründe war das Cockpit. Es war sehr breit und offen und bot wenig Schutz, und Papa hatte Angst, dass ich bei rauer See leicht über Bord gespült werden konnte. Außerdem besaß dieses Boot seiner Meinung nach nicht genügend Schotten – Wände, die den Rumpf in unabhängige, wasserdichte Sektoren unterteilen und damit das Schiff sicherer machen.

Papa und Sid flogen zurück nach Kalifornien und ich hatte immer noch kein Boot. Und da war noch ein weiteres Problem: meine Mama.

Marianne Sunderland war von Anfang an von Abbys Plan nicht sonderlich begeistert gewesen. Im Stillen hatte sie gehofft, es würde nichts daraus werden, doch mit dem Sponsoring war alles ins Rollen gekommen. Laurence war so beschäftigt, die Sache voranzutreiben, dass sie kaum noch Zeit hatten, darüber zu reden. So nahm er an, es sei alles in Ordnung. Und das mit dem Sponsoring war schließlich ihre Idee gewesen.

Doch als die Bootssuche begann und Abbys Pläne Gestalt annahmen, hatte Marianne mehr und mehr Bedenken. Es ging ihr alles viel zu schnell. Sie kannte ihren Mann, seine Abenteuerlust und seine Fähigkeit, sich für eine Sache zu begeistern. Er war ein Mann, der seine Träume lebte, auch wenn er dabei manchmal etwas übers Ziel hinausschoss, aber damit konnte sie leben. Es war ein Teil seiner Persönlichkeit und seines ganz besonderen Charmes. Aber Abby – mit ihr war es etwas anderes.

Nach seiner Rückkehr aus Nassau spürte Laurence, dass etwas nicht in Ordnung war. Marianne war schweigsam und bedrückt. Eine Aussprache war dringend fällig, und so bat er sie am 17. Oktober ins Schlafzimmer – der einzige Platz, an dem sie ungestört reden konnten – und schloss die Tür. „Es tut mir leid", begann er, „wenn ich dich zu wenig einbezogen habe. Bisher habe ich alle Entscheidungen in der Sache allein getroffen. Das war falsch. Aber wir sind ein Team. Wir sitzen alle im selben Boot. Wenn du nicht mitziehst, dann geht es nicht. Dies ist unser gemeinsames Projekt, und wenn du dazu kein Ja finden kannst, dann zahlen wir das Sponsorengeld zurück und blasen das Ganze ab."

Marianne seufzte. *Na, prima*, dachte sie, *dann bin ich die Spielverderberin, die Abby die Tour vermiest.* Aber sie war froh über die offenen Worte und nach achtzehn Ehejahren wusste sie, dass Laurence es ernst meinte. Sie beruhigte der Gedanke, dass er wirklich bereit war, die Sache zu beenden, wenn sie nicht hundertprozentig hinter Abbys Weltumsegelung stand.

Für Laurence war es das Wichtigste, dass sie als Familie zusammenhielten. „Lass uns darüber beten", sagte er dann. „Ohne Gottes Hilfe können wir das Ganze sowieso vergessen." Danach beschlossen sie, am selben Wochenende eine Entscheidung zu treffen, egal, wie sie ausfallen würde. Bis auf den Gottesdienstbesuch verbrachten sie den ganzen Samstag und Sonntag zu Hause, in intensivem Gespräch mit Gott und miteinander.

Marianne war hin- und hergerissen. Abby wäre am Boden zerstört, wenn sie ihren Traum von der Weltumsegelung begraben müsste. Andererseits wusste sie als Mutter von sieben Kindern, dass man manchmal einfach *Nein* sagen musste, auch wenn die Kinder sich dadurch noch so ungerecht behandelt fühlten. Sie war die Mutter, und Abby war schließlich noch ein Kind. Und sie wusste, dass ihr Mann voll und ganz hinter ihr stand und ihre Entscheidung als gemeinsame Entscheidung bekanntgeben würde – so wäre sie nicht die „böse, verständnislose Mama".

Auch wenn Mariannes Sorgen nach dem Wochenende nicht vollständig zerstreut waren, fand sie mehr und mehr Frieden über die Sache. Abby war für ihr Alter sehr reif, und mit einem Segelexperten als Vater und einem Weltumsegler als Bruder hatte sie die besten Voraussetzungen. Sie besaß ausreichend Segelerfahrung und sie hatte eisern trainiert. Gott schien auch in vieler Hinsicht Türen zu öffnen. Und im Zweifelsfall könnte sie in Chile, auf den Falklandinseln oder in Kapstadt einen Hafen anlaufen und die Reise jederzeit abbrechen.

Marianne dachte daran, wie Zac durch seine Solo-Weltumsegelung zu einer reifen Persönlichkeit geworden und im Glauben an Jesus gewachsen war. Immer wieder erzählte er, wie nah er sich Gott unterwegs gefühlt hatte. Bei einer Pressekonferenz hatte er zu den Reportern gesagt: „Auch wenn einige von Ihnen Atheisten sind, möchte ich Ihnen sagen: Gott hat da draußen auf See so viele meiner Gebete erhört, dass es für mich unmöglich ist zu glauben, dass es keinen Gott gibt." Als Mutter wusste Marianne, dass sie ihre Tochter nicht ihr Leben lang beschützen konnte. Egal, was passieren würde – Abbys Leben und ihre Weltumsegelung lagen in Gottes Hand. Und wenn dadurch ihre Beziehung zu Gott an Tiefe gewann und sie anderen von ihren Erfahrungen erzählen konnte, dann hätte sich ihre Reise gelohnt.

Da die Jacht aus Nassau ausschied, kam nur die *Wild Eyes* in die engere Wahl. Alle waren sich einig, dass man eine Menge Arbeit in dieses Boot stecken musste. Trotzdem bot es für Abbys Zwecke ideale Voraussetzungen. Die *Wild Eyes* gehörte zu einer neuen Generation von Einhandsegelbooten und war vom Erbauer Scott Jutson so konstruiert, dass sie den neuen internationalen Sicherheitsstandards entsprach. Dazu gehörte, dass sie sich mithilfe von Wasserballast aus 180 Grad wieder aufrichten konnte. Mit anderen Worten: Sollte das Boot komplett durchkentern, konnte es der Skipper allein wieder in die richtige Lage bringen. Jutson hatte zu dem Zweck eine bestimmte Rumpfform gewählt. Zur Verstärkung des aufrichtenden Moments wird das Wasser in dafür vorgesehene Tanks gepumpt. Wenn die *Wild Eyes* kentern sollte, würde sie – dank ihrer besonderen Rumpfform und des Wasserballasts – die Drehbewegung im unteren Bereich des Schiffes fortsetzen, bis sie sich wieder aufgerichtet hatte.

Ein weiteres Plus für die Sicherheit war das Zauberwort „positive flotation". Das heißt die *Wild Eyes* besaß so viele Auftriebskörper, dass sie 130 Prozent ihres Eigengewichts über Wasser bzw. in der Schwebe halten und vor dem Sinken bewahren konnte. Man kann sich das etwa so vorstellen: Man umwickelt einen 45 kg schweren Menschen mit 60 kg Styropor und wirft ihn ins Wasser. Das Styropor ist seine Rettungsinsel: Er kann nicht sinken.

Jutson selbst schrieb in einem Artikel über sein Bootsdesign: „Auf einen einfachen Nenner gebracht heißt das: egal, wie schlimm die Havarie ist, dieses Boot kann nicht untergehen."[1]

Aber das war noch nicht alles, was die *Wild Eyes* an sicherheitstechnischen Extras zu bieten hatte. Sie war mit fünf wasserdichten Schotten ausgestattet, das heißt, sollte ein Teil des Schiffsrumpfes beschädigt werden, würde nicht gleich das ganze Boot voll Wasser laufen, sondern nur ein Teilabschnitt. Außerdem besaß sie eine Art Sollbruchstelle am Bug, sodass im Fall einer Kollision das restliche Boot, also das Cockpit und die Kabine, intakt blieben. Ihr stählerner Kiel war so konstruiert, dass er selbst bei Grundberührung mit hoher Geschwindigkeit nicht aus seiner Verankerung im Rumpf gerissen würde, und das Rigg – der Mast, die Stagen und Spieren – war besonders stabil und für extreme Bedingungen ausgelegt.

Das alles überzeugte Laurence und Troy. Abby wäre in diesem Boot so sicher wie auf einer unsinkbaren Rettungsinsel. Und Laurence hatte das beruhigende Gefühl: So lange seine Tochter am Boot blieb, konnte ihr nichts passieren.

4 WILD EYES

Ostküste und Ensenada, Mexiko, 2009

Am 19. Oktober 2009, meinem sechzehnten Geburtstag, war es so weit: Die *Wild Eyes* gehörte jetzt offiziell mir! Wir hatten den Preis auf 90.000 Dollar runterhandeln können und der Augenblick, in dem mein Papa den Kaufvertrag unterschrieb, war der aufregendste Moment in meinem bisherigen Leben.

Früher hatte ich immer gedacht, Träume sind bloß Luftschlösser und gehen im wirklichen Leben sowieso nicht in Erfüllung. Dann startete mein Bruder zu seiner Weltumsegelung und es war toll zu erleben, wie viele Menschen Anteil an seinem Abenteuer nahmen. Dass er es schaffte, machte mir Mut, dass ich es auch schaffen konnte. Und jetzt hatte ich die *Wild Eyes*. Nun konnte der Traum Wirklichkeit werden.

In Newport in Rhode Island checkte Papa das Boot durch, um zu sehen, was alles getan werden musste. Es sah so aus, als bräuchten wir die *Wild Eyes* nicht vor Ort komplett zu überholen, sondern könnten sie an die Westküste transportieren. Dafür gab es mehrere Möglichkeiten: entweder per Lkw quer durch die USA oder per Schiff. Doch wenn wir unseren Zeitplan einhalten wollten, gab es nur einen Weg: Wir mussten das Boot notdürftig seeklar machen und nach Fort Lauderdale in Florida segeln. Von dort würde ein Frachtschiff die *Wild Eyes* durch den Panamakanal nach Ensenada in Mexiko bringen.

Papa installierte nagelneue Batterien, überholte die Generatoren und reparierte die Funk- und Kommunikationsanlage.

Als wir fertig waren und in Newport auf besseres Segelwetter warteten, lernten wir einen norwegischen Skipper kennen, einen kurzbeinigen, abenteuerlich aussehenden kleinen Mann mit langem Bart wie ein Wikinger. Er lud uns ein, auf seinem Boot zu wohnen. Das ist das Tolle am Segeln – man trifft überall supernette und interessante Leute. Schnell werden aus Fremden Freunde, verbunden durch die gemeinsame Liebe zum Meer. Zum Abschied schenkte mir der Norweger das Buch *Der kleine Hobbit* von J. R. R. Tolkien, als Lektüre für meine langen, einsamen Tage auf See.

Am 1. November verließen wir den Hafen von Newport und segelten los, vor uns eine Wetterfront. Die *Wild Eyes* zu segeln – bei dem Wetter und bei wechselndem Wind – war zuerst etwas gewöhnungsbedürftig, doch allmählich lernten wir sie immer besser kennen. Dann, als wir das offene Meer erreicht hatten, war sie ganz in ihrem Element, und das Segeln mit ihr war einfach traumhaft!

Am zweiten Tag frischte der Wind ziemlich auf. Wir flogen mit ihr über die hohe Dünung und surften die Wellentäler hinunter – es war der absolute Wahnsinn!

Alles in allem reagierte die *Wild Eyes* sehr sensibel. Zwar war sie etwas „kippelig", aber sie ließ sich gut am Wind segeln. Wenn man in einer Bucht segelt, verliert man manchmal durch Kreuzen fünf bis zehn Meilen an Geschwindigkeit. Doch wenn man auf offener See weite Distanzen zurücklegt, bleibt die Segelstellung manchmal für lange Zeit dieselbe. Starke Winde waren für die *Wild Eyes* kein Problem. Und sie war niemals nachtragend, sondern verzieh großzügig unsere Fehler. Bei starken Böen zum Beispiel oder bei zunehmendem Wind, wenn mehr Druck auf die Segel einwirkte und es nötig war, die Segel zu reffen (das heißt die Segelfläche zu verkleinern), gab sie dem Druck nach und war leicht im Handling. Unter solchen Bedingungen werden viele Boote „leegierig", sie fallen vom Wind ab oder drehen in den Wind und werden langsamer oder kommen ganz zum Stillstand. Doch die *Wild Eyes* war so gut konstruiert, dass sie Situationen mühelos meisterte, die andere Boote in Schwierigkeiten gebracht hätten. Je länger ich sie segelte, desto mehr verliebte ich mich in dieses Boot.

Auf unserem Trip nach Fort Lauderdale konnte mein Vater sich endlich einmal zurücklehnen. Sonst, wenn wir mit der Familie segeln gingen, war immer er der Skipper, selbst wenn Zac und ich mitsegelten. Er trug die Verantwortung. Diesmal war es anders. Er war zwar da, wenn wir, Zac und ich, Hilfe brauchten, doch die meiste Zeit über hielt er sich im Hintergrund, wie ein guter Fahrlehrer. Er saß sozusagen auf der Rückbank und überließ uns das Steuer.

Für mich war die Überführung eine super Gelegenheit, mich mit der *Wild Eyes* vertraut zu machen. Dabei wurde mir klar, dass sie mich voll und ganz fordern würde. Sie war zwar auf leichte und sichere Einhandbedienung konstruiert, aber sie war immer noch ein Rennboot. Ihre – für die hohen Geschwindigkeiten notwendige – große Segelfläche bedeutete auf alle Fälle auch mehr Arbeit und Konzentration. Ein schnelles Boot ist toll, aber es heißt auch, dass man schneller reagieren muss. Und wenn etwas schiefgeht, hat man nicht lange Zeit zum Überlegen. Aber ich glaube, auf unserer ersten Segeltour mit der *Wild Eyes* fasste mein Papa jede Menge Vertrauen in mich und in das Boot.

Segler an der amerikanischen Ostküste versuchen normalerweise zu vermeiden, gegen den Golfstrom anzusegeln. Der Golfstrom ist eine warme, rasch fließende Meeresströmung, die aus dem Golf von Mexiko mit hoher Geschwindigkeit an der Küste entlang nach Norden fließt. Kommt dazu noch starker Wind auf, entstehen ganz schnell schwarze, steil aufgerichtete Wellen und kabbelige „Kreuzseen", wenn die Wellen aus unterschiedlichen Richtungen aufeinandertreffen. Als mein Vater sah, wie problemlos die *Wild Eyes* die schwierigen Bedingungen meisterte, war er überzeugt, dass wir mit ihr eindeutig das richtige Boot für mich gefunden hatten.

Einmal wurden wir von einem Hubschrauber der US-Küstenwache angefunkt, die auf der Suche nach einem Boot war, das ein Notsignal gesendet hatte.

„Nein", antwortete mein Papa. „Wir waren das nicht. Bei uns ist alles okay."

Nun, fast alles. Alles bis auf die Schiffstoilette. Ich habe noch keine Toilette an Bord erlebt, die nicht kaputtging. Auch die der *Wild Eyes* streikte schon am dritten Tag. Leider ließ sie sich nicht reparieren, sodass wir für die nächsten paar Tage auf die Eimermethode zurückgreifen mussten. Igitt.

Unterwegs nach Fort Lauderdale liefen wir zwei Häfen an: Fort Pierce (um die Toilette zu reparieren, was zum Glück funktionierte!) und West Palm wegen einer weiteren Reparatur. Die Leine eines Krabbenfischerbootes hatte sich um unseren Propeller (die Schiffsschraube) gewickelt und die Mechanik beschädigt.

Schlimmer noch als das kaputte Klo und der Propellerschaden war die Tatsache, dass mein großer Bruder mitsegelte. „Captain Zac" ließ keine Gelegenheit aus, mich zu ärgern. Leider gab es keinen Spiegel an Bord, und es verging kaum ein Tag, an dem ich nicht mit irgendeiner Kriegsbemalung im Gesicht aufwachte. Denn mein Bruder machte sich einen Spaß daraus, mich zu verschönern, während ich schlief. Und er amüsierte sich köstlich, wenn ich mich ekelte, als er die Teetassen mit Salzwasser und einem schmutzigen Socken abwusch. Trotzdem: Zac war zwar ein nerviger Bruder, aber ein gutes Crewmitglied.

Bevor die *Wild Eyes* in Florida zum Weitertransport auf den Frachter verladen wurde, begannen wir mit ihrer Überholung, denn Papa wollte keine Zeit verlieren. Mit dem Geld von *Shoe City* konnten wir zwei Windgeneratoren installieren, ebenso neue Solarzellenplatten und einen Seekartenplotter, ein Navigationssystem, an das man ein GPS anschließen konnte.

Nachdem die *Wild Eyes* auf dem Frachtschiff durch den Panamakanal gereist war, wurde sie im Hafen von Ensenada ausgeladen. Ensenada liegt an der Baja California in Mexiko, weit genug entfernt von den überlaufenen Badeorten an der südkalifornischen Küste und doch nah genug für Amerikaner, um einen kurzen Ausflug über die Grenze zu machen.

Papa und Zac hatten einen Mietwagen genommen, und ich konnte mit einem Freund unserer Familie und Teammitglied auf dessen Boot mitsegeln. Wir erreichten Ensenada am 3. Dezember 2009.

Als die *Wild Eyes* an der Westküste ankam, hatten die Medien bereits unsere Spur aufgenommen. Drei Journalisten von der *Los Angeles Times* waren zusammen in Petes Wagen nach Ensenada gefahren. Dort standen sie und warteten auf mich und Zac. Bei ihnen war auch die Fotografin Lisa Gizara, die während Zacs Weltumsegelung eine gute Freundin der Familie geworden war.

Der Tag war warm und sonnig. Wir konnten den Frachter sehen, der im Hafen gegenüber der Marina vor Anker lag. Das Ausladen der *Wild Eyes* sollte so verlaufen: Das Frachtschiff würde bis auf eine bestimmte Distanz ins Hafenbecken fahren und dort die *Wild Eyes* zu Wasser lassen. Danach würden wir den Motor anwerfen und zu ihrem Liegeplatz fahren. Doch das Ausladen verschob sich immer weiter nach hinten. Und je länger die Wartezeit dauerte, desto ungeduldiger wurde ich. Ich stand am Quai, die Augen sehnsüchtig auf mein Boot geheftet, das in greifbarer Nähe war, und konnte es nicht abwarten. Es war schlimmer als das Warten auf die Bescherung zu Weihnachten! (Aber da ich gerade ein 90.000-Dollar-Boot bekommen hatte, konnte ich wahrscheinlich andere Weihnachtsgeschenke vergessen.)

Endlich, nach einer halben Ewigkeit, konnten wir sehen, wie die Crew des Frachters die *Wild Eyes* zum Ausladen bereit machte. Unsere ganze Gruppe – Zac, Lisa, die Zeitungsleute und ich – kletterten in ein kleines Motorboot und fuhren hinüber zum Schiff. Zu sehen, wie mein Boot zu Wasser gelassen wurde, war ein großer Augenblick für mich. Und in dem Moment, als ihr Rumpf die blaue Wasseroberfläche des Pazifiks berührte, dachte ich: *Jetzt wird mein Traum wahr.*

Kaum hatte die Crew den Befestigungsgurt entfernt, kletterten wir an Bord der *Wild Eyes*. Nach ein paar Versuchen gelang es, die schlafende Maschine zu wecken und wir tuckerten rüber zum Dock, um meinen Papa abzuholen, der in den vergangenen Stunden die Zollformalitäten erledigt hatte.

Von Ensenada nach San Diego, dem südlichsten US-amerikanischen Hafen an der Westküste, waren es über 100 Kilometer – ungefähr zwölf Stunden. Kein angenehmer Segeltörn bei der Jahreszeit, doch die Leute von der *Times*, die uns begleiten sollten, sagten, es mache ihnen nichts aus.

Wir verließen den Hafen von Ensenada um die Mittagszeit und hofften, es bis Mitternacht nach San Diego zu schaffen. Anfangs segelten wir mit einer leichten, frischen Brise, die jedoch schon bald erstarb. Unser Tempo verlangsamte sich immer mehr. Irgendwann legte sich der Wind dann ganz. Mitternacht kam und ging, und die Passagiere verzogen sich einer nach dem anderen nach unten zum Schlafen. Papa und ich blieben an Deck und hielten Ausschau nach Krabbennetzen und Kelp und redeten über die nötigen Reparaturarbeiten an der *Wild Eyes*. (Kelp oder Braunalge ist die häufigste Pflanzenart im Meer; d. Übers.)

Ich liebe es, mit meinem Papa zu segeln. Ich weiß noch, wie wir auf unserem Familiensegeltörn gesehen hatten, wie manche Väter die Beiboote zu Schrott fuhren, als sie versuchten, am Strand anzulegen. Uns passierte das nie. Damals war ich stolz, einen Vater zu haben, der wusste, was er tat. Jetzt, während wir mit der *Wild Eyes* durch die Nacht nach Norden segelten, hatte ich dasselbe Gefühl. Wenn Papa bei mir war, fühlte ich mich sicher.

Um sechs Uhr morgens liefen wir in San Diego ein und ließen die müde Zeitungscrew aussteigen. Nach einer unbequemen Nacht in einer winzigen Ein-Personen-Kabine waren sie wahrscheinlich alle heilfroh, wieder an Land zu sein. Aber sie hatten sich tapfer gehalten. Mein Vater und ich erledigten die Zollformalitäten, tankten das Boot voll und nahmen Kurs auf unseren Heimathafen Marina del Rey.

5 Ein neues Outfit für die *Wild Eyes*

Marina del Rey, Kalifornien, Oktober – Dezember 2009

Daheim in Marina del Rey stürzten wir uns sofort in die Arbeit. Zahlreiche Helfer machten mit, denn Papa hatte so viele Leute aus der Seglerszene mobilisiert, wie er nur konnte. Wochenlang standen wir schon vor Sonnenaufgang auf und arbeiteten bis spät in die Nacht.

Ab dem 11. Dezember sah es auf der *Wild Eyes* aus wie in einem Bienenstock, so viele Leute wuselten auf dem Boot herum. Ein Spezialist für Fiberglas und E-Glas behandelte mit ein paar Helfern die Stellen am Schiffsrumpf, wo sich die Fiberglasmatten abzulösen begannen. Alan Blunt war der Experte für die Takelage. Sorgfältig prüfte er das Rigg auf Schwachstellen. Obwohl vom stehenden und laufenden Gut das meiste ausgetauscht werden sollte, war das Rigg Alans Meinung nach in ganz ordentlichem Zustand.

Das ganze Helferteam wusste, dass die Zeit knapp war, und alle arbeiteten wie die Besessenen, um rechtzeitig fertig zu werden. Es gab viel zu tun: Die Fiberglasschäden am Rumpf mussten behoben werden; eine Firma überholte den Motor und baute neue Wechselstromgeneratoren ein; achtern wurde eine Edelstahlhalterung für die Sonnenkollektoren und zwei Windgeneratoren montiert; eine neue Bilgenpumpe und ein neues Alarmsystem wurden installiert; die Decks wurden frisch gestrichen und mit einer neuen Antirutschbeschichtung versehen und die Ladeaggregate wurden überholt, neu installiert und getestet. Ein Jachtbesitzer aus Ventura meldete sich als ehrenamtlicher Helfer und baute einen neuen

Wasseraufbereiter ein. Auch sämtliche Winschen oder Seilwinden wurden überholt und alle elektrischen, mechanischen und elektronischen Systeme getestet.

Ein Elektroingenieur und guter Freund legte die Kabel für zwei neue Windgeneratoren und zwei unabhängige Solaranlagen (zum Aufladen der Batterien meiner batteriebetriebenen Geräte wie Satellitentelefon, Funk, Radar- und Autopilotanlage, sodass ich mich nicht auf den Motor allein verlassen musste). Ein anderer guter Freund und ehemaliger Fischer in Alaska arbeitete fieberhaft daran, die dieselbetriebene Kabinenheizung in Gang zu kriegen. Die Heizung würde ich bei den arktischen Temperaturen in den südlichen Breiten bitter nötig haben. Er wollte zuerst nur ein paar Tage an der Verkabelung arbeiten, doch dann kam eines zum anderen und zum Schluss verbrachte er Woche um Woche unter Deck. Außer um die elektrischen Leitungen kümmerte er sich um die Pumpen und Batterien, installierte Schalter und reparierte Positionslichter und die Motorkabelbäume.

Man kann sich kaum vorstellen, wie viel Vorbereitung eine Weltumsegelung braucht. Größere Reparaturen – so wie die oben erwähnten – verlangen eine Menge Sachkenntnis. Je näher meine Abreise rückte, desto mehr Freiwillige meldeten sich zum Helfen. Zum Beispiel verlegte ein anderer Fischer, der ebenfalls jahrelang sein Geld mit kommerziellem Fischfang in Alaska verdient hatte, Kabel, besorgte Werkzeuge und packte überall mit an. Der Skipper, der uns auf seinem Boot mit nach Ensenada mitgenommen hatte, dockte seine *Lady K* neben der *Wild Eyes* an, sodass er immer erreichbar war, wenn seine Hilfe gebraucht wurde. Er hatte früher als Schiffsingenieur gearbeitet und zwängte sich unter Deck in die schmalsten Winkel, wenn es etwas zu reparieren gab, das nicht so leicht zugänglich war. Das Arbeiten im engen Innenraum der *Wild Eyes* erinnerte ihn an früher, sagte er, bloß mit dem Unterschied, dass es damals leichter war, als er noch jünger war.

Die bekannte österreichische Firma UK-Halsey Sailmakers, eine der ältesten Segelmachereien weltweit, lieferte die Segel für die

Wild Eyes. Die Segel mussten robust genug sein, um einer Non-stop-Weltumrundung standzuhalten, auch bei extremen Wetter-bedingungen. Gleichzeitig mussten sie leicht zu handhaben sein. Deshalb entschieden wir uns für die „Spectra Tape-Drive"-Segel, bei denen die quer geschnittenen Bahnen mit Fasersträngen aus Karbonfaser verstärkt sind. Diese Segel würden einiges aushalten.

Das Wetter meinte es gut mit uns, und am 22. Dezember zeigte sich die *Wild Eyes* in ihrem neuen Kleid: ein weißer „Shoe City"-Schriftzug und große, grüne „bezaubernde Jeannie"-Augen (von der Fernsehserie; d. Übers.) auf ihrem Rumpf mit den Farben Rot, Orange und Gelb. Die weiße Unterseite wäre allerdings aus der Luft schwer zu erkennen gewesen, sollte das Boot jemals schwer beschädigt kieloben treiben. Deshalb beschlossen wir zuerst, einen großen orangen Kreis auf die Unterseite zu malen, entschieden uns dann aber für ein großes Herz. Es sah ziemlich cool aus. Trotzdem hoffte ich, dass es nie jemand zu sehen bekommen würde.

In der Phase, als die Überholung der *Wild Eyes* in vollem Gang war, stieß Jeff Casher als festes Teammitglied dazu, ein gestandener Seemann und echtes Genie. Er und seine Frau Gail lebten auf ihrer 14-m-Jacht *Sea Witch*, die in der Marina, dem Jachthafen, vor Anker lag. Laurence wusste, dass die Cashers acht Jahre lang um die Welt gesegelt waren und dabei insgesamt fünf-undfünfzig Länder besucht hatten.

Jeff hatte siebzehn Jahre lang Weltcuprennen gesegelt und war auf größeren Booten als Steuermann und Navigator mitgesegelt. Nun waren die Cashers in Marina del Rey sesshaft geworden und lebten auf ihrem Boot. Jeff entwickelte Computerprogramme für große Konzerne wie Apple, Walmart und eBay und Fehlerbeseiti-gungsstrategien für die größten Computer der Welt. Als Jeff zum Team dazustieß, waren zwar die meisten computergesteuerten Bordsysteme bereits auf der *Wild Eyes* installiert. Doch als Jeff mit den Augen eines erfahrenen Weltumseglers das System zur Leis-tungsüberwachung der *Wild Eyes* inspizierte, gefiel ihm nicht, was er sah. Abby würde drei verschiedene Energiequellen an Bord haben: Solarzellen, Windgeneratoren und einen Dieselmotor. Den Motor würde sie, nach den Regeln für das Einhandsegeln, nicht als Bootsantrieb benutzen dürfen, sondern ausschließlich, um Strom für die Aufladung ihrer Batterien zu erzeugen. Auch der Strom aus Wind- und Sonnenenergie diente der Batterieaufladung.

Der Techniker, der diese Systeme installiert hatte, war ein guter Freund von Laurence mit jahrelanger Erfahrung in diesem Bereich. Und Jeff als „der Neue" im Team wollte nicht gleich durch seine Kritik mit der Tür ins Haus fallen. Andererseits musste er auf kritische Punkte hinweisen, die zu Störungen im System führen konnten. Dabei war er sich bewusst, dass Kritik selten gut ankam. Hier, im Falle der komplizierten Elektronik der *Wild Eyes,* hatte Jeff den Eindruck, dass der Techniker weder mit den neuartigen Vlies-Akkus (Bleiakkumulatoren) vertraut war noch die Erfahrung besaß, um geografischen Gegebenheiten wie die Auswirkungen des Sonneneinstrahlwinkels an unterschiedlichen Orten der Erde einschätzen zu können. Darüber hinaus stellte sich die Frage, ob die Kapazität der Batterien ausreichen würde, um längere Flauten oder sonnenarme Perioden zu überbrücken.

Als Jeff Laurence gegenüber seine Bedenken äußerte, riet er ihm, direkt mit dem Techniker zu sprechen – der sich daraufhin auf die Füße getreten fühlte. Angesichts der verzwickten Lage, in der zwei Fachleute auf ihrer Meinung beharrten, tat Laurence, was jeder gute Projektmanager tun würde: Er holte die Meinung eines dritten, neutralen Experten ein: Scott Lurie.

Lurie war in der Seglerszene eine bekannte Figur. Es gab nichts, was Scott Lurie auf einem Schiff oder Flugzeug nicht reparieren konnte. Wenn jemand technische Mängel auf den ersten Blick erkennen würde, dann er. Laurence schätzte Scott durch die Zusammenarbeit mit ihm als Schiffsbauer. Und als Scott die Elektronik an Bord der *Wild Eyes* unter die Lupe nahm, war er derselben Meinung wie Jeff.

Von Scott Lurie konnte dann auch Laurences Technikerfreund

einen weisen Rat annehmen und verdrahtete das Stromerzeugungssystem neu. Scott hätte liebend gern auch selbst mit Hand angelegt, doch ein schwerer Fahrradunfall setzte ihn wochenlang außer Gefecht. Mit einer Hand in Gips und sechs Titanimplantaten im Gesicht gab er dem Techniker Schritt für Schritt Anweisungen per Telefon, bis die Arbeit beendet war. So bekam Abbys Team auf einmal zwei neue Mitarbeiter – und niemand trug dem anderen etwas nach.

Der harte Kern des Teams bestand aus Jeff (Computerfachmann und langjähriger Hochseesegler), Laurence (Schiffsbauer und erfahrener Kapitän) und Scott Lurie (Schiffsingenieur und ausgezeichneter Mechaniker). Jeff und Scott waren äußerlich grundverschieden – Jeff wirkte eher bieder und war immer korrekt gekleidet, Scott dagegen lief meistens in abgeschnittenen Jeans und ungebügelten Hemden herum. Doch was ihr technisches Verständnis betraf und ihre Fähigkeit, selbst die schwierigsten Probleme zu lösen, waren sie Seelenverwandte, von denen einer die Gedanken des anderen erriet. Außerdem nahmen sie sich ständig gegenseitig auf den Arm und hatten viel Spaß zusammen.

6 Harte Kritik

Während der Reparaturarbeiten auf der *Wild Eyes* erschien eine Filmgesellschaft namens *Magnetic Entertainment* auf der Bildfläche und meldete Interesse an dem Filmmaterial über Zacs und Abbys Weltumsegelungen an. Der Produzent, Chris Bates, arbeitete mit einem befreundeten Videographen, Ted Caloroso, zusammen. Der Kontakt zu den Sunderlands war über Teds Bruder zustande gekommen, der bei Zacs Kampagne beteiligt gewesen war.

Marianne und Laurence waren aus gutem Grund vorsichtig, was die Filmindustrie betraf. Als Zac seine Weltumsegelung plante, war ebenfalls ein Filmproduzent auf sie zugekommen, mit dem Vorschlag, eine Realityshow daraus zu machen. Die Sunderlands, die den Produzenten flüchtig kannten, hatten keine Bedenken und willigten ein. Damals waren sie viel zu beschäftigt gewesen mit den Vorbereitungen (und zu naiv, wie Laurence und Marianne später zugaben), um die Filmrechte und -verträge über die Vermarktung des Films von einem Anwalt prüfen zu lassen. Sie hatten sich auf die mündlichen Zusagen der Filmgesellschaft verlassen und das Kleingedruckte nicht gelesen – was sie später bitter bereuen sollten. Die Geschäftsbeziehung nahm ein jähes, unerfreuliches Ende.

Danach planten sie, mit einer anderen Filmgesellschaft einen Dokumentarfilm über Zacs Weltumsegelung zu drehen, unter Verwendung des Filmmaterials vom ersten Teil seiner Reise. Der Film sollte im Juli 2009 fertig geschnitten und bearbeitet sein, pünktlich zu Zacs Rückkehr. Die Filmgesellschaft – die den Betrag für die Bearbeitung im Voraus kassiert hatte – kam ihren Verpflichtungen nicht nach, und die Sunderlands sahen weder ihr Geld noch ihr Filmmaterial jemals wieder.

Als derart gebrannte Kinder hatten sie allen Grund, misstrauisch zu sein. Trotzdem beschlossen sie, es mit Chris und Ted – einem freundlichen, professionellen, kreativen Team mit vielen guten Ideen – noch einmal zu versuchen.

Das Filmteam hatte zuerst an eine Fernsehserie gedacht, bei der Abbys Reise in wöchentlichen Episoden ausgestrahlt werden sollte. Die Idee wurde wieder verworfen, da fraglich war, ob genügend Filmmaterial zusammenkommen würde (denn Abby plante eine Weltumsegelung ohne Zwischenstopps). Daraufhin ließen Chris und Ted ihre Hollywoodkontakte spielen und entwickelten ein anderes Konzept: eine Serie über die Sunderlands, mit Material von Abbys Weltumsegelung und Zacs Reise als Hintergrund-Story, mit einem Einblick in Laurences Leben als Schiffsbauer und Mariannes Leben als Mutter von sieben Kindern – und als Ausblick Zacs Vorbereitungen für sein nächstes großes Abenteuer, eine Mount-Everest-Besteigung).

Den Sunderlands gefiel die Idee. Vor allem Laurence sah in der geplanten Fernsehsendung eine Chance, dass Kinder und Jugendliche dadurch animiert wurden, den Schritt von der virtuellen Welt – beherrscht durch Facebook, SMS und Computerspielen – hinein in die wirkliche Welt zu wagen. In eine Welt voller Abenteuer, in der es unendlich viel zu erleben und zu entdecken gab.

Während Laurence für das Boot verantwortlich war, kümmerte sich Marianne um Abbys Homepage, Blog und andere soziale Netzwerke. Regelmäßig verfolgte sie die Kommentare im Netz, auch die kritischen Stimmen zu Abbys Weltumsegelung. Immer wieder kam dieselbe Frage auf (die schon damals gestellt worden war, als Zac seine Reise plante): Sollen Sechzehnjährige allein um die Welt segeln?

Die Sunderlands vertraten schon immer den Standpunkt: „Nicht alle Sechzehnjährigen können und sollten das. Aber wir sind überzeugt, dass Abby reif genug dafür ist. Sie ist gut vorbereitet und wird technisch bestens ausgerüstet sein, um das Risiko so gering wie möglich zu halten."

Manche Blogger machten sich echte Sorgen, vor allem auch um das Wetter während des geplanten Zeitfensters, wie etwa in dem Kommentar von „CruiserJim", der schrieb: „Keine idealen Startbedingungen. Zu wenig Zeit, um das neu installierte Equipment ausreichend zu testen. Auch der Zeitpunkt ist reichlich spät im Jahr. Hoffe, sie ist aus demselben Holz geschnitzt wie Jessica Watson (die 16-jährige Australierin, die auch eine Weltumsegelung plante). Sie hat sich viel vorgenommen und sie ist nicht zu stoppen. Viel Glück, Abby."[2]

Eine andere, häufig geäußerte Kritik war, den Sunderlands ginge es einzig und allein um einen neuen Weltrekord. Dabei war es nie Abbys Traum gewesen, die Jüngste zu werden. Natürlich erregte das Prädikat „jüngste Einhand-Weltumseglerin" das öffentliche Interesse, faszinierte die Medien und zog Sponsoren an. Die Ironie des Schicksals war, dass die Sunderlands von manchen Bloggern beschuldigt wurden, sie hätten ihre Tochter zu diesem waghalsigen Unternehmen angestachelt, um sich an den Sponsorengeldern zu bereichern. Und das, obwohl Marianne die Sponsorenfrage anfangs nur ins Feld geführt hatte, weil sie glaubte, dass sowieso keiner anbeißen und Abbys Reise somit gar nicht zustande kommen würde.

Umso schockierter war sie, wenn sie gehässige Kommentare wie diesen las: „Den Eltern geht es dabei wahrscheinlich allein um den Profit. Sie werden die Story an *Entertainment Tonight* oder irgendeine andere blöde Tratsch-Show verkaufen. Verlieren können sie nur, wenn Abby es nicht schafft, den Rekord als jüngste Weltumseglerin zu brechen. Schafft sie es, machen sie eine Menge Kohle. Sinkt das Boot und ihre Tochter kommt dabei ums Leben, kriegen sie von der Versicherung immer noch so viel, dass sie ausgesorgt haben."[3]

Marianne war froh, dass Laurence und Abby zu beschäftigt mit der *Wild Eyes* waren, um Internet-Blogs zu lesen. *Was sind das nur für Menschen*, dachte sie, *die ernsthaft glauben, dass jemand für Geld das Leben seines Kindes aufs Spiel setzt?*

Die Kritik war zum Teil heftig. Als mein Bruder im Jahr davor seine Reise plante, schrie die Öffentlichkeit und die ganze Seglerszene auf, wie unverantwortlich es war, einen Sechzehnjährigen allein um die Welt segeln zu lassen. Und als ich dann 2009 dasselbe vorhatte, ging es von vorne los. Dabei hatte Zac bewiesen, dass er dazu in der Lage war und meine Eltern genau wussten, was sie ihm zutrauen konnten. Daran dachte niemand mehr. Plötzlich litten die Medien und die gesamte Weltöffentlichkeit unter akutem Gedächtnisschwund.

Viele kritische Stimmen kamen von Leuten, die mich überhaupt nicht kannten und die noch nie einen Fuß an Deck eines Segelbootes gesetzt hatten. Immerhin, einige nahmen sich die Zeit, sich selbst ein Bild zu machen. Sie pilgerten zum Jachthafen, redeten mit uns und sahen, wie die Arbeiten auf der *Wild Eyes* vorangingen. Danach änderten sie meistens ihre Meinung. Sie hatten gesehen, dass hier wirklich Experten am Werk waren und dass mein Vater wusste, was er tat. Nachdem sie mit mir gesprochen hatten, hatten sie meistens auch eine andere Meinung von mir. Das war okay. Was mich ärgerte, waren die Kritiker, die keine Ahnung hatten, worüber sie redeten, weil sie sich nicht die Mühe machten, vorbeizukommen und sich vor Ort selbst zu informieren.

Die Kritik, die wir am meisten zu hören bekamen, war, dass ich zu jung sei. Okay, ich war ein paar Monate jünger als Zac damals, doch ich war nur zwei Monate jünger als Mike Perham, der Zacs Rekord als jüngster Solo-Weltumsegler brach. Außerdem war ich in einer Seglerfamilie aufgewachsen und hatte genauso viel Seglererfahrung wie Zac vor seiner Weltumrundung.

Dann hieß es: Ja, das war etwas anderes ... Abby ist ein Mädchen.

Ich dachte nur: Moment mal, hatten wir dieses Thema in Amerika nicht vor vierzig Jahren schon? Und hier geht es nicht um American Football oder Hockey, sondern um Segeln! Einige der besten und erfolgreichsten Skipper der Welt sind Frauen.

Trotzdem bissen sich die Kritiker an meinem Alter und der Tatsache fest, dass ich ein Mädchen bin. Und wir hörten immer wieder dieselbe Leier: Es war die falsche Jahreszeit. Die *Wild Eyes* war das falsche Boot. Die Route durch das Südpolarmeer war die falsche Route. (Zac war dafür kritisiert worden, dass er die Äquatorroute nahm ...)

Was am meisten nervte, waren die Leute, die glaubten zu wissen, was in mir vorging. Die behaupteten, ich wollte ja nur berühmt werden. Das war totaler Blödsinn. Ich wollte nie im Rampenlicht stehen und habe Interviews schon immer gehasst. Ich wollte alles andere sein als eine Promi-Tussi. Alles, was ich wollte, war segeln.

Trotzdem begann ich, an mir selbst zu zweifeln. Vielleicht war ich wirklich zu jung. Vielleicht hatte ich doch zu wenig Segelerfahrung. Wenn man zu viele negative Meinungen hört, glaubt man am Ende selbst daran und das Selbstvertrauen bekommt einen ziemlichen Knacks. Ich stand kurz vor meinem sechzehnten Geburtstag, im Oktober 2009 – ein Alter, in dem ich mich und meine Identität noch finden musste (und das ist bis heute so). Ich war innerlich noch nicht so gefestigt, dass ich mit Kritik umgehen konnte. Das fiel mir schon immer schwer, denn ich war von Natur aus still und schüchtern – kein selbstbewusster Mensch, den so etwas kaltlässt. Ich fühlte mich von allen Seiten angegriffen und sollte mich vor allen möglichen Leuten rechtfertigen. Das war überhaupt nicht mein Ding.

Zuerst wollte ich es noch allen recht machen, mit allen reden und alle Welt überzeugen, dass ich reif genug für diese Weltumsegelung war. Aber schon bald merkte ich, dass es keinen Zweck hatte. Und dass die Leute ihre vorgefertigte Meinung nicht ändern würden. Ich würde es nie allen recht machen. Aber ich konnte mich auf die vor mir liegende Aufgabe konzentrieren und das tun, worin ich am besten war: segeln.

Trotzdem – es war tough, die Kritik an meiner Familie auszusitzen. Es machte mich ziemlich fertig, die gemeinen Kommentare über meine Eltern zu lesen – Nachrichten, Zeitungsartikel, Internet-Blogs –, all so was. Es zog mich total runter, wenn Leute behaupteten, mein Papa sei verantwortungslos und wisse nicht, was er tue. Dabei ist er seit fünfundzwanzig Jahren ein angesehener Schiffsbauer und hatte gerade die Weltumsegelung meines Bruders mitbegleitet.

Manche Kritiker schrieben Sachen wie: „Abby wurde von ihren Eltern gepusht, um einen neuen Rekord als jüngste Weltumseglerin aufzustellen. Denn wenn ihr das gelingt, winkt eine hohe Geldsumme." Ich konnte es nicht glauben! Ich fühlte mich wie Alice im Wunderland bei ihrem Fall ins Kaninchenloch. In einer Welt, in der Millionen von Kindern unter zerrütteten Familienverhältnissen leiden, hatte ich das Glück, in einer tollen, intakten Familie aufzuwachsen. Mit einer heilen Kindheit voller Abenteuer, mit Tieren und Segeltörns. In einer Welt, in der Millionen von Kindern noch nicht einmal ihren Vater kennen, hatte ich einen Vater, der nicht nur das Geld für unseren Lebensunterhalt verdiente, sondern sich auch unendlich viel Zeit für mich nahm und mir alles beibrachte, was ich über das Segeln wissen muss. Der mir half, meinen Traum zu verwirklichen. Und jetzt wurden meine Eltern, die mich zu Eigenständigkeit und Verantwortung erzogen haben und die hundertprozentig hinter mir standen und mich immer unterstützt haben, als geldgierige, egoistische Monster dargestellt!

Diese Solo-Weltumrundung war meine eigene Entscheidung. So kurz nach der Rückkehr meines Bruders hätten meine Eltern es viel lieber gesehen, wenn ich zu Hause geblieben wäre. Und es tat weh, dass sie für etwas kritisiert wurden, was allein auf meinem Mist gewachsen war.

In den nächsten Wochen trafen sich die Sunderlands mehrmals mit Chris Bates und Ted Caloroso, um Einzelheiten für die Fernsehausstrahlung zu besprechen. Chris wirkte sehr erfahren und professionell, aber auch Ted in seiner spontanen, unkonventionellen Art machte auf Laurence und Marianne einen guten Eindruck.

Sie einigten sich darauf, dass *Magnetic Entertainment* das Filmkonzept an *Reveille* verkaufte, ein privates Film- und Fernsehstudio, das seinen Sitz in Hollywood auf dem Gelände der „Universal Studios" hatte. *Reveille* hatte schon viele erfolgreiche Serien produziert sowie Realityshows und Quizsendungen. Die Sunderlands waren überzeugt, mit *Reveille*, einer in Hollywood bekannten und geschätzten Filmgesellschaft, eine gute Wahl getroffen zu haben.

Als Nächstes wollte *Magnetic Entertainment* einen Werbe-Trailer für die Fernsehgesellschaften drehen. Ted filmte dafür Szenen aus dem Familienleben der Sunderlands, von der Überholung der *Wild Eyes* im Jachthafen von Marina del Rey und von einem Begleitboot aus Szenen von Abby auf See und Zac mit seinem Boot.

Während der Dreharbeiten entwickelte sich ein freundschaftliches Verhältnis zwischen den Sunderlands und der Filmcrew. Die Kinder hatten Ted mit seiner fröhlichen Art bald ins Herz geschlossen, und Laurence organisierte für ihn den perfekten Arbeitsplatz und ein schwimmendes Hotel zugleich: Er durfte, mit Einverständnis des Besitzers, auf einer 20-Meter-Luxus-Jacht eines Kunden in Marina del Rey wohnen, nur ein paar Docks von der *Wild Eyes* entfernt. Dort war Platz für sein gesamtes Video-Equipment und er hatte alles sofort zur Hand, um die Fortschritte auf der *Wild Eyes* festzuhalten.

Eines Spätnachmittags im Dezember kam Marianne mit allen Kindern im Schlepptau, um Laurence abzuholen und damit sie sehen konnten, wie auf Abbys Boot gearbeitet wurde. Sie nahm selten die ganze Kinderschar mit, denn es war schwierig, sie alle auf dem Boot im Auge zu behalten. Die Sonne war schon untergegangen und es wurde langsam kalt, doch Laurence wollte unbedingt noch einige Arbeiten zu Ende bringen und sagte, es werde noch eine Weile dauern.

„Jessie, geh doch mit Liddy, Katherine und Ben zu Teds Boot", sagte Marianne. „Dort könnt ihr warten, bis Papa fertig ist, dann braucht ihr nicht in der Kälte zu stehen."

Jessie war mit ihren elf Jahren ein sehr vernünftiges Mädchen und gewohnt, auf ihre jüngeren Geschwister aufzupassen. Bei sieben Kindern müssen die Älteren tatkräftig mithelfen. Und Jessie hatte, im Gegensatz zu ihrer großen Schwester Abby, eine ausgeprägte mütterliche Ader und liebte es, wenn sie die Verantwortung für die Kleinen übernehmen durfte.

„Okay, Mama." Jessie marschierte los, die Kleinen im Gänsemarsch hinterher. Unterwegs zum Liegeplatz der Jacht begegneten sie Ted. Er kam direkt auf sie zu, und Jessie erinnerte sich noch genau an seinen Gesichtsausdruck. Streng und mit zusammengezogenen Brauen blickte er sie an, die Lippen zu einer schmalen Linie zusammengepresst. So hatte Jessie ihn noch nie gesehen. Normalerweise, wenn ihre Eltern dabei waren, war Ted immer freundlich, mit einem Lächeln im Gesicht. Warum war er auf einmal so anders?

Inzwischen war es fast dunkel. Schüchtern und verunsichert blickte sie zu Ted auf. „Meine Mama sagt, wir sollen zu dir kommen und bei dir im Boot warten, bis mein Papa mit der Arbeit fertig ist." Sein Gesichtsausdruck verfinsterte sich noch mehr. „Meinetwegen", brummte er, „aber bringt nichts durcheinander, ich habe gerade aufgeräumt." Dann ging er weiter und ließ sie stehen.

Später, als Marianne und Laurence von der *Wild Eyes* zurückkamen, um die Kinder abzuholen, hörte Jessie, wie Ted mit ihren Eltern sprach – freundlich wie immer. Sie ging mit ihren Geschwistern nach oben, und sofort setzte er sein übliches Lächeln auf. *Komisch*, dachte sie, *jetzt ist er plötzlich wieder der Strahlemann, wie ausgewechselt.*

Am nächsten Tag beim Abendessen erzählte Jessie ihren Eltern von ihrer seltsamen Begegnung mit Ted. „Vielleicht hatte er bloß einen schlechten Tag", beschwichtigte Marianne. Aber Jessie schüttelte energisch den Kopf: „Das glaube ich nicht. Er tut nur so, als ob er freundlich wäre. Aber in Wirklichkeit ist er nicht unser Freund."

Da Jessie normalerweise nicht der theatralische Typ war, nahmen die Eltern ihre Äußerung ernst. Was war los mit Ted? Spielte er nicht mit offenen Karten, und sie hatten es bisher noch nicht bemerkt? Laurence und Marianne beschlossen, auf jeden Fall vorsichtig zu sein.

Als die Arbeiten auf der *Wild Eyes* fast abgeschlossen war, tauchte plötzlich ein weiterer Sponsor am Horizont auf. Genau genommen ein dreifacher Sponsor. Abby und ihre Familie waren unendlich dankbar, denn die Instandsetzung des Bootes verschlang astronomische Summen, und so war jede Unterstützung willkommen.

Ende Dezember war die *Wild Eyes* so weit fertig und bereit für ihre erste Testfahrt. Abby machte insgesamt vier Testfahrten, um das Equipment auf Seetauglichkeit zu prüfen und sich mit dem Boot vertraut zu machen. Die ersten beiden waren Kurztrips in Begleitung zweier erfahrener Segler. Während der beiden Törns testeten die beiden die Eigenschaften der Segel und machten sich ein Bild davon, wie Abby mit ihnen zurechtkam. Beides klappte zu ihrer vollsten Zufriedenheit.

Am 12. Januar startete Abby allein zu einer 100 Meilen (etwa 160 km) langen nächtlichen Testfahrt durch die Channel Islands bei wechselnden Windverhältnissen – eine gute Gelegenheit, das Aufriggen und Reffen mit den neuen Segeln zu üben. Auf der Höhe von Santa Barbara Island quittierte der Autopilot den Dienst – zweifellos etwas, woran noch gearbeitet werden musste.

Laurence begleitete Abby auf ihrer vierten Testfahrt, denn er wollte sich noch einmal von ihren Segelkünsten überzeugen. War sie wirklich so gut, wie er dachte? Oder war er bloß ein stolzer Papa mit einer verklärten Sichtweise? War er durch die Hochs und Tiefs des Projekts betriebsblind geworden?

Dabei hatte er ihr schon gesagt, dass ihre Chancen bei der Operation Weltumsegelung ungefähr fünfzig zu fünfzig standen, schon deswegen, weil man technisches Versagen und Beschädigung der Ausrüstung nie ganz ausschließen konnte.

Er beschloss, Alan Blunt ins Vertrauen zu ziehen, mit dem er 1995 an einer der bekanntesten Maxi-class-Jacht-Regatten der Welt teilgenommen hatte. Alan besaß als Weltklassesegler über dreißig Jahre Erfahrung als Seemann. Er war unzählige Male auf der Südhalbkugel des Globus gesegelt und hatte sogar einen Zyklon auf See überlebt. Laurence schätzte Alan und seine Meinung und wusste, wenn er ihn fragte, würde er eine offene Antwort erhalten.

Alan begleitete Abby am 17. Januar auf einer weiteren Hundert-Meilen-Testfahrt. Bei günstigem Wind und relativ mildem Wetter umrundeten sie Santa Catalina Island. Am nächsten Morgen, als sie am Steg anlegten, nahm Laurence Alan beiseite und fragte ihn nach seiner Einschätzung des Bootes.

„Und was denkst du über Abbys Segelkenntnisse?", wollte er danach wissen.

„Alles im grünen Bereich", erwiderte Alan. „Ich sehe da keine Probleme. Sie wird es schaffen."

Damals hatten Blogger im Internet bereits angefangen, Gerüchte zu verbreiten, Abby würde mit einem ungetesteten Boot bei gefährlichen Wetterbedingungen lossegeln. Andere waren der Meinung, Abby hätte nicht genug Zeit gehabt, um sich vor ihrer Weltumsegelung mit dem Boot vertraut zu machen. Dabei hatte sie insgesamt – angefangen mit dem Trip von der Ostküste hinunter bis zum Panamakanal und nach Ensenada, einschließlich ihrer Testfahrten – schon mindestens fünfzehnhundert Seemeilen auf der *Wild Eyes* zurückgelegt.

Das Datum für Abbys Start rückte in greifbare Nähe. Immer noch wurde auf der *Wild Eyes* fieberhaft gearbeitet – vor allem an der Autopilotanlage und dem Automatischen Identifikationssystem (AIS), ein System zur Kollisionsvermeidung mit anderen Booten. Nun hing alles vom Wetter ab. Laut *Commanders' Weather* würde sich das Wetterfenster für die Südpolarmeer-Route ziemlich bald schließen.

Trotzdem war es kein Wettlauf mit der Zeit, etwa weil Abbys Reise von einer Sponsoren-Deadline abhing, wie manche Kritiker behaupteten. Zwar hätte Abby ihr Vorhaben nicht einfach abblasen können, weil schon eine beträchtliche Summe der Sponsorengelder in die Überholung des Bootes geflossen war, doch der Hauptsponsor hatte Laurence den Zeitpunkt für ihren Start überlassen. Als sich der ursprüngliche Termin im Dezember verzögerte, nahm Laurence Kontakt zu dem verantwortlichen *Shoe City*-Vertreter auf. „Sorry, wir können den Termin leider nicht halten", teilte er ihm mit. „Die Reparaturarbeiten ziehen sich länger hin als geplant. Ich hoffe, das ist kein allzu großes Problem."

„Abby soll starten, wann Sie es für richtig halten", lautete die Antwort. „Gehen Sie lieber auf Nummer sicher und warten Sie, bis alles hundertprozentig in Ordnung ist."

Am 22. Januar, einen Tag vor Abbys geplantem Start, stand Laurence am Dock, wo die *Wild Eyes* vertäut war. Starke Regenfälle in ganz Südkalifornien hatten die Arbeiten an Bord beeinträchtigt. Die Schlechtwetterfront war vorüber, doch die Luft war noch immer kalt und feucht, und eine dicke Wolkendecke hing dicht über der Marina wie ein schweres, graues Tuch.

Von seinem Standort aus sah er mindestens ein Dutzend Handwerker, die an Deck und um das Boot herum beschäftigt waren. Und – wie unzählige Male zuvor – war er erstaunt und zutiefst gerührt über den großen persönlichen Einsatz, den diese Leute zeigten. Erst sie machten Abbys Reise überhaupt möglich. Unermüdlich trieben sie die Arbeit voran, mit nur einem Ziel: dass Abby in See stechen konnte.

In seine Betrachtungen versunken, sah Laurence auf einmal Jeff Casher auf sich zukommen. Geradlinig wie er war, kam Jeff gleich zur Sache: „Laurence, es gibt noch viel zu tun, bevor Abby starten kann." Er äußerte Bedenken, weil Komponenten der technischen Ausrüstung noch nicht unter Segel getestet worden waren.

Schuld daran waren einerseits der straffe Zeitplan, andererseits das schlechte Wetter.

Laurence stimmte zu, dass auf der *Wild Eyes* noch nicht alles perfekt war. Es gab zum Beispiel immer noch Schwierigkeiten mit dem AIS und dem Autopiloten. „Ich weiß, wir mussten einige Rückschläge einstecken", sagte er zu Jeff, „und ich wünschte, es würde schneller gehen. Wenn das Boot morgen seeklar ist, kann Abby starten. Wenn nicht, dann eben nicht. Wir können es nicht erzwingen. Und wenn sie unterwegs Probleme hat, dann holen wir sie eben an Land." Und er fügte hinzu: „Es kann gut sein, dass ihre erste Etappe auf dem Weg nach Kap Hoorn bereits in Cabo San Lucas enden wird und somit bloß eine weitere Testfahrt ist." (Ort im Norden Mexikos, auf der Halbinsel Niederkalifornien; d. Übers.)

Jede Nonstop-Weltumsegelung setzt sich in Wirklichkeit aus einer Reihe von Teilstrecken zusammen, die hoffentlich am Schluss den Kreis um den Globus schließen. Eine Unterbrechung ist dabei nicht erlaubt, wohl aber im Notfall das Anlaufen von Versorgungshäfen entlang der Route. Falls unterwegs Probleme auftauchen, sucht das an Land stationierte Support-Team nach Anlege- und Reparaturmöglichkeiten. Natürlich hofft jeder, dass es nicht dazu kommt, aber im Notfall ist für Hilfe gesorgt.

Nach dem Gespräch mit Jeff war Laurence etwas ruhiger. Nach Jeffs Einschätzung waren Abby und die *Wild Eyes* durchaus in der Lage, die Etappe nach Cabo San Lucas mühelos zu meistern. Selbst wenn sämtliche technischen Systeme ausfielen, konnte Abby zur Not das Boot immer noch von Hand bis Cabo steuern. Jahrhundertelang haben Seeleute ihre Schiffe auf diese Weise von Punkt A nach Punkt B gesteuert – mit Wind, Segeln und Ruderpinne.

Jeff merkte: Laurence war realistisch genug, um zu wissen, dass die *Wild Eyes* so seetüchtig war wie unter den Umständen möglich; auch Laurence schloss nicht aus, dass Abby unterwegs wegen Reparaturarbeiten einen Hafen anlaufen musste. Niemals würde Laurence das Leben seiner Tochter aufs Spiel setzen, um einen Rekord zu brechen.

7 „KOMM NICHT ZU SPÄT ZUM ESSEN!"

Marina del Rey, Kalifornien, Januar 2010

Mein offizielles Startdatum war der 23. Januar 2010, doch seit Tagen goss es wie aus Kübeln und das Barometer wollte nicht aufhören zu fallen. Das Wetter spielte absolut verrückt. Durch Long Beach fegte ein Tornado, der einen Katamaran von seinem Ankerplatz losriss und umkippte. Der Dauerregen machte unseren ganzen Zeitplan kaputt. Probleme mit dem Autopilotsystem und dem AIS hielten die Techniker auf. Es sah ganz danach aus, als ob ich nicht rechtzeitig lossegeln könnte.

In der Nacht vom 22. auf den 23. Januar blieben mein Vater und ich bis ein Uhr morgens auf dem Boot. Die Techniker arbeiteten bis kurz vor Sonnenaufgang.

Jemand aus dem Team hatte gesagt, der Tag, an dem ich endlich in See stechen würde, würde wie ein Film vor meinen Augen ablaufen und ich würde mich später kaum daran erinnern. „Etwa so wie dein Hochzeitstag." *Na toll*, dachte ich. *Mit sechzehn denke ich noch lange nicht ans Heiraten. Aber jetzt weiß ich wenigstens, was mich erwartet, falls ich jemals in den Hafen der Ehe einlaufe.*

Mein Papa und ich fuhren nach Hause und versuchten, ein paar Stunden zu schlafen. Ich war zu müde, um nervös zu sein, und schlief sofort ein. Nach etwa drei Stunden hörte ich, wie mein Vater aufstand und mit den Technikern telefonierte.

„Alles in Butter", sagte er danach zu mir. „Sie haben es geschafft. Der Autopilot funktioniert und alle technischen Mängel sind behoben."

Ich würde also tatsächlich morgen lossegeln!

Am nächsten Tag hatte ich weiche Knie, als ich das Haus verließ. Meine Gedanken und Gefühle fuhren Achterbahn, und mein Magen fühlte sich an, als hätte jemand einen Mixer auf höchste Stufe gestellt. Ich war glücklich, aufgeregt, nervös, gespannt und ein bisschen ängstlich zugleich. Der Adrenalinschub ließ mich die kurze Nacht vergessen. Hinzu kam, dass ich seit ein paar Tagen erkältet war. Meine Nase war zu, mein Hals rau, und mir graute vor der Pressekonferenz, die später im „Del Rey Jacht Club" stattfinden sollte. Als ob ich nicht schon nervös genug war! Jetzt konnte ich froh sein, wenn ich mit krächzender Stimme ein paar Worte rausbrachte. Es würde so klingen, als hätte ich eine Wäscheklammer auf der Nase.

Papa und ich stiegen ins Auto und machten uns auf den Weg zur Marina. Meine Mama würde ein paar Stunden später mit meinen Geschwistern nachkommen. Als wir aus der Einfahrt bogen, schaute ich noch einmal zurück zum Haus. Mein Zuhause. Ich hatte es nie besonders vermisst, wenn ich auf See war. Aber diesmal war es anders. Diesmal würde ich allein auf See sein. Ich ließ nicht nur das Haus zurück, sondern auch meine ganze Familie. Und ich würde sie erst Monate später wiedersehen, gegen Ende des Jahres. Es war alles so unwirklich.

Normalerweise bin ich eher still, während mein Papa auf der Fahrt gern über dies und jenes redet. Aber diesmal, auf dem Weg nach Marina del Rey, waren wir beide ziemlich schweigsam. Jeder hing seinen Gedanken nach.

In der Nacht hatte das Team die *Wild Eyes* von ihrem Liegeplatz zum Del Rey Jacht Club transportiert, von wo aus ich starten sollte. Dorthin fuhren wir zuerst. Ich wollte unbedingt das Boot sehen und schnell noch ein paar Sachen an Bord bringen, wie zum Beispiel mein Kopfkissen und meinen kleinen Stoffhund, der mir Gesellschaft leisten sollte.

Im Hauptgebäude des Jachtclubs wimmelte es schon von Leuten: Clubmitglieder, Schaulustige, Bekannte, die mir alles Gute wünschen wollten, und jede Menge Reporter und Journalisten. Ich spürte einen Kloß im Hals und fürchtete, dass ich vor Angst kein Wort herausbringen würde. Jeder muss bemerkt haben, wie leichenblass ich plötzlich war und dass meine Hände zitterten. Umso weniger verstand ich die Kritiker, die später behaupteten, ich sei sensationshungrig und hätte alles nur getan, um im Rampenlicht zu stehen.

Inzwischen waren meine Mutter, mein Bruder Zac und der Rest der Familie eingetroffen. Jemand vom Vorstand des Jachtclubs war so freundlich gewesen, meine Abschiedsveranstaltung zu organisieren. Ein Feinkostladen und Imbiss in Thousand Oaks hatte Kaffee, Saft und belegte Brötchen gespendet.

Vorn stand ein großer Tisch für uns. Papa, Mama, Zac und ich setzten uns auf unsere Plätze, ich in die Mitte. Zuerst sollte ich ein kurzes Statement abgeben und ein paar Worte zu meiner geplanten Weltumsegelung sagen, bevor die Reporter ihre Fragen stellten. Doch als ich anfing zu reden, schwoll der überfüllte Raum vor meinen Augen plötzlich auf die Größe eines Fußballstadions an. Das Herz klopfte mir bis zum Hals. Bis heute weiß ich nicht genau, was ich eigentlich gesagt habe. Ich weiß nur noch, dass ich meinen Sponsoren und meinem Team für ihre Unterstützung dankte, und hoffe, dass ich nichts Dummes von mir gegeben habe.

Dann beantworteten wir die Fragen aus dem Publikum. Und die der Schwarzmaler. Viele Fragen waren sehr provozierend: Was machen Sie bei diesem oder jenem technischen Problem? Was tun Sie, wenn Sie in Seenot geraten? Ist Ihnen bewusst, dass Sie Ihr Leben aufs Spiel setzen?

„Das Boot ist in einem top Zustand", antwortete ich. „Und ich habe mich körperlich und psychisch so gut darauf vorbereitet, wie ich nur konnte. Ich weiß, dass ein tolles Segelabenteuer auf mich wartet. Aber ich weiß auch, dass ich mir manchmal wünschen werde, ich hätte mich nie darauf eingelassen."

Es wurden auch viele praktische Fragen gestellt: Wie viel Treibstoff haben Sie an Bord? Wie viel Wasser? Für wie viele Monate führen Sie Lebensmittel mit?

An eine Frage erinnere ich mich noch ganz genau: „Was ist die längste Zeitspanne, die Sie bisher allein auf See verbracht haben?"

Ich antwortete wahrheitsgetreu: „Vierundzwanzig Stunden." Es muss unheimlich blöd geklungen haben, so, als hätte ich keine Ahnung, worauf ich mich einließ. Aber was sollte ich machen? Sollte ich ihnen etwas vorlügen? Das hätte ich nicht gekonnt.

Etwas, was ich im Umgang mit Presseleuten gelernt habe, ist: Je selbstbewusster man auftritt, desto besser. Wie Spürhunde finden sie jede menschliche Schwäche, jeden Schwachpunkt, und stürzen sich darauf wie die Geier. Dabei sind die meisten vordergründig höflich. Kaum einer sagte mir ins Gesicht, was er dachte. Einige behandelten mich in einer ziemlich herablassenden Art, vielleicht weil ich erst sechzehn war. Ich wusste nicht, was schlimmer war: die Reporter mit dem süffisanten Lächeln, bei denen ich genau wusste, dass sie nur Negatives über mich schreiben würden – oder diejenigen, die zuerst einen freundlichen Eindruck machten und mich hinterher trotzdem in die Pfanne hauten.

Während der ganzen Pressekonferenz fühlte ich mich hundeelend. Wer mich nicht kannte, schien mir nichts anzumerken, denn ein Reporter schrieb später, dass ich ruhiger wirkte als die Erwachsenen an meiner Seite. Und meine Mutter sagte, ich sei ganz natürlich und bescheiden aufgetreten und hätte alle Fragen so locker beantwortet, als quatschte ich mit einer Freundin über die besten Schnäppchen beim Winterschlussverkauf. (Was mir, ehrlich gesagt, wahrscheinlich schwererfallen würde.)

Einige meiner besten Freunde waren auch bei der Pressekonferenz. Am Schluss stand meine Freundin Kasey Nash auf und betete vor allen Leuten in dem großen Saal für Bewahrung auf meiner Reise und eine gute Heimkehr.

Obwohl Abbys Pressekonferenz in den Räumlichkeiten des Del Rey Jacht Club stattfand, gab es auch kritische Stimmen unter den Clubmitgliedern, sowohl verbal als auch in Form von Artikeln in Jachtzeitschriften und Segelforen – und zwar lange, bevor die Medien Abbys Weltumsegelung unter Beschuss nahmen.

Diese Kritik aus den eigenen Reihen war für Laurence sehr befremdlich. Er hätte nie gedacht, dass so viele Leute sich das Recht herausnahmen, etwas zu verurteilen, ohne sich ein Bild des Ganzen zu machen. Niemand von ihnen kannte seine Tochter wirklich. Sie wussten nicht, dass sie von klein auf mit Booten vertraut war und drei Jahre lang an Bord einer Jacht gelebt hatte. Sie wussten nicht, wie ausdauernd und entschlossen sie war.

Doch etwas war offensichtlich: Der Unterschied zwischen den reichen Jachtbesitzern und Laurence, dem Praktiker mit dem ölverschmierten Overall und dem Schraubenzieher in der Hand. Manche Clubmitglieder hatten es vielleicht noch nicht verdaut, dass Zac, der Sohn der Handwerkerfamilie, erfolgreich allein um die Welt gesegelt war. Und dass diese Leistung den Sunderlands die Mitgliedschaft in mehreren Jachtclubs und einen gewissen sozialen Status beschert hatte, die sonst nur mit Geld zu erkaufen sind.

Trotzdem wunderte sich Laurence, wieso ein reicher Skipper, der drei oder vier Mal im Jahr nach Catalina segelte (gewöhnlich mit angeheuerter Crew), sich dazu berufen fühlte, ihn, seine Segelerfahrung und seine Verantwortung als Vater infrage zu stellen.

Einige der besagten Kritiker befanden sich unter den Fragestellern bei der Pressekonferenz, und Laurence versuchte erst gar nicht, sie zu beschwichtigen. „Ob ein Kind segeln oder Autofahren lernt, ist im Endeffekt dasselbe", sagte er. „Jedes Kind wird irgendwann den Führerschein machen. Also: Verbieten wir unseren Kindern das Autofahren, weil sie einen Unfall haben könnten? Das hieße, sie aus Angst in ihrer Entwicklung zu behindern. Abbys Weltumsegelung ist das Ergebnis jahrelanger Vorbereitung und Arbeit. Und ich freue mich, dass sie jetzt die Früchte ernten darf."

Während er und Abby weitere Fragen beantworteten, spürte Laurence allmählich, wie sich die Wogen im Saal glätteten und die Bedenken zum Teil zerstreuten. Roberta Feldman, Mitglied im Del Rey Jacht Club, sagte später im Gespräch mit einem Reporter, dass Abbys Ausstrahlung bei der Pressekonferenz sie überzeugt hatte.

„Ich hatte ja starke Zweifel", sagte sie. „Aber für eine Sechzehnjährige ist sie sehr reif. Ich traue ihr das durchaus zu."[4]

Mehrere Leute kamen anschließend auf Laurence und Marianne zu und äußerten, wie sich ihre Meinung geändert hatte, nachdem sie Abby persönlich erlebt hatten. Manch ein Skeptiker wurde eines Besseren belehrt, als er hörte, dass Abby schon Jahre auf See verbracht hatte und wie viel ihr diese Weltumsegelung bedeutete.

Als die Pressekonferenz beendet war, wurden Abby, Zac und ihre Eltern durch einen von Abbys Sponsoren mit Blumenkränzen aus echten hawaiianischen Blüten geehrt. Danach ging die ganze Familie hinunter zum Dock, wo ein paar Leute von Abbys Team noch mit letzten Vorbereitungen am Boot beschäftigt waren. Hunderte von Schaulustigen hatten sich versammelt, unter ihnen Freunde, Verwandte und Bekannte. Vielleicht auch der eine oder andere Skeptiker. Gefolgt von Journalisten, Fotografen und Fernsehkameras bahnten sich die Sunderlands ihren Weg durch die Menge zum Liegeplatz der *Wild Eyes*, die für die nächsten Monate Abbys Zuhause sein würde.

Abby und Laurence gingen an Bord und machten einen letzten Sicherheits-Check. Abby sprang noch einmal zurück an Land.

„Was machst du denn da?", fragte ihre Mutter.

Abby grinste. „Noch einmal festen Boden unter den Füßen spüren, so lange er noch da ist."

 Die Leute in unserer Nähe lachten, obwohl das mit dem festen Boden nur für Mamas Ohren bestimmt gewesen war.

Später hörte ich, dass einige Reporter sagten, ich hätte so ruhig und abgeklärt gewirkt. Dabei war ich in Wirklichkeit total nervös. Zumal ich wusste, dass alle Augen auf mich gerichtet waren.

Die Last-Minute-Vorbereitungen unter Zeitdruck, die kurze Nacht, die Unsicherheit bis zuletzt, ob die *Wild Eyes* segeltüchtig war oder nicht und die schreckliche Pressekonferenz – all das zerrte ganz schön an meinen Nerven.

Ich wollte nur noch weg, die Menschenmenge hinter mir lassen, nicht mehr im Mittelpunkt stehen. Ich dachte daran, was jemand aus dem Team gesagt hatte, dass dieser Tag so ähnlich sein würde wie mein Hochzeitstag und dachte: *Wenn das so ist, dann bleibe ich doch lieber Single!*

Ich hatte es wohl ganz gut drauf, nach außen cool und abgeklärt zu wirken. Nur wer mich sehr gut kannte, wusste, wie es mir wirklich ging. Alan Blunt aus meinem Team sah anscheinend aus der Entfernung, wie nervös ich war, als ich ungeschickt versuchte, das Großsegel hochzuziehen. In seinem Dingi kam er längsseits und winkte mich zu sich. „Du schaffst das, Abby", sagte er. „Vergiss die Leute und die Pressefritzen und die Kameras. Und jetzt zieh ganz ruhig das Segel hoch, so wie immer."

Alans Worte waren genau das, was ich in dem Moment brauchte. Tatsächlich gelang es mir, die Zuschauermassen auszublenden und mich auf das zu konzentrieren, wozu ich hier war: Ich machte die *Wild Eyes* klar zum Ablegen.

Laurence begleitete Abby auf einer 21-Meter-Jacht aus dem Hafen. Mit an Bord waren Marianne und Abbys Geschwister, dazu Mariannes Mutter und vier von Abbys Freundinnen. Hinzu kamen einige Vertreter von Abbys Sponsoren und eine Gruppe extra ausgewählter Reporter.

Abbys offizieller Start war um 10.57 Uhr Pacific Time. Nach einer Woche mit stürmischem Wetter konnte sie bei wolkenlosem, blauem Himmel Segel setzen. Vor ihr lag eine glasklare See mit langer Dünung. Außer Laurences Jacht gaben ihr auch einige Polizei- und Feuerlöschboote Geleitschutz. Auf dem Hafendamm standen Feuerwehrautos und ließen zum Gruß ihre Sirenen ertönen, als die *Wild Eyes* vorbeizog.

Wirklich ein schönes Boot, dachte Laurence, als die *Wild Eyes* in voller Takelung majestätisch vor der Kulisse der glitzernden Wellenkämme dahinglitt. Er und Marianne kämpften mit widersprüchlichen Gefühlen – Begeisterung und Freude zu sehen, wie Abby ihrem großen Traum entgegensegelte, und gleichzeitig die Sorge und Hoffnung, dass alles gut gehen würde. Und dass sie nicht allzu lange auf Abbys ersten Anruf über Satellitentelefon warten mussten.

Ein bewegender Moment war auch, als Zac und Toby mit Zacs Boot zu Abby aufschlossen. Da segelte ihr ältester Sohn, der mit diesem Boot die Welt umrundet hatte, und neben ihm ihre älteste Tochter, die nun seinen Spuren folgte.

Eigentlich hatten die Sunderlands Abbys Boot nur aus dem Hafen geleiten und die erste Seemeile begleiten wollen, doch Laurence brachte es nicht übers Herz, abzudrehen und zurückzufahren. Später, zu Hause, stellten Marianne und er fest, dass sie beide dasselbe empfunden und gedacht hatten: *Ich wünschte, ich könnte bei ihr bleiben. Sie für immer beschützen, rund um die ganze Welt.*

Laurence steuerte die Motorjacht über die hohen Wellenkämme, die das Licht wie Spiegel zurückwarfen. Hin und wieder verschwanden die Segel der *Wild Eyes* in einem Wellental und er verlor Abby aus den Augen. *So muss es sein, wenn eine Tochter das Elternhaus verlässt*, dachte er. *So viel Zeit habe ich mit ihr auf dem Wasser verbracht. Und nun entlasse ich sie in die große Freiheit – allein.*

Nach meiner feierlichen Verabschiedung und dem ganzen Rummel wäre ich am liebsten schnell davongerauscht, die Segel voller Wind. Leider spielte der Wind nicht mit. Als ich den Motor ausschaltete, kroch die *Wild Eyes* im Schneckentempo dahin, und wir machten unseren großartigen Abgang mit sage und schreibe etwa zwei Knoten.

Ich blickte zurück zum Steg und sah die Menge von Menschen, die extra gekommen waren, um mich zu verabschieden. Von Nahem hatte ich nicht gesehen, wie viele es waren. Jetzt war ich erstaunt und gerührt.

Meine Familie und ein paar Freunde fuhren auf einer großen Motorjacht noch ein Stück mit. Auch ein paar Segelboote begleiteten mich hinaus aufs offene Meer. Die Jacht, die mein Papa steuerte, war nah genug, dass meine Freundinnen zu mir rüberrufen konnten. Sie saßen im Bug und winkten.

„Mach's gut! Und viel Spaß!"

„Pass auf dich auf!"

„Wenn du zurück bist, gehen wir zu Starbucks!"

Als die Flotte, die mich eskortierte, auf der Höhe der Stadt El Segundo war, klingelte eines meiner Telefone. Es war mein Papa, und er klang irgendwie ein bisschen so, als habe er einen Kloß im Hals. „Abby, zu Hause wartet ein leckeres Abendbrot auf dich – in ungefähr sieben Monaten. Also, komm nicht zu spät zum Essen!"

8 Delfine und Sonnenuntergänge

Von Marina del Rey nach Cabo San Lucas, Januar 2010

Weit und breit kein Land in Sicht, ich bin umgeben von saphirblauem Wasser. Wolken hängen tief über dem Horizont, zartrosa, knallig pink oder scharlachrot. Ab und zu bricht ein Lichtstrahl durch und verwandelt das Wasser in flüssiges Gold. Ich liebe es, allein an Deck zu stehen – mitten auf dem Ozean – und zu sehen, wie die Sonne ihren schimmernden Teppich ausrollt und untergeht wie ein riesiger Feuerball. Sonnenuntergänge an Land sind auch schön, aber anders. Man nimmt sie anders wahr, wenn man sich warm, sicher und trocken fühlt. So ähnlich wie der Unterschied, wenn man eine Landschaft auf einem Foto betrachtet oder mitten in dieser Landschaft steht, mitten im Leben.

Wenn ich an Deck der *Wild Eyes* stand, in goldenes Licht getaucht, dann kam es mir vor, als bräuchte ich nur meine Hand ausstrecken und könnte die Sonne berühren.

In den ersten Tagen auf See habe ich viel gelernt. Nicht unbedingt, was das Segeln betraf, sondern ganz banale Dinge: Wann soll ich essen? Wann schlafe ich? Und wie schaffe ich es, nebenbei das Boot auf Kurs und in Schuss zu halten? Drei Tage lang schlief ich tagsüber mindestens genauso viel oder genauso wenig wie nachts. Ich hatte das Gefühl, wenn ich alles im Griff haben und nichts aus den Augen verlieren wollte, musste ich quasi rund um die Uhr wach bleiben.

Dabei lernte ich, dass Arbeit eine gute Sache ist. Ich hatte immer etwas zu tun, und so kam nie Langeweile auf. Und die

75

Arbeit half mir, mich schneller an das Alleinsein zu gewöhnen. Wenn man in einer neunköpfigen Großfamilie aufgewachsen ist, kommt es einem ganz komisch vor, wenn plötzlich alles so still ist. Nicht, dass ich es unangenehm fand – im Gegenteil, es war sehr angenehm. Trotzdem war es irgendwie seltsam.

Der Wind war anfangs sehr schwach und die *Wild Eyes* machte kaum Fahrt. Sie schlich so langsam dahin, dass ich das Gefühl hatte, ich wäre mit jedem Ruderboot schneller gewesen. Ich kam mir vor wie ein Rennpferd in der Startbox, das darauf wartet, endlich losrennen zu dürfen. Ich wusste, wie sich die *Wild Eyes* bei richtigem Wind segelte, und wünschte mir nichts sehnlicher, als dass Gott einen ordentlichen Wind aufkommen ließ, damit mein Boot zeigen durfte, was es draufhatte!

Am Abend des ersten Tages passierte ich Catalina Island. Von dort drehte ich genau nach Süden, und am Nachmittag des 24. Januar frischte der Wind auf. Gott meinte es gut mit mir – ich machte zwölf Knoten Fahrt! In den nächsten drei Stunden legte ich vierundzwanzig Meilen zurück, erreichte mexikanisches Gewässer und hatte gegen Abend bereits Ensenada hinter mir gelassen.

Unterwegs bekam ich immer wieder Besuch von Tieren, genau genommen, von zwei unterschiedlichen Tierarten: Tintenfischen und Delfinen. Oft begleiteten mich zwei oder drei Delfine. Sie spielten vor dem Bug, als wollten sie mich und mein Boot im Pazifik willkommen heißen. Manchmal schwamm eine ganze Schule von zwanzig oder mehr Delfinen neben der *Wild Eyes* her oder surfte in ihrem Kielwasser. Oder sie tauchten pfeilschnell unter dem Boot durch. Delfine sind tolle Tiere. Sie sehen immer aus, als ob sie lächeln. Immer, wenn ich sie beobachtete, bekam ich selbst gute Laune. Ich glaube, ich habe noch nie einen Delfin gesehen, der schlecht drauf war. Ob Delfine auch manchmal einen schlechten Tag haben? Kann ich mir nicht vorstellen.

Manchmal besuchten sie mich auch in der Nacht. Dann hinterließen sie Spuren von phosphoreszierenden grünen Streifen. Und wenn sie aus dem Wasser sprangen, dann spritzte leuchtend grüne Gischt auf.

Die Tintenfische waren nicht halb so lustig. Als ich an meinem zweiten Tag auf See ins Cockpit hochkletterte, saß dort ein kleiner Tintenfisch und schaute mich an. Er war winzig, nur etwa fünf Zentimeter lang, und ich fragte mich, wie in aller Welt er ins Boot geraten war. Jedenfalls hatte ich noch nie von fliegenden Tintenfischen gehört. Wahrscheinlich war er von einer Welle an Bord gespült worden. Vielleicht war er einsam und suchte Gesellschaft. Vielleicht war er auch eine „Sie", ich wusste es nicht. Ich wusste nur, dass ich Tintenfische nicht besonders mag. Mit spitzen Fingern fasste ich das Tier bei einem seiner Fangarme und beförderte es rasch ins Wasser zurück.

Vielleicht war das ein Fehler. Am nächsten Morgen fand ich haufenweise Tintenfische an Deck, ihre glibberigen Körper klebten in Knäueln in allen möglichen Ecken und lauerten in der Mitte von aufgerollten Tauen. Ich stellte mir vor, wie der erste Tintenfisch, den ich über Bord geworfen hatte, ins tiefere Wasser abgetaucht war und alle seine Freunde eingeladen hatte. („He, Leute! Da oben ist ein Boot, das müsst ihr euch unbedingt ansehen!") Danach war ich jeden Morgen damit beschäftigt, das Deck von Tintenfischen zu befreien. Vielleicht hätte ich den ersten kleinen Kerl einfach an Bord lassen sollen.

Während der ersten Woche versuchte ich auch – neben all den anderen Aufgaben, wie zum Beispiel Segel reffen oder fieren und mich um meine Energieversorgung zu kümmern – meinen Internet-Blog weiterzuführen. Ab meinem dritten Tag auf See sah ich niemanden mehr, keine Menschen, keine Schiffe oder Boote – nur Delfine und Tintenfische. Und in der Einsamkeit des Meeres tut es gut, Kontakt zu Leuten zu halten, selbst wenn sie noch so weit weg sind.

Viele Blogger fragten, was ich denn so essen würde. Als Antwort schrieb ich: *In den ersten paar Tagen so gut wie gar nichts, weil mein Magen streikte.* Damit hatte ich nicht gerechnet. Schließlich war ich auf dem Meer groß geworden. Von klein auf war ich auf verschiedenen Booten gesegelt, auch in stürmischer See. Trotzdem, hier, in diesem kleinen Boot allein mitten im Ozean war es irgendwie anders.

Zum Glück dauerte es nicht lange und mein Magen war seefest geworden. Ich hielt mich an meine Vorräte an frischen Lebensmitteln, die ich für die erste Woche gepackt hatte. Eine Diätassistentin hatte einen Ernährungsplan für mich zusammengestellt. Wir hatten ausführlich über meine Lebensbedingungen an Bord diskutiert und wie ich meinen Nährstoffbedarf am besten decken konnte. Die Rahmenbedingungen bei einer Einhand-Weltumsegelung sind so ähnlich wie bei einem Flug ins All: Man lebt und arbeitet auf engstem Raum, hat Gewichtsbegrenzungen, wenig Stauraum und kaum Möglichkeiten, Frischkost haltbar zu machen.

Deshalb musste ich, genau wie Astronauten oder Extrembergsteiger, vorwiegend auf Trockennahrung zurückgreifen, die in wasserdichten Tüten verpackt und portioniert war, für jede Woche eine. Meine Mama ist die Beste: Sie packte in jede Tüte Trockenfutter ein bisschen Schokolade mit rein. Denn Schokolade hebt die Stimmung, wenn man sich mal einsam fühlt oder etwas nicht so gut läuft.

Auf der Liste standen auch Powersnacks wie Nüsse und getrocknete Früchte, Proteinriegel und *beef jerky* (Trockenfleisch aus Rindfleisch, in den USA ein beliebter Snack; d. Übers.). Das war gut so, denn auf der *Wild Eyes* bekam ich meistens wenig Schlaf. Es gab immer irgendetwas zu tun. Kleinere Schäden mussten repariert und der Radar, die Energieversorgung und andere technische Systeme ständig überwacht werden.

Die meiste Zeit an Bord verbrachte ich entweder draußen im Cockpit oder unten in der Kabine über den Kartentisch gebeugt. Zwischendurch gönnte ich mir immer mal wieder ein kurzes Nickerchen, doch nach ein paar Tagen merkte ich, dass das nicht reichte. Ich musste daran denken, was mein Bruder immer gesagt hatte: wie wichtig es ist, an Bord ausreichend zu schlafen. Also klappte ich in der vierten Nacht mein Wandbett herunter und schlief endlich mal wieder eine Nacht durch.

An meinem fünften Tag auf See, am 27. Januar, waren die Wetterbedingungen perfekt. Die Sonne schien und bei günstigem Wind machte ich gute Fahrt. Die *Wild Eyes* surfte mit etwa sieben Knoten die Wellenkämme hinunter. Ich hätte laut jubeln und die ganze Zeit „Hurra!" schreien können, so schön war das.

Leider konnte ich die Windstärke nicht genau feststellen, weil sich mein Windmesser verabschiedet hatte. Und am nächsten Tag auch der Wind. Da auch die Sonne nicht schien, konnte ich keine Batterien aufladen. Das hieß: Bald würde auch mein Autopilot ausfallen und ich müsste von Hand steuern, bis der Windgenerator oder die Solaranlage etwas Strom produzierten.

Aber so weit war es noch nicht. Auch sonst hatte ich nicht viel zu tun und überlegte, ob ich meine Schulbücher rausholen sollte. Doch ich verwarf den Gedanken rasch wieder und beschloss, dass zu viel Lerneifer nur schadet. Stattdessen rief ich zu Hause an und diskutierte die Stromversorgung mit meinem Team.

Seit meinem Start in Marina del Rey hatte ich meinen Energieverbrauch genau überwacht und Verschiedenes ausprobiert, um ihn möglichst gering zu halten. Aber die super leichten Winde, die entlang der Baja California wehten, hatten einen großen Nachteil: Sie waren zu schwach, um genügend Strom für die Energieversorgung zu liefern. Deshalb musste ich oft auf den Wechselstromgenerator zurückgreifen und den Dieselmotor laufen lassen. Dabei stellte ich fest, dass wir zu wenig Treibstoff einkalkuliert hatten.

Am 30. Januar traf ich eine Entscheidung: In Cabo San Lucas würde ich einen Zwischenhalt einlegen und mich mit meinem Support-Team treffen. Mein Papa, Scott und Jeff hatten beschlossen, zwei weitere große Batterien auf der *Wild Eyes* zu installieren. Außerdem wollten sie mir noch ein paar zusätzliche Treibstoffkanister mitbringen, für den Fall, dass es längere Flauten zu überbrücken gab – zum Beispiel im Kalmengürtel, einer nahezu windstillen Zone im Bereich des Äquators.

Es war der 23. Januar. Bill Bennett aus Los Angeles verfolgte in den Abendnachrichten die Meldung über ein junges Mädchen, das von Marina del Rey aus zu einer Einhand-Weltumsegelung gestartet war. *Wow*, dachte Bill, *das ist ganz schön mutig.*

Bill, von Beruf Kameramann und Privatpilot, war schon immer von jungen Leuten fasziniert gewesen, die Außergewöhnliches leisteten. Bei Google tippte er „Abby Sunderland" ein und verfolgte von da an auf Abbys Blog ihre Reise entlang der südkalifornischen Küste. Alle zwei bis drei Tage schaute er nach, wie weit sie auf ihrem Weg nach Kap Hoorn gekommen war. Am 30. Januar las er ihren Eintrag, dass sie aufgrund von Problemen mit der Energieversorgung an Bord in Cabo San Lucas in Mexiko einen Zwischenstopp einlegen würde.

In dem Augenblick hatte Bill eine Idee. Er dachte an all die Drehorte, an denen er als Kameramann gearbeitet hatte – zum Teil abgelegene Gebiete Afrikas mit wenig Infrastruktur. Da kam es schon mal vor, dass eine millionenschwere Filmproduktion wegen irgendeines kleinen Ersatzteils lahmgelegt wurde, weil gerade dieses Teil in dem betreffenden Land nicht zu kriegen war. Damit mussten auch Abby und ihr Team in Cabo San Lucas rechnen. Vielleicht, dachte Bill, könnte er als Pilot mit seiner Maschine irgendwie helfen. Auf jeden Fall wäre es ein Abenteuer. Und für Abenteuer war er immer zu haben.

Über Abbys Website schickte er eine E-Mail an die Sunderlands:

Hallo, mein Name ist Bill Bennett. Auf Abbys Blog habe ich gelesen, dass sie in Cabo San Lucas anlegen wird, um einige Reparaturen vorzunehmen. Für den Fall, dass Ersatzteile benötigt werden, die vor Ort nicht zu bekommen sind, könnte ich vielleicht behilflich sein. Ich bin Privatpilot und besitze ein Flugzeug vom Typ Bonanza A36. Es steht in Burbank. Von dort sind es etwa fünfeinhalb Stunden bis nach Cabo, nonstop. Wenn nötig, könnte ich auch unterwegs, z. B. in San Diego, zwischenlanden, um die Ersatzteile an Bord zu nehmen. Selbstverständlich werde ich für den Einsatz nichts berechnen. Es wäre mir eine große Freude, wenn ich helfen könnte.

Mit herzlichem Gruß,

Bill Bennett

Als Zusatz gab Bill noch seine Mobilfunknummer an. Zwei Stunden später klingelte sein Telefon.

„Hallo, hier ist Laurence Sunderland", sagte eine freundliche Stimme mit australischem Akzent. „Sind Sie der Pilot?"

Bill war zuerst etwas verwirrt. Er hatte keinen Anruf aus Australien erwartet.

„Ich bin Laurence Sunderland aus Kalifornien", wiederholte der Mann in der Leitung, „Abigail Sunderlands Vater. Sie haben uns eine E-Mail geschrieben, in der Sie anbieten, Ersatzteile für das Boot nach Cabo San Lucas zu fliegen?"

„Oh, ja, natürlich, das war ich", antwortete Bill.

„Danke für Ihre Hilfe. Ich denke, wir nehmen Ihr freundliches Angebot gerne an." Laurence kam direkt zur Sache und schilderte die Lage: „Wir haben hier zwei große Marine-Batterien mit je 60 x 40 x 25 cm und etwa 70 kg schwer. Die Flug- und Luftfrachtgesellschaften weigern sich, sie mitzunehmen, da sie als Gefahrgut gelten. Könnten Sie die Batterien in Ihrem Flugzeug transportieren?"

Die Anfrage fiel etwas anders aus, als Bill erwartet hatte. Das klang nach einer sehr schweren Ladung für sein relativ leichtes Flugzeug. Im Kopf überschlug er rasch ein paar Zahlen. Seine Bonanza A36 war für maximal sechs Personen ausgelegt. Eine Batterie wog ungefähr so viel wie ein erwachsener Passagier. Wenn er zwei Sitze entfernte, war genug Platz, um die Ladung zu verstauen. Und wenn Laurence mitflog, war das Flugzeug gut ausbalanciert.

„Okay", sagte Bill kurz entschlossen. „Kein Problem!"

Abby sollte am Dienstag, dem 2. Februar, in Cabo San Lucas vor Anker gehen. Doch als Bill den Wetterbericht verfolgte, sah er,

dass sich ein ausgedehntes Sturmtief auf die Baja California zube-
wegte. Er teilte Laurence mit, dass sie deshalb schon am Montag-
morgen starten müssten. Die beiden Männer verabredeten sich für
9 Uhr am Flughafen von Santa Monica.

„Perfekt", sagte Laurence. „Die Batterien hole ich unterwegs bei
West Marine."

Bill, der den Laden kannte, fragte: „Könnten Sie dann vielleicht
auch einen tragbaren 406-Megahertz-Funksender mitbringen?"

Bei dem Sender, auch bekannt als PLB (personal locator
beacon), handelt es sich um ein Notfunksignalsystem, mit dessen
Hilfe Satelliten oder Rettungskräfte Schiffe, Personen oder Flug-
zeuge in Not orten können. Sechs Monate zuvor hatten die internationalen Such- und Rettungsdienste die Nutzung der UKW-
Frequenz 121.5 aufgegeben, und Bills Bonanza war noch mit einem
UKW-Sender ausgestattet. Das neue Ultrahochfrequenz-Gerät
mit integriertem GPS-Satellitennavigationssystem, das er in sein
Flugzeug einbauen wollte, war noch nicht auf dem Markt. Und
selbst wenn, so wäre keine Zeit mehr geblieben, um es zu installieren. Doch er kannte die Baja California und wollte die lang gestreckte, karge Halbinsel, die südlich von Tijuana hauptsächlich
aus Wildnis besteht, nicht ohne Notfunksystem überfliegen.

„Okay …", meinte Laurence gedehnt. „Ich bringe Ihnen ein
PLB mit." Dabei war er sich nicht mehr so sicher, ob es klug war,
einem unbekannten Piloten sein Leben anzuvertrauen, der plötzlich aus dem Nichts im Internet auftauchte und ein Notfunkgerät
bei ihm bestellte.

Ähnliche Gedanken gingen ihm durch den Kopf, als er am
Montag mit Scott Lurie zum Flughafen fuhr – im Gepäck die Batterien, den Funksender und einige Werkzeuge. *Dieser Bill klang
am Telefon nach einem älteren Mann. Hoffentlich ist er noch fit genug. Und in welchem Zustand mag seine Kiste sein? Vielleicht braucht
er deshalb das PLB! Worauf habe ich mich bloß eingelassen?*

Nachdem sie in Santa Monica die Formalitäten erledigt hatten,
lenkte Scott den Lieferwagen zur Rampe, wo die Bonanza stand.

Beim Näherkommen musterte Laurence den Piloten verstohlen. Bill war groß und kräftig, etwas älter als er selbst und mit kurz geschorenem Haar. Und er sah ziemlich fit aus. Auch das Flugzeug schien in gutem Zustand, auch wenn Laurence nicht viel von Flugzeugen verstand.

Die Männer stiegen aus und begrüßten sich per Handschlag. Da Bill wegen des Sturms zum Start drängte, verloren sie keine Zeit und verstauten die Batterien und Werkzeuge eilig an Bord der Bonanza. Bill überprüfte die Lastenverteilung der Ladung und machte die Maschine startklar. Laurence nahm neben Bill im Cockpit Platz.

„Alles klar?", fragte Bill.

„Alles klar, ich bin so weit", antwortete Laurence. Verwundert schaute er zu, wie Bill eine Art Handbuch durchblätterte, bevor er die verschiedenen Hebel und Schalter im Cockpit betätigte.

Das darf nicht wahr sein!, durchzuckte es Laurence. *Der Typ liest erst mal die Bedienungsanleitung! Ich dachte, er hat eine Pilotenausbildung.* Seine Gedanken überschlugen sich, als Bill weiterhin seelenruhig in seinem Buch blätterte und zwischendurch ein paar Knöpfe drückte oder Hebel umlegte.

Ich sollte genau aufpassen, was er macht. Dann kann ich im Notfall das Steuer übernehmen, falls er einen Herzanfall kriegt. Laurence konnte nicht wissen, dass Bill als erfahrener Pilot mit Berufspilotenlizenz und über zweitausend Flugstunden von der einmotorigen Cessna über motorlose Deltasegler bis zur DC-3 so ziemlich alles geflogen war. Für ihn wäre es kein Problem, ein Flugzeug notzulanden, selbst bei totalem Motorenausfall.

Allerdings war Laurence noch nie während des obligatorischen Preflight-Check in einem Flugzeugcockpit gewesen. Als Bill die Geräte überprüfte, dachte er, er machte sich mithilfe eines Handbuchs mit dem Armaturenbrett vertraut. Noch Monate später, als die beiden Männer gute Freunde geworden waren, lachten sie über dieses Missverständnis.

Auf ihrem Flug über die einsame Halbinsel der Baja sahen sie zerklüftete Berge, ausgetrocknete Flussläufe und verdorrtes Land ohne jegliche Anzeichen von Zivilisation. Selbst der Luftraum war tot, denn südlich von Tijuana brach der Funkkontakt mit dem Terminal ab, da es für die lang gestreckte Halbinsel keine Luftverkehrsüberwachung gibt. Bill und Laurence hatten also viel Zeit, um sich zu unterhalten.

In den nächsten fünf Stunden erzählten sie sich gegenseitig ihre Lebensgeschichte.

Bill sprach über seine Karriere bei Film und Fernsehen, insbesondere über seinen Mentor Ron Dexter, einen hervorragenden Regisseur und Kameramann, von dem er sehr viel gelernt hatte. Weil er Ron so viel verdankte, war es Bill ein Anliegen, sich ebenfalls für junge Leute einzusetzen und ihnen zu helfen, ihre Ziele und Träume zu verfolgen.

Laurence erzählte Bill von seiner Verbundenheit mit dem Meer, seiner Arbeit als Schiffsbauer, von Segeltouren mit der ganzen Familie und von Abbys großem Traum, um die Welt zu segeln, den sie seit ihrem dreizehnten Lebensjahr hatte.

„Junge Leute, die ihre Träume leben, habe ich schon immer bewundert", bemerkte Bill. „So wie Abby oder Jessica Watson. Auf ihren Blog stieß ich über Abbys Website, und nun verfolge ich beide Trips."

Jessica war die sechzehnjährige Australierin, die mit ihrer 10,23 m langen und 3,08 m breiten Jacht etwa drei Monate vor Abby zu ihrer Solo-Weltumsegelung gestartet war.

„An Jessicas Blog ist mir etwas aufgefallen", fuhr Bill fort, „das sich durchzieht wie ein roter Faden. Sie spricht immer wieder von ihrer ‚positiven Einstellung'. Entweder sie hat einen guten Psycho-Coach oder sie ist wirklich so optimistisch. Jedenfalls scheint sie fest entschlossen, sich von nichts und niemandem unterkriegen zu lassen. Ich finde das bemerkenswert."

Laurence nickte, und Bill spann den Faden weiter: „Wer allein ist und ganz auf sich gestellt, der darf sich nicht runterziehen lassen. Wer niemanden hat, der sagt: ‚Ich glaube, dir geht's nicht so gut. Lass uns ein Eis essen gehen', der muss aufpassen, dass er nicht depressiv wird – eine schleichende Abwärtsspirale."

„Darüber habe ich mit Abby auch gesprochen", sagte Laurence nachdenklich. „Über positives und negatives Denken."

Bill fragte: „Abby wird sechs oder sieben Monate allein auf See sein. Wie wird sie das schaffen?"

Laurence sah Bill an. „Vielleicht könnten Sie mit ihr reden."

„Ich? Aber ich kenne sie noch nicht mal. Sie sind ihr Vater. Sie sollten das übernehmen."

„Auf mich hört sie nicht. Kein Teenager hört auf seine Eltern. Mit Zac war es damals genauso. Ich konnte ihm noch so gute Ratschläge geben, er schlug sie buchstäblich in den Wind. Aber wenn er denselben Rat von einem Fremden bekam, ging er sofort darauf ein. Es ist frustrierend, aber sobald die Kinder vierzehn sind, hören sie jedes Jahr zwanzig Prozent weniger auf ihre Eltern."

Das leuchtete Bill ein, obwohl er selbst keine Kinder hatte. Und er versprach, in Cabo San Lucas mit Abby zu sprechen. Laurence würde später feststellen, dass niemand seine Tochter besser hätte motivieren können als Bill.

Ungefähr neunzig Meilen nördlich von Cabo machte Bill eine dichte Wolkendecke aus – ein Ausläufer des herannahenden Sturmtiefs über dem Pazifik. Um der Schlechtwetterfront auszuweichen, drückte er die Bonanza von 3.000 m auf 900 m herunter und lenkte sie nach Osten Richtung Golf von Kalifornien.

Die Abendsonne tauchte die Wolken in zartes Rosa, Orange und Gold. Je näher sie Cabo San Lucas kamen, desto grüner und tropischer wurde die Landschaft. An der Steuerbordseite des Flugzeugs konnte Laurence eine bewaldete Bergkette erkennen, deren Hänge steil zum Meer abfielen. Wellen brandeten ans felsige Ufer. Bill dagegen hatte keine Zeit, die Aussicht zu genießen. Er sprach über Funk mit dem Tower von Cabo San Lucas, erhielt Landeerlaubnis und brachte dann seine Bonanza auf der einzigen Rollbahn des kleinen Flughafens sanft zum Stehen.

9 ZWEITER START

Zuerst war ich ziemlich sauer, dass ich wegen der technischen Probleme mit der Energieversorgung meinen Törn unterbrechen musste. Andererseits konnte ich so auch meinen defekten Windmesser reparieren oder austauschen lassen. Denn ein funktionierender Windmesser ist schon ganz praktisch. Außerdem war ich nicht die Einzige, die bei einer Weltumsegelung einen Zwischenhalt einlegen muss.

Mein Bruder Zac (der auch unterwegs einen Hafen anlaufen musste) hielt den Rekord des jüngsten Einhand-Weltumseglers genau sechs Wochen lang. Dann kam Michael Perham und stellte einen neuen Rekord auf (er war ein paar Monate jünger als Zac). Genau wie ich hatte auch Mike seine Solo-Weltumsegelung nonstop und ohne Hilfe geplant. Er startete 2009 von Portsmouth in England, doch Schwierigkeiten mit dem Autopiloten zwangen ihn zu Zwischenstopps in Lissabon, auf den Kanarischen Inseln, in Kapstadt, Hobart und Auckland. Trotzdem stellte er damit den Rekord als jüngster männlicher Weltumsegler auf.

Das Gute an Cabo San Lucas ist, dass die Stadt nördlich des Äquators liegt. So konnte ich, wenn alle Reparaturen beendet waren, Cabo als neuen Start- und Zielort nehmen, sozusagen den „Reset"-Knopf drücken und noch einmal von vorn anfangen. Und zum Schluss wieder in Cabo einlaufen. Dann wäre es trotzdem eine nonstop Solo-Weltumsegelung ohne Hilfe. Für mich wäre das absolut okay, vor allem, da meine Familie und ich so oft in

Mexiko gesegelt waren, dass es mir wie eine zweite Heimat vorkam.

Am 3. Februar erreichte ich die Südspitze der Baja California bei strömendem Regen. Normalerweise ist das Wasser hier unten blau und kristallklar, doch an dem Tag war es trübe und bräunlich. Mit wenig Wind in den Segeln kam ich nur langsam voran und der Regenschleier war so dicht, dass man kaum die Hand vor Augen sehen konnte. Es konnten nur noch wenige Meilen bis zum Hafen sein. Als der Regen etwas nachließ, ging ich runter in die Kabine, um einen Blick auf die Navigationsinstrumente zu werfen.

Plötzlich zerriss das laute Geräusch eines Schiffshorns beinahe mein Trommelfell. Voller Panik rannte ich die Kajütenleiter hoch. Ich sah mich schon auf Kollisionskurs mit einem riesigen Frachter. Hektisch stürzte ich zum Achterdeck, darauf gefasst, den haushohen Bug eines Schiffes vor mir zu sehen. Doch da war kein Frachtschiff. Stattdessen sah ich achtern eine Motorjacht. Im Bug stand mein Vater und winkte zu mir hinüber.

„Hallo, Abby!"

Ich war unendlich erleichtert und froh.

Wir wechselten ein paar Worte von Bord zu Bord, bis Papa sagte: „Los, wirf deinen Motor an! Lass uns an Land weiterreden."

Bei dem Wetter und praktisch ohne Wind hatte es keinen Zweck, unter Segel in den Hafen einzulaufen. Außerdem würde ich in Cabo sowieso neu starten. Also warf ich den Motor an und folgte meinem Papa in seiner 20-Meter-Bertram-Jacht. Als wir uns dem Dock näherten, wartete noch eine Überraschung auf mich: Dort stand bereits so was wie ein Empfangskomitee, eine Gruppe von einheimischen Mexikanern und Amerikanern, Kindern und Erwachsenen, die begeistert winkten und mich begrüßten.

„Viva, Abby!"

„Bienvenido!"

„Hey, Abby! Willkommen in Cabo!"

Ein warmes Gefühl durchströmte mich, als ich die vielen Leute sah. Und auf einmal war es nicht mehr ganz so schlimm, dass ich meine Reise unterbrechen musste.

Ich lenkte die *Wild Eyes* Richtung Dock, warf meinem Papa ein Tauende zu, und er machte mein Boot fest. Dann sprang er an Bord und umarmte mich erst mal ganz fest. Am Quai standen auch Jeff und Scott, dazu zwei Männer, die ich nicht kannte. Papa stellte uns einander vor.

„Abby, das ist Bill Bennett. Er ist der Pilot, der mich und die Batterien mit seiner Maschine hierhergeflogen hat. Und das ist Christopher Golden. Ihm gehört das Boot, in dem ich zu dir rausgefahren bin."

Ich schüttelte Hände und bedankte mich bei Bill und Chris. Dann war Schluss mit Höflichkeitsfloskeln und Small Talk und die Arbeit begann. Jeff und Scott kamen mit an Deck der *Wild Eyes*, und in den nächsten paar Stunden diskutierten wir die Lage und entwarfen einen Schlachtplan. Am liebsten wäre es mir gewesen, sie hätten einfach die Batterien und den Treibstoff an Bord geschafft und ich hätte wieder lossegeln können. Aber so einfach war es nicht. Es lag noch eine Menge Arbeit vor uns.

Die Sonne ging unter und die Dämmerung kroch herauf. Von Neuem fing es an, wie aus Kübeln zu gießen, und uns wurde klar, dass wir heute nicht mehr viel schaffen würden. Außerdem merkten wir alle, wie hungrig wir waren. Papa schlug vor, dass wir Feierabend machten. Einer nach dem anderen ging von Bord, zuletzt Jeff und Scott.

Nur ich blieb zurück.

Ich trödelte noch etwas herum, machte mich im Cockpit zu schaffen und tat alles, um den Abschied von der *Wild Eyes* hinauszuzögern. Ich wollte und konnte einfach nicht von Bord gehen. Etwas hielt mich zurück wie ein unsichtbares Tau. Ich war so darauf programmiert, die nächsten sechs bis sieben Monate auf meinem Boot zu verbringen, dass mir alles andere wie ein Verrat vorkam.

„Abigail." Mein Vater stand auf dem Bootssteg und sah mich an. „Nun komm, es wird Zeit."

Ich atmete tief durch und setzte mich in Bewegung. Noch ein Schritt, dann stand ich neben meinem Boot auf dem Steg. Das Band war zerrissen.

Als Nächstes passierte etwas Komisches: Ich stellte fest, dass ich an Land nicht mehr richtig laufen konnte! Ich schwankte und torkelte wie ein Seemann, der zu tief ins Glas geguckt hat. Die Männer mussten mich an meiner Regenjacke festhalten, sonst wäre ich der Länge nach auf den Steg geknallt.

Für die Kritiker war es natürlich ein gefundenes Fressen, dass Abby in Cabo San Lucas von Bord gegangen war. Ein Blogger schrieb:

Ehrlich gesagt, ich glaube nicht, dass das sogenannte Support-Team weiß, was zum … (Kraftausdruck entfernt) es da tut. Wenn man zwischen den Zeilen liest, wird klar, dass Sunderland alle elektronischen Systeme plus das Radargerät rund um die Uhr laufen lässt. Kein Wunder, dass sie so einen hohen Energieverbrauch hat! Und jetzt das Gerede von Zusatzbatterien und -treibstoff. Das wird alles nichts nützen, außer sie legt regelmäßige Stopps ein, um die verbrauchten Reserven aufzufüllen … Sie ist total abhängig von ihren ganzen elektronischen Geräten, ohne die sie verloren wäre. Und ohne ihr Helferteam, das in jedem Hafen zur Stelle ist, wenn sie nicht weiterweiß … Wir haben in unserem Forum ebenfalls einen Elektronikexperten (aus San Diego), einen Solosegler (aus der Bay Area …) und einen Bootsbauer (aus Australien). Außerdem eine Menge anderer Leute mit sehr viel Segelerfahrung, die ähnliche Törns schon mal gemacht haben und die wissen, wovon sie reden. Wie kann man diesem „Support-Team" die Augen öffnen, damit das Mädchen nicht zu einem weiteren tragischen Fall in der Seefahrt-Statistik wird?[5]

Man mag dem Betreffenden und den Experten in seinem Forum die Kompetenzen nicht abstreiten. Aber seine Behauptung, dass zusätzliche Batterien und Treibstoffreserven nutzlos seien, „außer sie legt regelmäßige Stopps ein, um die verbrauchten Reserven aufzufüllen", erwiesen sich als grundfalsch.

Der Plan des Support-Teams war ganz einfach: Sie wollten Abbys Speicherkapazitäten erhöhen, um Flauten oder Tage ohne Sonne und Wind zu überbrücken. Auf diese Weise würden Flauten- und Spitzenzeiten mit einbezogen – zum Beispiel drei bis vier Tage Starkwind zur Energieerzeugung, gefolgt von drei bis vier Tagen leichtem Wind. Durch die Verdoppelung der Speicherkapazitäten der *Wild Eyes* konnte Abby ihre elektrisch betriebenen Geräte und elektronischen Systeme unabhängig von der Wetterlage betreiben.

Und die Rechnung ging auf. Später während Abbys Törn – selbst als sie einen Windgenerator verlor und ohne Solarstrom war – hatte sie dank der zusätzlichen Batterien mit der Energieversorgung kein Problem.

Während die Kommentare der Blogger verhallten, erschien plötzlich Ted Caloroso wieder auf der Bildfläche. Er war aus zwei Gründen nach Cabo San Lucas gereist: Erstens, um weitere Aufnahmen für die Filmgesellschaft *Reveille* zu machen, und zweitens, um die Installation der Videokameras auf der *Wild Eyes* abzuschließen und Abby in deren Bedienung einzuweisen. Eine Arbeit, die er bereits in Marina del Rey begonnen, aber nicht zu Ende geführt hatte. Selbst einen Tag vor Abbys Start war noch nichts von den drei computergesteuerten, vernetzten Kameras zu sehen gewesen, und die Software fehlte auch noch.

Um 22 Uhr am Vorabend von Abbys Start hatten Chris und Ted es immerhin geschafft, zwei kleine Videokameras von außen anzubringen. Allerdings blieb keine Zeit mehr, um Abby zu zeigen, wie man sie bediente, Filmdaten speicherte oder übermittelte.

Auch in Cabo San Lucas fand Ted keine Zeit dazu. Doch er fand sehr wohl die Zeit, um Laurence mehrmals beiseitezunehmen und seine Bedenken zur technischen Ausrüstung der *Wild Eyes* zu äußern. Immer wieder wollte er Details über die Energieversorgung wissen und legte Laurence nahe, weitere Fachleute zurate zu ziehen.

Laurence wusste, dass Ted keinerlei Segelerfahrung besaß, und vermutete, dass er sich von der Meinung selbst ernannter Experten aus den Internetforen anstecken ließ.

„Ted, lass es gut sein", sagte er schließlich. „Ich werde keine weiteren Experten an Bord lassen. Alle Fachleute, die wir brauchen, haben wir in unserem Team. Ich kenne unsere Leute und ich vertraue ihnen."

In den nächsten drei Tagen arbeitete das Team von Sonnenaufgang bis Sonnenuntergang an Bord der *Wild Eyes*. Laurence und Bill (der sich, wie sich herausstellte, auf Zimmermannsarbeiten verstand) bauten Gehäuse für die neuen Batterien und polsterten sie mit Fiberglasmatten aus. Dann kam der Windmesser an die Reihe. Jeff schwärmte aus und fahndete in jedem kleinen Laden der Stadt nach den benötigten Ersatzteilen. Sein Spanisch war etwas eingerostet und ihm fehlten die Vokabeln für „Netzadapter" oder „Amphenol-Steckverbinder", was seine Einkaufstour leicht erschwerte.

Zum Schluss musste noch der Windsensor am Mast verschraubt werden. Das ging nur, wenn jemand hochkletterte, um in luftiger Höhe die korrodierte Steckverbindung zu ersetzen und den Sensor neu einzustellen – ein nicht ganz ungefährliches Unterfangen. Beim Erklettern des Mastes – vor allem auf See – sind schon viele Seeleute ums Leben gekommen oder schwer verletzt worden. Aber selbst im Hafen ist es sicherer, einen „Bootsmannsstuhl" (ein Brett als Sitzvorrichtung, wie z.B. bei einer Schaukel) zu benutzen, mit dem man eine Person mit einem Seil sichern und hochziehen kann. Denn ein freier Fall von der Mastspitze der *Wild Eyes* käme einem Sturz aus dem Fenster eines fünfstöckigen Hauses gleich.

Abby, Laurence und Christopher Golden (wegen seiner selbstlosen Hilfe auch Sankt Christophorus genannt) nahmen abwechselnd Platz im Bootsmannsstuhl und arbeiteten am Windsensor. Paradoxerweise war es Laurence, der farbenblind ist, der die bunten Drähte verband, wobei er von unten das Feedback erhielt, ob es funktionierte. Danach wurde Abby hochgezogen, um bei der Einstellung des Sensors zu helfen. Da ihr Arm nicht lang genug war, um die Mastspitze zu erreichen, benutzte sie ein Stöckchen, um den Sensor in unterschiedliche Richtungen zu drehen, während ihre Helfer unten das Messgerät einstellten.

Das Team reparierte auch Abbys AIS (automatisches Identifikations-System), ein Transpondersystem zur Kollisionsvermeidung mit anderen Booten. Zu Hause in Marina del Rey hatten die Techniker drei verschiedene AIS-Systeme getestet. Jeff vermutete in Cabo, dass das Problem von einem einzigen Kabel verursacht wurde, das bei allen dreien verwendet worden war. Er verlegte das Kabel neu durch das Bootsdeck, klebte es mit Polymer-Flächenklebstoff fest und verband es unter Deck ohne Zwischenkabel mit dem Equipment. Das AIS funktionierte daraufhin bis zum Schluss einwandfrei.

Während Jeff für die Elektronik zuständig war, kümmerte sich Scott um die Hardware. Leider konnte er nicht selbst Hand anlegen (er trug immer noch seinen Gips), sondern musste sich darauf beschränken, den anderen Anweisungen zu geben.

Das Beste an der Zeit in Cabo waren die vielen netten Leute, die ich dort kennenlernte. Wie zum Beispiel Sankt Christophorus, der jeden Tag kam, um uns zu helfen. Sogar die Beamten von der Hafenbehörde waren sehr nett und total gastfreundlich. Sie ließen Papa und mich sogar umsonst in einer schönen 3-Zimmer-Wohnung in dem Gebäude wohnen, wo sie ihre Büros hatten.

Sollte ich es tatsächlich schaffen, rund um die Welt zu segeln, würde es bestimmt ein Riesenfest, wenn ich bei meiner Rückkehr in Cabo einlief.

Eine meiner neuen Bekanntschaften war Emily, begeisterte Seglerin wie ich und witzigerweise auch aus Marina del Rey. Sie saß ebenfalls in Cabo fest, um ihr Boot reparieren zu lassen, genau genommen ihren Autopiloten. Emily war zwanzig und total relaxt. Sie wollte einfach nur segeln, ohne bestimmtes Ziel, und blieb, wo es ihr gefiel, so lange sie wollte. Emily und ich verstanden uns sofort und redeten stundenlang.

Zu den neuen Leuten, die ich kennenlernte, gehörte auch Bill Bennett. Obwohl ihn niemand kannte, verbrachte er drei Tage und Nächte auf der *Wild Eyes* und arbeitete ganz selbstverständlich im Team mit. An meinem letzten Abend in Cabo räumten wir beide nach den Reparaturarbeiten zusammen die Kabine auf und saugten die Glasfaserreste weg, die sich in allen Ecken festgesetzt hatten.

Als wir fertig waren, sah Bill mich plötzlich ganz ernst an und sagte: „Abby, ich möchte dir einen Gedanken mit auf den Weg geben."

„Okay", sagte ich, gespannt, was nun kommen würde.

Daraufhin hielt er einen längeren Vortrag über die „positive innere Grundeinstellung" – die, wie er sagte, für das Gelingen meiner Reise wichtiger war als Navigation, Segelführung und Technik. Ich kannte Bill nicht besonders gut und wusste nicht, was ich davon halten sollte. Meine innere Einstellung sollte wichtiger sein als meine Navigationskenntnisse oder mein Equipment?

Bill sprach davon, dass auch Jessica Watson in ihrem Blog immer wieder von der positiven Einstellung schrieb. Das leuchtete mir ein. Jessie und ich hatten ein paar E-Mails ausgetauscht, und ich schätze sie als Seglerin sehr.

„Wann immer du merkst, dass negative Gefühle dich runterziehen, wann immer du frustriert bist, weil etwas nicht so läuft wie geplant – lass dir davon nicht den Blick für das Gute vernebeln. Dreh den Spieß um und versuche, das Positive in der Situation zu sehen", erklärte Bill weiter. „Das ist das Allerwichtigste. Damit steht oder fällt dein Erfolg."

Ich nickte, aber er war noch nicht fertig.

„Denk daran, du wirst ein halbes Jahr oder länger auf diesem Boot verbringen. Ganz allein. Du wirst in dieser Zeit niemanden zum Reden haben, kein menschliches Gesicht sehen. Das kann sehr belastend sein. – Bei Häftlingen hat man beobachtet, dass manche in Einzelhaft verrückt werden."

Schockiert sah ich Bill an.

„Ja, das stimmt. Und du wirst die ganze Zeit auf dich allein gestellt sein. Es wird dich viel Kraft kosten, dich immer wieder selbst zu motivieren. Jeder Tag ist eine Herausforderung. Lass dich nicht unterkriegen, wenn die Dinge mal nicht nach Plan laufen. Bleib ruhig und gelassen und überlege, wie du das Beste aus der Situation machen kannst."

Das war ein guter Rat. Ich würde später noch öfters an Bill denken und Gelegenheit haben, seinen Rat zu beherzigen.

Am nächsten Morgen machte ich die *Wild Eyes* klar zum Segel setzen. Vor meinem Start füllte sich das Dock allmählich mit Menschen – Einheimische und Besucher, Segler und mexikanische Familien mit ihren Kindern. Alle waren gekommen, um mich zu verabschieden, und ich war stolz und gerührt zugleich.

Nachdem an Bord alles fertig war, versammelte mein Papa das ganze Team in der Kabine, um zums Abschied für mich zu beten. Was unseren Glauben betraf, waren wir eine ziemlich bunt zusammengewürfelte Truppe. Papa und ich als evangelikale Christen, Scott und Jeff hatten jüdische Wurzeln, und Bill war, wie ich später erfuhr, im katholischen Glauben groß geworden. Wir schlossen die Augen und senkten die Köpfe und mein Papa bat Gott, dass er mich auf meiner Reise beschützen möge. Dann nahmen mich alle noch mal in den Arm und sagten Auf Wiedersehen.

Als Bill an der Reihe war, sah ich erstaunt, dass seine Augen gerötet waren. Es fehlte nicht viel, und er hätte geweint. Er drückte mich kurz an sich und brachte nur drei Worte heraus: „Komm wieder, Kleine."

10 ÄQUATORTAUFE

Vor den Küsten Zentral- und Südamerikas, Februar – März 2010

 Das Wetter war typisch für Cabo San Lucas: strahlender Sonnenschein und blauer Himmel, wolkenlos und klar. Sankt Christophorus eskortierte mich mit seiner Jacht aus dem Hafen, an Bord das gesamte Team. Eine andere große Jacht begleitete uns ebenfalls, gefolgt vom Boot des Hafenmeisters, der so supernett zu uns gewesen war.

Wegen des schwachen Windes hatte ich beim Auslaufen aus dem Hafen alle Segel gesetzt. Ich war gerade auf der Höhe einer markanten Felsformation am westlichsten Punkt der Bucht, als der Wind von der offenen See einfiel – in Sekundenschnelle von fünf Knoten auf zwanzig Knoten. Ich beeilte mich, die Großschot zu fieren, um den Winddruck aus den Segeln zu nehmen, doch die Schot hatte sich festgeklemmt. Die *Wild Eyes* schwang herum und zwang mich zu einer Patenthalse, einer unbeabsichtigten Halse. Eine Halse ist ein Segelmanöver, bei dem sich das Boot mit dem Heck durch den Wind dreht, sodass der Wind danach von der anderen Seite ins Segel greift. Dabei bewegt sich das Großsegel mitsamt dem Baum plötzlich mit hoher Geschwindigkeit von einer Schiffsseite auf die andere, was total gefährlich ist.

Das Einzige, was ich tun konnte, war, das Segel ganz fallen zu lassen – was auf die Zuschauer bestimmt einen ziemlich ungeschickten Eindruck machte, aber das war mir in dem Moment egal. Als ich die *Wild Eyes* wieder unter Kontrolle hatte, steuerte ich sie zurück auf Kurs und kümmerte mich um die festgekeilte

Großschot. Unterdessen blähte ein schöner Wind mit fünfzehn bis zwanzig Knoten die Segel.

Ich blickte zurück und staunte über die Flotte der Schiffe, die mich zur Bucht hinausbegleiteten. Rufe auf Englisch und Spanisch drangen an mein Ohr:

„¡Adios, Abby!"

„Gute Reise und komm heil wieder!"

„¡Vaya con Dios!" (Geh mit Gott!)

Als ich das offene Meer erreichte, fiel mir auf, wie hoch der Himmel und wie klar die Luft hier draußen waren. An Land denkt man immer, bei „klarer Luft" könnte man weit sehen, aber in Wirklichkeit ist die Luft nie frei von Staub- und Smogpartikeln. Wir merken es bloß nicht, weil wir es nicht anders kennen. Auf See dagegen ist es, als ob man die Welt in einer höheren Auflösung betrachtet. Die Konturen sind schärfer, der Himmel ist von intensiverem Blau, die Wolken – vor allem die wattebauschigen Kumuluswolken – sind leuchtend weiß und ziehen vorüber wie in einem 3-D-Film. So ein Glück mit dem Wetter hatte ich in den ersten paar Tagen, nachdem ich von Cabo ausgelaufen war.

Dann, am 10. Februar, kam das böige Wetter und mit ihm der Regen. Eine Regenfront nach der anderen zog durch und schüttete kübelweise Wasser auf mich und mein Boot. Da ich mitten auf dem Ozean war und in alle vier Himmelsrichtungen blicken konnte, sah ich die Böen schon von Weitem – schwarze Flecken, die am Horizont lauerten. Ich hatte die Wahl: entweder den Kurs ändern und der Schlechtwetterfront ausweichen oder mittendurch segeln. In der Nacht waren die Böen besonders lästig, weil sich dann innerhalb von Sekunden das Wetter änderte. Die See konnte absolut ruhig sein, ich schlief friedlich in meiner Koje, und dann ging alles ganz schnell: ein plötzlicher, scharfer Wind, oft begleitet von Regen oder Gewitter, und Windgeschwindigkeiten von dreißig bis vierzig Knoten innerhalb von fünf Minuten. Ich musste nach oben an Deck hechten, gefühlte tausend Quadratmeter Segel einholen und Hunderte von Handgriffen ausführen, damit das

Boot stabil blieb. Dann, zehn Minuten später, war alles vorbei und der Sturm hatte sich gelegt.

Am 10. Februar warnte der Wetterdienst *Commanders' Weather* vor einem ausgedehnten Tiefdrucksystem aus Südwest. Das hieß im Klartext: noch stärkerer Wind, Regen- oder Gewitterschauer. Ich steuerte die *Wild Eyes* weiter nach Westen, um das Tiefdruckgebiet zu umgehen. *Commanders' Weather* stand in Funkkontakt mit einem anderen Boot in meiner Nähe, etwa dreihundert Meilen südwestlich, das von Sturmböen von fünfzig bis siebzig Knoten gebeutelt wurde. An Bord war eine Familie mit Kurs auf den Südpazifik. Die gestressten Skipper hatten beigedreht und versuchten, den Sturm „auszusitzen".

„Beidrehen" ist eine Taktik bei Sturm und geht so: Man dreht das Boot in den Wind und stellt Segel und Ruder so ein, dass man kaum noch Fahrt macht oder ganz zum Stillstand kommt. Man braucht dann nicht mehr zu steuern und im Idealfall liegt das Boot so stabil, dass man nach unten gehen und Kaffee trinken kann. In der Praxis ist es allerdings ein Balanceakt, bei dem man das Boot immer wieder stabilisieren muss, damit es nicht von selbst anluvt oder abfällt, und es klappt nicht mit jedem Boot gleich gut.

Wie gesagt, meistens versuchte ich, die Sturmtiefs zu umschiffen. Trotzdem hatte es mich diesmal gepackt. Als ich hörte, dass eine Schlechtwetterfront im Anmarsch war, bekam ich einen plötzlichen Adrenalinschub. Endlich mal ein richtiger Sturm! Schlechtes Wetter hatte ich ja schon zur Genüge gehabt, mein Boot kannte ich inzwischen in- und auswendig, und ich war gespannt, was nun kommen würde. Ich freute mich sogar darauf. Mein erster richtiger Sturm!

Es klingt vielleicht verrückt, aber ich denke, mit dem Segeln ist es wie mit jedem anderen Sport. Welcher Fußballverein der Regionalliga würde nicht gern in der Bundesliga spielen? Welcher Autorennfahrer würde nicht gern in Monte Carlo mitfahren?

Der Vergleich hinkt vielleicht, aber so ähnlich war es bei mir. Ich brauchte die Herausforderung. Ich wollte mein Boot austesten und meine eigenen Grenzen kennenlernen. Deshalb war ich hier draußen auf dem Ozean. Um Erfahrungen zu machen, die ich sicher nicht machen würde, wenn ich mein Leben lang zwischen Marina del Rey und Catalina hin- und herschippern würde.

Am 12. Februar, am vierten Tag nach meinem Neustart in Cabo San Lucas, traf ich auf den stärksten Wind, der mir jemals begegnet war, ungefähr fünfzig Knoten. Und erlebte den normalerweise so ruhigen Pazifik von einer ganz anderen Seite! Riesige Wellenberge bauten sich hinter mir auf, wie große blaue Wasserrutschen in einem Freizeitpark. Es sah aus, als ob sie jeden Augenblick über mir und meinem Boot zusammenschlagen würden, aber die *Wild Eyes* war schneller. Dank ihrer besonderen Bauart wurde sie von den Wellen nicht begraben, sondern vorwärtskatapultiert. Sie schoss die Wellentäler hinunter wie ein Pfeil. Diese echten Wasserrutschen waren gut sieben bis acht Meter hoch, und wir rauschten mit mindestes zwanzig Knoten ins Tal. Das war besser als Surfen!

Der Nachteil des Tiefdrucksystems war: Bald war ich darin eingeschlossen wie in einer riesigen Badewanne, umgeben von Nässe und Grau. Die Grenze zwischen Wasser und Wolken verschwamm, der Horizont war ausradiert. Tagelang pflügte mein Boot durch eine dichte, graue Nebelsuppe, die so dick war, dass ich vom Cockpit aus kaum den Bug sehen konnte. Ich checkte regelmäßig, ob mein Kartenplotter und das AIS noch eingeschaltet waren, und dachte nur: *Hoffentlich gibt's hier draußen keine unbekannte Insel, die auf keiner Karte verzeichnet ist!*

Theoretisch wusste ich natürlich, dass ich Hunderte von Seemeilen vom nächsten Land entfernt war. Trotzdem ist es beruhigender, wenn man die Umgebung mit eigenen Augen sehen kann, anstatt sich auf die Technik zu verlassen.

Für die Verbindung zur Außenwelt hatte ich an Bord auch ein Satellitenkommunikationssystem, eine große Kuppel hinten im Boot mit einer kleinen Antenne darin, und in der Kabine ein Telefon und ein Kabel für Internetanschluss. Meine Mutter schickte mir hin und wieder nette Kommentare von Bloggern, die meinen Törn verfolgten. Ich freute mich immer darüber, denn es tat gut zu lesen, dass andere Menschen Anteil an meinem Leben auf See nahmen.

Ich erinnere mich noch an einen Blogger mit dem Pseudonym „Jony the Pony". Er (oder sie?) nannte mich „Babsy". Andere Blogger übernahmen meinen Spitznamen und schickten mir regelmäßig lustige oder verrückte Texte, damit ich mich nicht so einsam fühlte.

Kinder stellten mir meistens die Fragen wie: „Was machst du, wenn es dir langweilig ist?", oder: „Wo gehst du auf Toilette, wenn du mal musst?"

Es gab viele Jugendliche, die mir schrieben, dass sie meine Idee und meinen Mut, allein um die Welt zu segeln, toll fanden. Aber auch von Erwachsenen las ich Kommentare wie: „Ich freue mich für dich, dass du deinen Traum verwirklichen kannst. Und ich wünschte, ich hätte früher eine solche Chance gehabt, als ich jung war." Das Schöne für mich war zu sehen, dass sich ganz unterschiedliche Menschen für meine Weltumsegelung interessierten. Und dass sie vielleicht dadurch inspiriert wurden, ihre eigenen Träume zu leben.

Eines Tages entdeckte ich, dass auch eine Gruppe von NASA-Mitarbeitern meinen Trip verfolgten. Ich konnte es kaum glauben. Da war ich – ein Mädchen mit seinem Segelboot – und auf der anderen Seite diese hochkarätigen Wissenschaftler, die mein satellitengesteuertes Equipment entwickelt hatten und die sich für meinen Törn interessierten. Das war ziemlich cool.

Die Kommunikation mit der Außenwelt über Satellitentelefon war nicht gerade billig, aber ich hatte ein bestimmtes Kontingent an Freiminuten. Ich weiß nicht, wie viele, aber es reichte, um meine E-Mails zu checken, mich hin und wieder kurz bei Facebook einzuloggen und mir ein paar Bilder von meinen Freunden anzusehen. Meistens sparte ich mir die Freiminuten für einen schlechten Tag auf, doch eigentlich fühlte ich mich nie wirklich einsam, im Gegenteil. Bis auf wenige Ausnahmetage war ich gern allein. Ich bin schon immer gern allein gesegelt. Ich habe gern mein eigenes Boot, für das ich verantwortlich bin. Ich denke, ich bin für mich und mein Leben gern selbst verantwortlich.

Immerhin hatte ich mich für eine Solo-Weltumsegelung entschieden. Wollte ich Gesellschaft, hätte ich genauso gut mit einer Crew segeln können. In meinem „normalen" Leben an Land waren ständig Menschen um mich herum, nie war ich allein, und es machte mich nervös. In der Gruppe war ich eher still und hatte wenig Selbstbewusstsein. Aus Angst, irgendwas Peinliches zu sagen, hielt ich meistens lieber den Mund. Und wenn andere dabei waren, hielt ich mich zurück und ließ sie die Entscheidungen treffen.

Auf See war ich ein anderer Mensch. Das Meer war mir vertraut, dort fühlte ich mich sicher. Auf meinem Boot war ich allein für alles verantwortlich und niemand schaute mir dabei über die Schulter. Dort war ich diejenige, die Entscheidungen traf, denn wenn ich es nicht tat, wer dann? Wenn Probleme auftauchten, zögerte ich nicht, sondern packte sie beim Schopf. Und meistens konnte ich sie erfolgreich lösen.

Wie zum Beispiel das Problem mit dem Antriebsriemen des Wechselstromgenerators. Mein Motor funktionierte einwandfrei, aber der Keilriemen trieb mich beinahe zur Verzweiflung. Er lockerte sich von selbst, und ich durfte ihn mindestens einmal pro Woche nachstellen. Dazu musste ich mich – mit einem Schraubschlüssel und anderen Werkzeugen bewaffnet – in eine etwa dreißig Zentimeter breite Nische quetschen und eine Schraube lösen, während das Boot von einer Seite zur anderen rollte. Eine Hand brauchte ich, um den Keilriemen festzuhalten und zwei Hände, um die Schraube festzuziehen – das heißt, ich hatte immer eine Hand zu wenig. Doch mit der Zeit bekam ich Übung und es klappte immer besser.

Solche Erfahrungen, solche kleinen Siege waren es, die mein Selbstvertrauen enorm stärkten.

Ich dachte an eine Geschichte, die ich einmal gehört hatte, in der ein junger Mann einen älteren fragt: „Wie sind Sie so erfolgreich geworden?"

„Indem ich die richtigen Entscheidungen traf", erwiderte dieser.

„Und wie haben Sie gelernt, die richtigen Entscheidungen zu treffen?"

„Durch Erfahrung", antwortete der Ältere.

„Und wie haben Sie Erfahrung gesammelt?"

Der alte Mann blickte den jüngeren an und lächelte: „Durch die falschen Entscheidungen."

Ich finde, dass viele Jugendliche in meinem Alter heutzutage überbehütet werden. Viele Eltern lassen ihre Kinder wichtige Entscheidungen nicht allein treffen und verbauen ihnen damit den Weg, Großes zu erreichen, weil sie ihnen das Scheitern ersparen wollen. Es ist, als ob von uns, der jungen Generation, nicht mehr erwartet wird, dass wir etwas Besonderes leisten können oder sollen. Wir brauchen uns nicht mehr von der breiten Masse abzuheben. Wir brauchen keine hohen Ziele oder Ambitionen mehr zu haben. Mittelmäßigkeit genügt, um irgendeine nette, kuschelige Auszeichnung zu kriegen. Ich finde das ziemlich daneben.

In der Pionierzeit, als die USA noch ein junges Land waren, leisteten Kinder und Jugendliche harte Farmarbeit, halfen im elterlichen Laden mit und zogen in den Krieg. Mädchen in meinem Alter heirateten und gründeten ihre eigene Familie. Heute dagegen haben wir unsere „Teenagerjahre", das heißt wir gehen zur Highschool, sind im Sportverein oder spielen ein Instrument. Wenn wir kirchlich engagiert sind, haben wir vielleicht Gelegenheit, mal zu einem Missionseinsatz in ein fremdes Land mitzufahren, was eine gute Sache ist. Ansonsten verbringen wir unsere Zeit damit, shoppen zu gehen oder uns mit Freunden zu treffen oder im Internet zu surfen und darauf zu warten, dass mit achtzehn das Leben beginnt.

In den Wochen allein auf See habe ich viel über solche Dinge nachgedacht. Und wenn ich an Deck den Sonnenuntergang betrachtete oder in klaren Nächten den Himmel voller Sternschnuppen, dann war ich meinen Eltern unendlich dankbar, dass sie so viel Vertrauen in mich und meine Fähigkeiten hatten. Dass sie sich trauten, mich loszulassen, damit ich meinen Traum verwirklichen konnte. Auch wenn es keine Garantie für meinen Erfolg gab. Aber, wie gesagt, es waren die kleinen, alltäglichen Erfolge, die mir Selbstvertrauen gaben und durch die ich am meisten lernte.

Niemand wusste genau, wann Ted Caloroso die Seiten gewechselt hatte. Irgendwann Mitte Februar, jedenfalls nachdem Abby in Cabo San Lucas in See gestochen war, musste er die Filmgesellschaft *Reveille* kontaktiert (die die Rechte für das Realityshow-Konzept von *Magnetic* gekauft hatte) und die Verantwortlichen davon überzeugt haben, dass es das Beste sei, von dem Projekt Abstand zu nehmen.

In einer Pressemitteilung, die auf einer Segler-Website erschien, behauptete Ted später, dass „Abbys Weltumsegelung bereits im März 2010 in Cabo San Lucas aufgrund technischer Probleme äußerst fragwürdig" gewesen sei. (Und das, obwohl Abby den Hafen von Cabo bereits am 7. Februar verlassen hatte!) Weiter hieß es in der Meldung, dass Ted sich „mit eigenen Augen von der lückenhaften Vorbereitung überzeugen konnte. Abby mangelt es an Training und Erfahrung, und ihre Familie scheint nicht viel von Sicherheitsvorkehrungen zu halten. Folglich sehen beide Filmpartner, *Magnetic Enterprises* und *Reveille*, die Notwendigkeit, die Zusammenarbeit mit den Sunderlands zu beenden. Es bestand die Hoffnung, dass vielleicht auf diese Weise verhindert werden könnte, dass sie ihre Tochter diesem unverantwortlichen Risiko aussetzen. Dennoch wurde Abbys Weltumsegelung fortgesetzt."[6]

Trotz derartiger Kommentare und Behauptungen hatte Ted Caloroso immer noch Interesse an der Verfilmung von Abbys Geschichte. Am 8. März 2010 unterzeichnete er, gemeinsam mit Chris Bates von *Magnetic*, einen Vertrag mit *Reveille* darüber, dass *Reveille* die Rechte an der Story abtrat.

Ein paar Tage später erhielt Laurence einen Anruf. Es war Ted Caloroso. Er habe eine neue Firma gegründet, *23 South Productions*, und wollte gern die Rechte an der Sunderland-Story kaufen.

Seltsam, dachte Laurence, *wieso sollte Ted seinen Freund und Partner Chris hintergehen und hinter dessen Rücken im Alleingang Verträge abschließen?*

Laurence und Marianne diskutierten die seltsame Entwicklung der Dinge und beschlossen, Chris anzurufen, um herauszufinden, was dahintersteckte.

An einem Freitagabend Ende März trafen sie sich mit Chris Bates.

„Ich weiß nicht, wie ich euch das erklären soll", begann Chris. „Aber irgendwie ist Ted von der fixen Idee besessen, dass Abby von ihrem Törn nicht zurückkehren wird. Deshalb will er die Story möglichst reißerisch vermarkten. Ich fürchte, als Eltern werdet ihr dabei nicht gut wegkommen."

Laurence und Marianne waren wie vor den Kopf gestoßen.

„Er wird euch den Wölfen zum Fraß vorwerfen", sagte Chris bitter. „Er will euch öffentlich an den Pranger stellen, damit ihr womöglich, sollte Abby auf See umkommen, wegen grober Fahrlässigkeit und weil ihr eure Tochter einem unkalkulierbaren Risiko ausgesetzt habt, ins Gefängnis kommt. Mit diesem Skandal hofft er dann, das große Geld zu machen."

Ted Caloroso rief danach noch mehrmals an und hinterließ Nachrichten auf dem Anrufbeantworter. Er war immer noch scharf auf die Rechte an Abbys Story. Die Sunderlands riefen nie zurück.

Die Kalmen sind für viele Segler das Schlimmste. Das sind Windstillen in der Nähe des Äquators. Hier treffen tropische Winde der Nordhalbkugel und der Südhalbkugel in einer Art Wetterkrieg aufeinander und neutralisieren sich gegenseitig. Auf einem Segelboot kommt man nun mal nicht ohne Wind voran. Besonders wenn man sich auf einer Nonstop-Solo-Weltumsegelung befindet. Dann wird das Warten auf den richtigen Wind zum Lebensinhalt. Und im Kalmengürtel herrscht of tage- oder wochenlange Flaute.

Je südlicher ich segelte, je mehr ich mich dem Äquator näherte, desto ruhiger wurde die See und desto schwüler und heißer wurden die Tage. Ich lief nur noch im Badeanzug herum und goss mir eimerweise Salzwasser über den Kopf, um mich ein bisschen abzukühlen. Was bei einer Wassertemperatur von etwa 27 Grad auch nicht viel half.

Ich schwitzte selbst bei strömendem Regen. Der Vorteil war: Der Regen war so warm, dass man darin duschen konnte. Wegen der hohen Luftfeuchtigkeit waren die Regentropfen riesig und klatschten mit lautem „Plopp" auf die glatte Wasseroberfläche. Wenn es richtig doll regnete, war der Himmel dunkelgrau und die fetten Wassertropfen verwandelten die See in eine graue, hässliche, blubbernde Masse.

Bald war es so heiß, dass es unten in der Kabine unerträglich wurde. Ich stopfte meinen Sitzsack in eine wasserdichte Hülle, schleppte ihn nach oben, saß im Cockpit und beobachtete, wie die Blaufußtölpel nach Fischen tauchten. Sie sind die witzigsten Vögel überhaupt, mit ihren langen Schnäbeln, den weißen Brust- federn mit den dunkelgrauen Flügeln als „Frack" und ihren him- melblauen Beinen und Füßen. Ich freute mich immer über ihre Gesellschaft.

Auch die Nächte verbrachte ich oben im Cockpit. Ab und zu wurde ich von einer Welle nass gespritzt und ein paar Mal von einem Fisch getroffen, der an Bord gespült wurde. Aber mir war so heiß und elend, dass die Kollision mit einem Fisch das kleinste Übel war. Ich warf ihn wieder über Bord.

Am liebsten hätte ich mich nach Süden an einen kühleren Ort gebeamt. Doch ich wusste, dass ich mir wahrscheinlich bald das Gegenteil wünschen würde, wenn ich mir erst im Südpolarmeer die Nase abfror.

An den Tagen, an denen es ausnahmsweise nicht in Strömen

goss, zauberte die Luftfeuchtigkeit unbeschreibliche Sonnenuntergänge. Die Wolken am Horizont verwischten die Ränder der Sonne, die sich aufzulösen schien wie in einem Aquarellbild. Farben
flossen ineinander, die Sonne verschmolz mit dem Horizont und
tauchte alles in ein warmes, rötliches Gold, das sich auf dem Wasser fortsetzte bis zu meinem Boot. Dann verschwand sie hinter der
Wolkenbank über dem Horizont und nahm das Licht mit, bis nur
noch eine schmale, feurigrote Linie über dem Wasser übrig blieb.

Am 19. Februar war es dann so weit, trotz Flaute und bleier-
ner Hitze: Ich überquerte zum ersten Mal in meinem Leben den
Äquator – für jeden, der zur See fährt, ein denkwürdiger Augenblick. Die Äquatortaufe auf Schiffen ist eine alte seemännische
Tradition. Bei der amerikanischen und britischen Marine gibt es
immer noch eine bestimmte Zeremonie, bei der die „Ungetauf-
ten" von den „Getauften" allerlei derbe Späße über sich ergehen
lassen müssen.

Ich hielt mein eigenes kleines „Taufritual" ab und filmte es
mit der Videokamera. In dem Moment, in dem ich die imagi-
näre Äquatorlinie überschritt, goss ich mir einen Eimer warmes
Salzwasser über den Kopf. Das hatte ich zwar während der letzten
hundert Meilen schon oft getan, aber dies war immerhin ein ganz
besonderes Wasser – Äquatorwasser.

Der Äquator war der erste große Meilenstein meiner Reise, und ihn zu überqueren war ein tolles Gefühl. Außer meiner
Äquatortaufe bot der Tag allerdings keine anderen Höhepunkte.
Die Windstärke war beinahe gleich null, und so kroch die *Wild
Eyes* über den Äquator mit der Geschwindigkeit einer Landschild-
kröte. Was das Ganze noch deprimierender machte: Kaum war ich
drüben, erfasste eine Strömung mein Boot und trieb mich zurück
nach Norden. *Nein!*, dachte ich nur, *jetzt bin ich endlich auf der
Südhalbkugel, ich will nicht zurück!*

Unter Deck warf ich einen Blick auf meinen Kartenplotter, um
zu sehen, wo genau der Äquator verlief. Dann rannte ich wieder
nach oben und stellte mir eine Linie auf dem Wasser vor, die den

Ozean in zwei Hälften mit zwei verschiedenen Blautönen teilt. Eine geschlagene halbe Stunde stand ich da und starrte auf die Wasseroberfläche, hilflos in der nördlichen Strömung driftend.

Ich weiß nicht, wie oft ich den Äquator an dem Tag tatsächlich überquert habe, aber irgendwann hatte Gott Erbarmen mit mir und ließ Wind aufkommen. Die *Wild Eyes* segelte wieder nach Süden und ich befand mich jetzt offiziell auf der Südhalbkugel. Mein nächster Meilenstein: Kap Hoorn, die südlichste Landspitze Südamerikas, 7.700 Kilometer entfernt.

Am 27. Februar, über tausend Meilen vor der chilenischen Küste, klingelte mein Satellitentelefon. Es war meine Mutter. Sie sagte, in Chile habe es ein schweres Erdbeben gegeben. Es gab Hunderte von Todesopfern und Tsunami-Warnungen in dreiundfünfzig Ländern. Die US-Küstenwache hätte sich bei ihnen gemeldet, denn sie hatten zahlreiche Anrufe von Leuten erhalten, die meine Route verfolgten. Mama sagte auch, viele hätten besorgte Online-Kommentare geschrieben und gefragt, ob ich in Gefahr sei.

Mit neunhundert Meter Wasser unterm Kiel konnte mir eigentlich nichts passieren. Selbst wenn jetzt in nächster Nähe ein Tsunami entstehen würde, würde die Welle praktisch unter dem Boot durchlaufen, denn steile Tsunami-Wellen bilden sich nur im flacheren Wasser in Küstennähe. Zur Sicherheit checkte ich aber alles noch mal gründlich durch – Segel, Belegnägel und Taue – und schaute nach, ob die Luken gut verschlossen waren. Trotzdem ging mir das Bild einer Tsunami-Welle nicht aus dem Kopf und ich stellte mir vor, wie sie sich über meinem kleinen Boot auftürmte, eine glasklare Wasserwand, hoch wie die Chinesische Mauer.

11 KAP HOORN

Im Südpolarmeer, März 2010

Ich segelte an der chilenischen Küste entlang und hielt möglichst viel Abstand zum Land und den küstennahen, böigen Winden. Ein wichtiger Meilenstein auf dieser Etappe war das Queren des 40. Breitengrades am 14. März. Das Gebiet zwischen 40 und 50 Grad südlicher Breite wird auch „Roaring Forties" (etwa: „brüllende Vierziger") genannt, da es für seine Stürme berüchtigt ist. Ich machte mich also auf „brüllenden" Wind gefasst, auf schwarzen Himmel und haushohe Wellen – aber von wegen! Im Gegenteil, die See war ruhig und langweilig. Es sah ganz danach aus, als würde ich Kap Hoorn – den stürmischsten Winkel unseres Planeten, den gefürchteten Mt. Everest der Seeleute – völlig unspektakulär umrunden und dabei im Liegestuhl an Deck ein Buch lesen.

Dann, am 17. März, begannen die „Forties", ihrem Namen Ehre zu machen und schickten mir eine steife Brise vorbei. Noch kein richtiger Sturm, aber immerhin so viel, dass die *Wild Eyes* ordentlich Fahrt machte. Ich nutzte die Gelegenheit, ein paar Fotos zu schießen. Ich stand an Deck in meinem roten Regenzeug, der Wind blies mir dauernd die Kapuze vom Kopf, und ab und zu kriegte ich einen Schwall Wasser ab. Nach kurzer Zeit waren meine Finger so kalt und steif, dass ich kaum noch auf den Auslöser der Kamera drücken konnte.

Eine Woche später, immer noch im Abstand von 1000 Meilen zur südamerikanischen Küste, kamen ab dem 50. Breitengrad nach den „Roaring Forties" die ebenso berüchtigten „Furious Fifties" (etwa: „die wilden Fünfziger"). Na ja ... die waren zuerst alles andere als wild.

In den ersten paar Tagen war der Wind gleich null und die *Wild Eyes* dümpelte bei müdem Seegang vor sich hin. Dafür stürzte die Temperatur auf ungefähr 10 Grad Celsius ab. Hatte ich mich bei der tropischen Hitze am Äquator noch nach Eis gesehnt, könnte ich jetzt wahrscheinlich bald nach den ersten Eisbergen Ausschau halten.

Ich kam mir vor wie auf einer Theaterbühne, wenn hinter einem plötzlich die Kulisse gewechselt wird. Das Meer hier, südlich und westlich von Chile, war nicht mehr der Pazifik, sondern eindeutig das eisige Südpolarmeer. Alles um mich herum war dunkel und grau, als hätte der Himmel die Farben geschluckt. Am Horizont traf der dunkelgraue Himmel auf die dunkelgraue See. Und es war bitterkalt, nass und windig. Manchmal konnte ich nicht sagen, ob es regnete oder nicht – ich war einfach nur nass. Nach den ruhigen Tagen hatte der Wind jetzt ziemlich aufgefrischt. Ich malte mir aus, was mich am Kap Hoorn erwarten würde. Wahrscheinlich ein peitschender Sturm, der das Meer aufwühlte und eimerweise Gischt ins Boot schleuderte.

Ich fror erbärmlich. Ich hatte keine Chance, jemals wieder so was wie „warm" zu werden, weil einfach alles nass und klamm war. Auch meine Kleidung war ständig klatschnass. Sich warm und trocken zu fühlen ist ein Luxus – etwas, das wir in unserem normalen Leben, in unseren Häusern und trockenen Zimmern als selbstverständlich hinnehmen. Niemand denkt darüber nach, was für ein Geschenk trockene Kleidung ist, bis er sie wirklich braucht!

Auf See gelang es mir jetzt nicht, die Klamotten wirklich trocken zu kriegen. Klar warf ich hin und wieder die Heizung an und hängte ein paar Kleidungsstücke davor. Aber Heizen verbrauchte Benzin und ich musste meinen kostbaren Treibstoff sparsam einteilen. Außerdem war ich weniger dick angezogen, wenn die Kabine beheizt war. Und wenn ich dann plötzlich an Deck stürzen musste, weil irgendetwas Unvorhergesehenes passierte, hatte ich zu wenig an und war sofort wieder bis auf die Knochen durchnässt. Und das hieß: noch mehr nasse Sachen, die nicht mehr trocken wurden. Nach dieser Erfahrung behielt ich auch unter Deck alle meine Kleiderschichten und mein Regenzeug an und ließ das Bullauge offen. So war es in der Kabine genauso kalt wie draußen, und wenn ich blitzschnell nach oben musste, war ich wenigstens richtig angezogen.

Am 26. März zum Beispiel, ein paar Tage vor Kap Hoorn, streikte die Selbststeueranlage. Ich versuchte es mit dem Ersatz-Autopiloten, aber es half nichts. Ich wusste, dass es in Kalifornien schon nach Mitternacht war, und ich wollte niemanden vom Team aufwecken. So steuerte ich ein paar Stunden von Hand und ging später nach unten und schrieb eine E-Mail an Scott:

Hey Scott,
habe ein Problem mit meinem Autopiloten. Sieht so aus, als ob eine Menge rosa Getriebeöl oder Hydraulikflüssigkeit ausgelaufen ist, warum, weiß ich nicht. Habe den Back-up-Autopiloten hochgefahren, aber der funktioniert auch nicht. Der Monitor bleibt schwarz. Dabei habe ich ihn vor Kurzem noch benutzt!

Seit 10.00 Uhr (pazifische Zeitzone) steuere ich von Hand, aber es wird langsam kalt da draußen und da ich weiß, dass du selten schläfst, dachte ich, ich schreibe dir schnell eine Mail. Vielleicht bist du ja schon – oder noch – auf?

Ach ja, und falls ich bis morgen nicht erfroren bin, sollten wir unbedingt mal wegen des Windgenerators telefonieren. Bin schon ganz durcheinander ...

Ich klickte auf „senden" und kletterte wieder nach oben ins Cockpit. Da duckte ich mich tief hinter die Scheibe, beobachtete Kompass und Windmesser und hielt mein Boot auf Kurs. Der Himmel und das Meer waren pechschwarz. In der Nacht bekam der Begriff „Kälte" eine völlig neue Bedeutung für mich. Ein eisiger Wind pfiff mir mit etwa fünfunddreißig bis vierzig Knoten um die Ohren und eiskalte Wellen krachten an Deck. Ich trug zwar meinen wasserdichten Overall und darunter mehrere Schichten Hightech-Thermounterwäsche und jede Menge Funktionskleidung, doch die Wellen kamen immer von oben und liefen mir in Kragen und Stiefel. Das Wasser war kalt wie Gletscherwasser. So nass, wie ich war, hätte ich genauso gut darin schwimmen können.

Meine Hände waren inzwischen vollkommen taub. Ich trug zwar Handschuhe, doch das Wasser fand immer einen Weg. Ich hatte kein Gefühl mehr in den Fingern. Was nicht unbedingt ein Nachteil war, denn meine Haut an den Händen war aufgesprungen und verschrammt von den ständigen Reparaturarbeiten. Und bei der Nässe hätten sich die Wunden leicht infizieren können. So hatte ich in meinen gefühllosen Händen wenigstens keine Schmerzen.

Die *Wild Eyes* wurde von den Wellen hin- und hergeworfen wie ein Tischtennisball. Um mich herum war alles schwarz. Zwischendurch hatte ich Glück und erwischte eine Welle, um auf ihrem Kamm hinunterzusurfen, doch dann kam die nächste und traf mich volle Breitseite. Ich fühlte mich wie in einer riesigen Waschmaschine. Es war total crazy und irgendwie lustig. Weniger lustig war die Kälte. Mir war so was von kalt, dass ich es gar nicht beschreiben kann.

Angst hatte ich keine. Ein technischer Defekt ist kein Weltuntergang. Die *Wild Eyes* ließ sich gut von Hand steuern, und ich saß noch ein paar Stunden an der Ruderpinne, danach rief ich das Team an. Jeff stellte eine schnelle Ferndiagnose (es lag an der Elektrik) und wir sprachen durch, was zu tun war. Danach gelang es mir, den Autopiloten zu reparieren, und ich war mächtig stolz. Es war ein gutes Gefühl. Ich hatte mich durchgebissen, und das Gerät funktionierte wieder. Und der Tag schien gleich weniger grau.

Auf derselben Strecke, vor der südamerikanischen Küste, hatte ich noch ein grenzwertiges Erlebnis: meine erste unbeabsichtigte Halse als Einhandseglerin auf offener See. Ein absolut fieses Gefühl, wenn man merkt, wie das Heck auf einmal durch den Wind geht, der Großbaum unkontrolliert auf die andere Schiffsseite fegt und gegen Wanten und Backstage kracht. Ein plötzlich übergehender Baum kann Teile der Takelage kurz und klein hauen und im schlimmsten Fall zum Mastbruch führen.

Es passierte mitten in der Nacht. Ich segelte am Rand eines Sturmausläufers bei schwerem Regen. Gerade war ich nach unten gegangen, um einen Blick auf Kartenplotter und Radar zu werfen, als plötzlich der Wind drehte und ich spürte, wie mein Boot herumschwang.

Ich sprang auf und rannte nach oben. Daumennagelgroße Regentropfen hagelten auf mich ein und innerhalb von Sekunden war ich klatschnass. Der Wind war böig und unberechenbar, und ich begann, die Großschot zu fieren. „Fieren" oder „auffieren" ist ein kontrolliertes Nachlassen einer Leine. Man nimmt damit den Winddruck aus dem Segel. Denn wenn man die Segel zu dicht holt (das heißt die Leine zu stark anzieht) und zu hart am Wind segelt, kann eine starke Bö das Boot umschmeißen. Ich saß im Cockpit und fierte das Segel so viel wie möglich, während die fetten Regentropfen aufs Deck prasselten. Dann begann ich, das Großsegel zu reffen. „Reffen" bedeutet, die Segelfläche zu verkleinern. Mein Großsegel hatte drei Reffhaken. Ich reffte das Großsegel bis zur zweiten Markierung und brachte mich vor dem Regen in Sicherheit. Während ich unten mithilfe des Autopiloten meinen Kurs korrigierte, wurde die *Wild Eyes* von einer heftigen Bö erfasst. Der Autopilot stürzte ab und ging in den Stand-by-Modus. Die Ruderpinne schwang unkontrolliert herum und das Boot drehte sich. Ich hechtete nach oben an die Ruderpinne, aber es war zu spät. Die *Wild Eyes* halste nach Steuerbord. Der Großbaum schwang von links nach rechts und schlug hart gegen das Backstag. Mit klopfendem Herzen griff ich nach der Pinne und lenkte mein Boot zurück auf Kurs.

Ich steuerte noch eine Zeit lang von Hand, bis sich der böige

Wind etwas gelegt hatte, bevor ich ausreffte. Die Vorhersage von *Commanders' Weather* versprach eine ruhige Nacht, doch zur Sicherheit ging ich nach unten, um den Radar einzuschalten, für alle Fälle.

Dies war meine erste „Patenthalse" (wie die Segler dieses technisch nicht geglückte Segelmanöver nennen), bei der es brenzlig wurde, und ich hatte zum ersten Mal richtig Angst. Rückblickend muss ich sagen: Zu dem Zeitpunkt hatte ich noch keine Ahnung, was „richtige Angst" bedeutet!

Zwischen Thousand Oaks in Kalifornien und Ushuaia in Feuerland in Argentinien liegen 11.000 Kilometer Luftlinie. Laurence Sunderland fuhr am 24. März nach Marina del Rey und nahm ein Taxi zum Flughafen in Los Angeles (was bei dem Verkehr seine Zeit braucht). Nach endloser Wartezeit im Terminal befand er sich an Bord eines Flugzeuges der Lan Chile auf einem elfstündigen Flug nach Santiago. Von dort ging sein Anschlussflug nach Buenos Aires.

Auf dem Luftweg nach Ushuaia gelangt man nur, wenn man sich einem argentinischen Taxifahrer anvertraut, der einen in halsbrecherischer Fahrt durch das Straßenlabyrinth der Stadt zu einem kleinen Flugplatz bringt. Von dort aus starten die kleinen Maschinen nach Tierra del Fuego in Feuerland – auch „das Ende der Welt" genannt.

Laurence war in seinem Leben schon so viel gereist, dass er die landschaftlichen Schönheiten Argentiniens nicht unbedingt sehen musste. Auch Kap Hoorn war ihm egal. Es ging ihm einzig und allein darum, da zu sein, wenn seine Tochter das Kap umrundete, ihr ein „Gut gemacht, weiter so!" zuzurufen und den Rücken zu stärken.

Auch hoffte er, dass er Abbys rekordverdächtige Kap-Umrundung filmen konnte, und hatte zu dem Zweck ein paar Hightech-Videokameras im Gepäck.

Die Filmgesellschaft *Reveille* hatte die Rechte an *Magnetic*

Mitglied der Crew auf einer Catalina 30, als ich 13 war.

Mit meinem kleinen Bruder Ben auf meinem Pferd Czar, als ich 15 war.

Sobald die *Wild Eyes* im Jachthafen Marina del Rey/Los Angeles lag, begannen die Arbeiten.

Das ganze Team arbeitete Tag und Nacht bis zu dem Tag, an dem ich startete.

Die Arbeit in der Takelage gehörte zu meinen Aufgaben während der ganzen Tour. Hier sitze ich an einem meiner Lieblingsplätze auf der *Wild Eyes*.

Meine erste Probefahrt mit der *Wild Eyes*.

Der Tag meines Starts: Pressekonferenz im Del Rey Jacht Club.
V.l.n.r.: Zac, ich, Mama und Papa. Foto: © 2011 GizaraArts.Com

Die *Wild Eyes* verlässt den Hafen von Marina del Rey am
23. Jan. 2010 – endlich! Foto: © GizaraArts.Com

Segeln in der Südsee.
Foto: Abby Sunderland.

Im Cockpit in der
Dämmerung, direkt
nachdem ich den
Äquator überquert hatte.
Foto: Abby Sunderland.

Mein zweiter Start für eine Solo-Weltumsegelung:
von Cabo San Lucas, Mexiko. Foto: © Bill Bennett, ASC

Will Blackshaw und Michael Wear beim Such- und Rettungsflug
an Bord der Qantas A330, nachdem sie mich gefunden und
über Funk mit mir geredet hatten.
Foto: © Grant Pipe, Fire and Emergency Services Authority, Australia.

Foto von Bord des französischen Fischkutters *Ile de la Réunion* von der Pazifikinsel Réunion, als sie mich erreicht hatten. Ich stehe im Cockpit, die *Wild Eyes* ohne Mast. Foto: © AFP/Editorial Specials/Getty Images.

Im Cockpit der *Wild Eyes*. Das Foto zeigt die Zerstörungen, die entstanden, als das Boot durchkenterte, das heißt kenterte und sich dabei einmal um 360 Grad drehte. Foto: © AFP/Editorial Specials/Getty Images.

Kapitän LeMoigne und ein Mann
von seiner Crew von der *Ile de la
Réunion* nähern sich mit einem
Rettungsboot der *Wild Eyes*.
Foto: © AFP/Editorial Specials/
Getty Images.

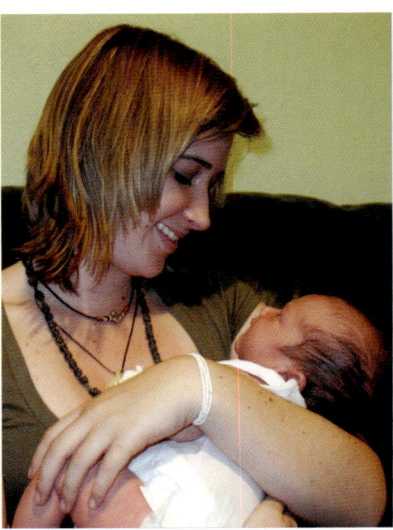

Mein Bruder Paul-Louis wurde
genau 12 Stunden geboren,
nachdem ich zurück war! Meine
Eltern nannten ihn nach dem
Kapitän, der mich gerettet hatte.
Foto: © Bill Bennett, ASC

Am Abend, als ich nach Hause kam: Jetzt ist unsere Familie wieder komplett.
Foto: © GizaraArts.Com

Entertainments geplanter Fernsehausstrahlung widerrufen, und die Sunderlands hatten eine weitere Zusammenarbeit mit Ted Caloroso abgelehnt. Nach dem Widerruf wollte Chris Bates einen neuen Vertrag für eine Reality-Show mit ihnen abschließen, doch die Sunderlands hatten beschlossen – obwohl sie Chris schätzten und ihm vertrauten – Hollywood erst einmal den Rücken zu kehren.

Trotzdem wünschten sie sich eine Videodokumentation von Abbys Reise, insbesondere von ihrer Kap-Hoorn-Umrundung als jüngste Einhandseglerin – ein beachtlicher Meilenstein. Abby hatte an Bord der *Wild Eyes* einige GoPro-Kameras sowie zwei Canon High Definition-Videokameras mit hoher Auflösung.

Ein Film von Abbys Kap-Hoorn-Umsegelung wäre – zusammen mit dem Filmmaterial aus Marina del Rey und Cabo und Videoaufnahmen von ihrer Heimkehr – ein wunderschönes Andenken.

John Selby, der Kontaktmann der Sunderlands in Argentinien, holte Laurence vom Flughafen ab, lud ihn zu sich nach Hause zum Essen ein und brachte ihn zum Übernachten in ein preiswertes Hotel, wo Laurence todmüde ins Bett fiel.

Am nächsten Morgen trafen sie sich mit Ian Upsall, einem australischen Skipper, der sich bereit erklärt hatte, mit seiner Motorjacht südlich von Kap Hoorn zu kreuzen, damit Laurence seine Tochter sehen und den historischen Augenblick festhalten konnte.

Laurence, Ian und zwei weitere Crewmitglieder stachen in See und nahmen Kurs nach Osten Richtung Beagle-Kanal. Der Kanal an der Südspitze Feuerlands zwischen argentinischen und chilenischen Inseln ist an seiner schmalsten Stelle nur fünf Kilometer breit und verbindet den Pazifischen mit dem Atlantischen Ozean. Sein Name geht auf die *HMS Beagle* zurück, das Schiff, mit dem Charles Darwin auf seiner Expedition zu den Galapagosinseln reiste.

Die Uferlandschaft rechts und links des Kanals ist von atemberaubender Schönheit. Zerklüftete, gletscherbedeckte Berge stürzen sich in die stahlblaue See. Leuchtend grüne Hügel flankieren die schmalen, von den Gletschern in den Fels gemeißelten Fjorde. Winzige Inseln erheben sich aus dem kobaltblauen Wasser.

Ian steuerte seine Jacht etwa fünfundsiebzig Meilen den Kanal hinunter, mit Kurs Richtung Osten, zum Atlantik. Gegen Abend gingen sie in einer kleinen Bucht vor Anker, vor einer Kulisse aus grünen Hügeln und felsigen Stränden. Die Luft war kalt und frisch. Das Treibholz am Strand war so verwittert und von der Sonne gebleicht, dass es aussah, als stamme es noch aus Darwins Zeiten.

Ich wusste, dass mein Papa nach Ushuaia geflogen war. Ushuaia ist die Hauptstadt der Provinz Tierra del Fuego auf Feuerland und gilt als südlichste bewohnte Stadt der Welt. Und ich wusste, was er auf sich nahm – eine Odyssee mit wer-weiß-wie-vielen Taxis, Flugzeugen und Booten –, um hier am Ende der Welt dabei zu sein, wenn seine Tochter Kap Hoorn umsegelte.

Allerdings würde er mich nur von Weitem sehen. Er durfte keinen Fuß an Bord der *Wild Eyes* setzen, mich nicht umarmen, mir weder Proviant noch irgendwelche Hilfsmittel übergeben. So wollten es die Richtlinien der Kategorie „Einhand-Weltumsegelung ohne Hilfe". Alles, was er durfte, war zuschauen, winken, filmen, fotografieren und „Hallo, Abigail!" rufen.

Aber ich freute mich total, ihn zu sehen, auch wenn es nur von Weitem und nur ein paar Minuten sein würden – immerhin ein paar bedeutende Minuten, vielleicht mit die bedeutendsten in meinem ganzen Leben.

In der Nacht zum 30. März war ich nur noch eine Tagesetappe von Kap Hoorn entfernt. Vor Aufregung konnte ich kaum schlafen. Morgen würde ich, nach dem Äquator, die zweite wichtige Etappe geschafft haben! Und die jüngste Weltumseglerin sein, die das Kap solo und ohne Hilfe umrundete. Ich führte die Segel nach, stellte den Autopiloten auf den richtigen Kurs und beschloss, mich ein paar Stunden aufs Ohr zu hauen. Morgen würde ich am Kap meinen Papa treffen!

Ich war kaum eingedöst, da stürzte der Autopilot ab und die *Wild Eyes* drehte mit dem Heck in den Wind. Danach spielte er völlig verrückt und steuerte das Boot abwechselnd in die eine, dann in die andere Richtung.

Ich rannte an Deck, brachte das Boot von Hand zurück auf Kurs, holte etwas Segel ein und versuchte dann, den Autopiloten mit der Fernsteuerung im Cockpit neu zu starten. Es war nichts zu machen. Inzwischen tanzte und schlingerte die *Wild Eyes* unkontrolliert hin und her, ich stürzte wieder nach unten an den Computer, doch kaum war ich angekommen, verabschiedete sich das Programm und der Bildschirm war schwarz.

Das ruft den Back-up-Autopiloten auf den Plan, dachte ich.

So schnell ich konnte, kroch ich ins Heck und steckte das Kabel für den Hydraulikantrieb in die Steckdose, der den Ersatzautopiloten mit dem Ruder verbindet. Dann hastete ich zurück in die Kabine und schaltete den Computer ein.

Nichts passierte.

Die Selbststeuerung funktionierte nicht. Ich ging an Deck, um die Mechanik zu prüfen. Wenn der Autopilot aktiviert ist, bewegt eine Schubstange die Ruderpinne, die mit der Ruderanlage verbunden ist, und hält das Boot auf Kurs. Ich griff nach der Pinne und, tatsächlich, sie ließ sich in alle Richtungen bewegen.

Na toll, dachte ich. *Ich liege hundertfünfzig Meilen vor Kap Hoorn mit einem manövrierunfähigen Boot. Beide Autopiloten sind im Eimer, und ich drifte auf eine der gefährlichsten Gegenden in der Geschichte der Seefahrt zu.*

Ich hätte beidrehen und den Morgen abwarten können, doch dann würde ich meinen Papa verpassen, den ich am nächsten Tag treffen sollte. In Thousand Oaks war es erst 5 Uhr nachmittags, und ich beschloss, das Team anzurufen.

Am Dienstag, dem 30. März, kurz nach 17 Uhr, bog Scott Lurie gerade mit seinem Pick-up in seine Einfahrt ein, als sein Mobiltelefon klingelte. Im Display erschien Mariannes Nummer.

„Hallo?"

„Hi, Scott. Abby rief gerade an und sagte, sie hat Probleme mit dem Autopilot-System. Du sollst sie bitte anrufen, oder sie versucht später noch einmal, dich zu erreichen."

Scott verlor keine Zeit und wählte gleich danach die Nummer von Abbys Satellitentelefon.

Abby ging sofort ran. „Pilot A (der eine Autopilot) kriegt überhaupt keinen Strom und Pilot B hat entweder auch keinen Strom oder funktioniert nicht richtig, denn ich kann immer noch von Hand steuern, auch im Autopilot-Modus."

Während der nächsten Stunde hing Scott am Telefon, immer noch in seinem Truck, und versuchte ein siebentausend Meilen entferntes Problem zu lösen. Es war praktisch ein Blindflug. Das Erste, was er Abby riet, war nachzusehen, ob der Hauptrechner von Pilot A noch Strom hatte.

„Geh und hol deinen Voltmeter", sagte er.

Stille in der Leitung, dann Abbys Stimme: „Ich hab ihn, aber er lässt sich nicht einschalten."

„Die Batterien sind wahrscheinlich leer", sagte Scott. „Hast du eine 9-Volt-Reservebatterie?"

Wieder Stille und Rauschen in der Leitung, dann war Abby zurück mit schlechten Nachrichten: „Ich hab die Rückseite aufgeschraubt. Das Ding ist voller Wasser."

Was nicht weiter erstaunlich war, besonders in einem Boot wie der *Wild Eyes*, bei dem die Bilge – der tiefste Punkt im Schiffsrumpf – aus dem Kabinenboden bestand, auf dem fast immer mindestens 1 bis 2 cm Wasser hin und her schwappten. Und wenn das Boot stark zur Seite krängte, befand sich ein Großteil des Schotts unterhalb der Wasserlinie. Auf einer Jacht dieser Bauart war es unmöglich, dass irgendetwas trocken blieb.

Prima, dachte Scott. *Wir haben hier ein Problem mit der Elektronik und keinen Voltmeter.*

Fehlersuche bei der elektronischen Bootsausstattung ist, als ob man die berühmte Nadel im Heuhaufen sucht. Scott ließ Abby zunächst verschiedene Schalterverbindungen prüfen, um zu sehen, ob das Display von Pilot A oder B zum Leben erwachte. Auf diese Weise hoffte er festzustellen, wo die Lücke im Stromkreis war.

Nach etwa einer halben Stunde schaltete sich auch Jeff zu. Scott hatte ihn um Hilfe gebeten.

Die Elektronik, das „Gehirn" der Autopiloten der *Wild Eyes,* befand sich im hinteren Bereich des Bootes. Es gab zwei Systeme, A und B, ein Hauptsystem und ein Back-up-System. Diese elektronischen Gehirne der Autopiloten waren mit zwei mechanischen Motoren verkabelt, die achtern im Boot in der hintersten Ecke standen und nur schwer zugänglich waren. Zu jedem Motor gehörte eine hydraulische Steuerstange, die das Ruder bewegte. Ferner gehörten zur Selbststeueranlage auch ein Kompass und eine Fernbedienung, die oben im Cockpit angebracht war.

Das Reparieren komplexer elektronischer oder hydraulischer Systeme gehört nicht unbedingt zur Liste der Kenntnisse, die ein Einhandsegler mitbringen muss. Doch genau das – und noch viel mehr – wurde nun von Abby verlangt.

Ian glitt mit seiner Jacht aus der östlichen Mündung des Beagle-Kanals in den Atlantik. Laurence hatte in regelmäßigen Abständen Marianne angerufen, um sich über Abbys aktuelle Position zu informieren, damit er und Ian den Kurs bestimmen konnten, der ihren Weg kreuzen würde. Am dritten Tag erzählte sie ihm von Abbys Problem mit den Autopiloten und dass Jeff und Scott dabei waren, telefonisch eine umfangreiche Fehlersuche und -beseitigung durchzuführen.

Laurence beschloss, sich nicht einzumischen. Er hatte absolutes Vertrauen zu Jeff und Scott, und als erfahrener Schiffsbauer wusste er, dass es keinen Sinn hatte, ein kompliziertes Problem durch zusätzliche Ratschläge noch mehr zu verkomplizieren. Zu viele Köche verderben den Brei.

Trotzdem konnte er nicht tatenlos zusehen und begann stattdessen, für Abby zu beten. Kein Einhandsegler möchte auf seine Selbststeueranlage verzichten, schon gar nicht in den heimtückischen, sturmgepeitschten Gewässern um Kap Hoorn.

Seit Jahrhunderten gilt die Umrundung von Kap Hoorn als gefährlichste Schiffspassage der Weltmeere. Stürme, die im Indischen Ozean entstehen, nehmen unterwegs nach Osten, entlang der Südküste des australischen Kontinents, an Stärke zu, gelangen ungebremst ins Südpolarmeer und entfesseln ihre volle Kraft vor der südlichsten Landspitze Südamerikas. Zahlreiche Seemannslieder besingen die tückischen Gewässer vor Kap Hoorn.

Heute unterhält die chilenische Marine eine Station auf der Isla Hornos. Unweit davon steht das Denkmal eines fliegenden Albatros – zum Gedenken an die zahllosen Seeleute, die hier ihr nasses Grab fanden.

Ich verbrachte die ganze Nacht am Telefon. Jeff und Scott stellten die Ferndiagnose und unter ihrer Anleitung wechselte ich Steckverbindungen und verkabelte Bauteile hin und her, um die unterschiedlichen Konfigurationen zu testen. Ich hantierte mit dünnen bunten Drähtchen und winzigen Steckverbindungen. Meistens, wenn ich gerade dabei war, einen Draht in ein Loch einzufädeln, schwankte das Boot plötzlich heftig und ich musste von vorn anfangen.

Der Stauraum im Heck, wo sich das Autopilot-Equipment befand, war in zwei Kämmerchen unterteilt. Wenn ich dort arbeitete, musste ich in dem engen Raum auf dem Rücken im eiskalten Bilgenwasser liegen, die Taschenlampe zwischen den Zähnen, und mit einem Minischraubenzieher an der „Brain Box", dem Hauptrechner, herumschrauben. Dabei musste ich ständig zwischen „Brain Box" und Kabine hin und her laufen, wo der Autopilot-Antrieb lag. Einmal legte ich den kleinen Schraubenzieher in einer

Nische in der Kabine ab, merkte mir, wo er war, doch als ich auf dem Rückweg ins Heck war, begann die *Wild Eyes* heftig zu rollen, und als ich wiederkam, war der Schraubenzieher verschwunden.

Alle anderen Schraubenzieher in meiner Werkzeugkiste waren zu groß für diese Feinarbeit. Ich kramte herum, bis ich meinen Nagelknipser fand (so einer, an dem eine kleine Feile dran ist), der musste es tun.

Immer, wenn sich Frust und Hilflosigkeit breitmachen wollten, schob ich sie entschieden beiseite.

Du kannst die Situation nicht ändern, sagte ich mir. *Du hast zwei Möglichkeiten: das Problem angehen oder von Hand das nächste Land ansteuern.*

Und die zweite Möglichkeit kam für mich nicht infrage.

Jeff und Scott waren erstaunt, wie ruhig und gelassen Abby unter Stress reagierte. Unermüdlich machte sie weiter, obwohl sie vom Seegang in der Kabine hin und her geworfen wurde, und setzte die – neuen und alten – Ratschläge der beiden in die Tat um. Sie widersprach nicht und sie klagte nicht („Aber das haben wir doch schon probiert!"), auch wenn sie dieselben Handgriffe hundert Mal ausführen musste.

Wenn sie frustriert war, so ließ sie es sich zumindest nicht anmerken. Während der ganzen Zeit am Telefon klang sie sachlich und gefasst.

Jeff mit seiner Erfahrung als Weltumsegler wusste, dass die *Wild Eyes* ohne Selbststeueranlage unkontrolliert in der rauen See driftete und bockte, sich im Kreis drehte und mit Bug und Heck eintauchte. Und dass Abby die meiste Zeit auf dem Boden im kalten Bilgenwasser saß oder lag und dass ihr das Kondenswasser unter Deck in die Augen tropfte.

„Ich musste die ganze Zeit daran denken, unter welchen Bedingungen Abby an Bord arbeitete", erzählte er später. „Aber am Telefon hat man ihr nichts davon angemerkt. Ihre Stimme klang völlig ruhig und normal."

Jeff war überzeugt, fünfundsiebzig Prozent aller alten, erfahrenen Segler, die er kannte, hätten es nicht geschafft, mithilfe einer solchen Ferndiagnose das Problem in den Griff zu kriegen. Hinzu kam, dass sich das Ganze zu einem zehnstündigen Reparaturmarathon ausweitete, was niemand voraussehen konnte.

Nach bald fünf Stunden Problemlösung war die *Wild Eyes* gefährlich nah an die felsige, der Südspitze Chiles vorgelagerten Inselgruppe gedriftet. Die schroffe Küste der ersten Insel war nur noch etwa dreißig Kilometer entfernt.

Jeff und Scott machten sich langsam ernste Sorgen. Jeff, der über Funk bereits einige Seenotrettungen durchgeführt hatte, wusste: Es kam darauf an, dass sie selbst ruhig blieben. Abby durfte jetzt auf keinen Fall nervös werden.

„Abby", sagte er ruhig, „geh mal zum Kartenplotter und check deine Position."

Kurze Zeit später gab sie ihm die Koordinaten der Längen- und Breitengrade durch.

In Kalifornien verglich Jeff ihre Daten und überwachte Abbys Position sorgfältig. Der Wind kam aus westlicher Richtung und trieb das Boot genau auf die Inseln zu, während sie unter Deck mit dem Autopiloten kämpfte. Wenn die *Wild Eyes* an dieser Küste strandete, dann würde sie nicht sanft mit dem Kiel auf dem Sand auflaufen. Dann würde sie an den Felsen restlos zerschmettert.

Ich hörte, wie der Wind durchs Rigg pfiff, an Wanten und Stagen rüttelte und an den Segeln zerrte. Manchmal, wenn ich unter Deck vor- und zurückkroch, schaukelte mein Boot wie wild von Dollbord zu Dollbord und warf mich gegen das Schott. Ich habe nicht mitgezählt, wie viele Male ich meine Taschenlampe verloren und den Boden abgesucht habe – und dabei hoffte, dass sie nicht im Wasser gelandet war.

Wir probierten es mit Dutzenden von verschiedenen Kombinationen und Konfigurationen. Um festzustellen, ob der Autopilot reagierte, musste ich jedes Mal nach oben rennen, das Steuerruder nach Backbord drehen, nach unten rennen, eine Taste drücken, wieder nach oben rennen und das Ruder nach Steuerbord drehen, wieder nach unten rennen und die Taste drücken, dann den Autopiloten aktivieren, um zu sehen, ob er funktioniert.

Und jedes Mal war die Antwort: Nein.

Zum Glück verriet mir Jeff einen alten Seglertrick. Im Schrank wühlte ich nach zwei langen Schnüren. Dann ging ich raus in die gischtende Dunkelheit, band die Schnurenden an die Ruderpinne und führte die Schnüre unten an meinem Platz vor der „Brain Box" zusammen. So konnte ich endlich das Ruder einstellen und die Tasten drücken, ohne hin und her zu rennen.

Die Stunden vergingen, ohne dass wir irgendwelche Fortschritte machten. Es fiel mir immer schwerer, Jeff und Scott zu folgen, weil ich so müde war. Mir brummte der Schädel und ich konnte mir nicht mehr merken, was sie gesagt hatten. Ich brauchte etwas zum Mitschreiben, damit ich nicht alles sofort wieder vergaß. Dann könnte ich auch zwischendurch das Telefon ausschalten, um Batterien zu sparen. Als ich meinen Schreibblock holen wollte, stellte ich fest, dass er klatschnass war. Der einzige Stift, den ich fand, war ein wasserfester Edding.

Doch wo kriegte ich trockenes Papier her?

In der Not krempelte ich einen Ärmel hoch, klemmte das Telefon mit der Schulter fest und schrieb alles, was mir Jeff und Scott diktierten, mit dem Edding auf meinen Arm.

Ich weiß noch, dass einer von ihnen gegen vier Uhr morgens fragte: „Sollen wir mal Pause machen? Wir können auch morgen früh weitermachen."

Ich hatte ein schlechtes Gewissen, weil sich die beiden wegen mir die Nacht um die Ohren hauen mussten. Dass sie mir helfen konnten, obwohl sie siebentausend Meilen entfernt waren, war sowieso ein Wunder. Und auch ihre Engelsgeduld, mit der sie meine Fragen beantworteten und dass sie nie genervt waren, auch wenn sie etwas zehn Mal erklären mussten.

Ich wollte keine Pause machen. Ich wollte es schaffen, und ich wollte es so schnell wie möglich hinter mich bringen und keine kostbare Zeit verlieren. Denn wegen der ganzen Autopilotgeschichte kam ich keinen Millimeter vom Fleck. Noch war das Wetter für 57 Grad Süd ungewöhnlich mild, aber das würde bestimmt nicht so bleiben.

Die *Wild Eyes* driftete noch immer vor sich hin. Jeff und Scott und ich hatten alles durchdiskutiert, auch die Möglichkeit, von Hand den nächsten Hafen anzusteuern. Zur Not würde ich es tun, aber noch wollte ich mich nicht geschlagen geben. Trotzdem – je mehr ich an den Autopiloten herumprobierte und nichts funktionierte, desto reeller wurde diese Schreckensvision.

Da Laurence nicht direkt mit Abby sprechen konnte und Jeff und Scott keine Zeit hatten, Marianne über die technischen Details auf dem Laufenden zu halten, hatte er keine Ahnung vom aktuellen Stand der Dinge. Aber als Stunde um Stunde verging, ohne dass er irgendeine Nachricht erhielt, ahnte er, dass Abby noch immer in Schwierigkeiten steckte. In Gedanken spielte er die Möglichkeit durch, die *Wild Eyes* durch den Beagle-Kanal ins Schlepptau zu nehmen. Und dann? Hier am Ende der Welt standen die Chancen, ein defektes Autopilot-System zu reparieren, gleich null. Hier gab es ungefähr so viele Hightech-Ersatzteile wie auf dem Mond.

Er telefonierte mit John Selby, dem Mann, der ihn mit Ian bekannt gemacht hatte. Dabei erfuhr er, dass der argentinische Zoll den Ruf hatte, besonders langsam und unkooperativ zu sein. Der sicherste Weg, um Ersatzteile zu transportieren, war immer noch, sie irgendjemandem mitzugeben, der sie unauffällig in einem Koffer über die Grenze brachte.

Nach dem Gespräch mit John fuhr sich Laurence nachdenklich über seinen Dreitagebart und wandte sich dann an Ian, der am Steuer seiner Jacht stand. „Ich weiß nicht recht", sagte er, „aber ich werde das Gefühl nicht los, dass wir Abby nach Ushuaia reinschleppen müssen."

Nachdem Abby ihren Edding gefunden hatte, gaben ihr Jeff und Scott die Informationen in kleinen Portionen – „Guck dir das Diagramm an. Steck den gelben, roten und grünen Draht in die A-Box und merk dir ihren Verlauf" –, danach war das Telefon für zehn bis fünfzehn Minuten still, bis Abby wieder anrief und Bericht erstattete. Manchmal wurden es auch dreißig Minuten oder mehr. Ohne Abby an der Ruderpinne, das wussten die Männer, dümpelte die *Wild Eyes* hilflos umher, immer noch etwa dreißig Kilometer von den westlichsten Inseln vor der chilenischen Küste und etwa achtzig Kilometer von Kap Hoorn entfernt. Die Minuten wurden zur Ewigkeit, während sie auf Abbys Anruf warteten – Scott zu Hause und Jeff auf seinem Boot in Marina del Rey. Besorgt fragten sie sich, ob etwas passiert war.

Gegen 2 Uhr morgens kamen Scott ernste Zweifel, ob die Reparatur überhaupt gelingen würde. Nach neuneinhalb Stunden Fehlersuche schickte er eine SMS an Jeff: „Es haut nicht hin. Sie muss von Hand steuern und Ushuaia anlaufen."

Jeff kann sich nicht mehr erinnern, was er zurückschrieb. Aber von Anfang an hatte er unterschiedliche Szenarien durchgespielt. Abby befand sich noch in chilenischen Hoheitsgewässern und nah genug, um von Hand um Kap Hoorn zu steuern und die ruhigere Bucht nördlich des Kaps anzulaufen. Je nach Wind- und Wetterverhältnissen müsste man vielleicht die chilenische Küstenwache um Hilfe bitten. Außerdem war Laurence in der Nähe, irgendwo südlich von Ushuaia; er konnte sicher die Reparaturarbeiten koordinieren.

Fieberhaft überlegte Jeff, was Abby tun sollte, falls sie wenigstens einen Autopiloten wieder in Gang kriegte. Sollte sie weitersegeln bis zu den Falklandinseln oder sogar bis nach Kapstadt in Südafrika? Aber wenn dann der einzige funktionierende Autopilot den Dienst quittierte, müsste sie die ganze lange Etappe im Cockpit sitzen, bei Nässe und Kälte, und von Hand durch den sturmgepeitschten Atlantik steuern – täglich nonstop sechzehn Stunden. Ging sie unter Deck, um ein paar Stunden zu schlafen, würde die

Wild Eyes driften, wohin sie wollte, schlimmstenfalls auch rückwärts.

Dabei war das Boot selbst sehr zuverlässig. Die Segel, die Ruderanlage – alles war solide und stabil. Außerdem waren die Seefahrer früher ganz ohne technische Hilfsmittel gesegelt.

In ihrer Bauart nach Scott Jutson war die *Wild Eyes* außerdem praktisch unsinkbar.

Jeff fragte sich, ob Abby die Strapazen durchhalten würde. Und er glaubte, dass sie es schaffen konnte. Sie würde vor Nässe und Kälte schlottern, aber sie würde es überstehen.

Plötzlich, nach zehn Stunden Fehlerbehebung, hatte Jeff einen Geistesblitz: „Warum nehmen wir nicht diese eine funktionierende Sicherung aus Box B und setzen sie in Box A?"

Scott zuckte die Achseln. „Okay. Warum nicht. Versuchen wir's."

Jeff gab die Instruktionen an Abby weiter, sie stimmte zu und schaltete das Telefon aus.

Nach zehn Stunden waren meine Sachen so nass, dass ich mir gar nicht mehr vorstellen konnte, wie man sich in trockenen Kleidern fühlt. Meine Haare klebten am Kopf. Hätte ich Zeit gehabt, in den Spiegel zu schauen, hätte ich darin ein schmutziges, vom Schmierfett der Hydraulikantriebe geschwärztes Gesicht gesehen. Meine Hände waren so taub, dass ich kaum noch den Nagelknipser halten konnte, dessen Feile ich als Schraubenzieher benutzte.

Als Jeff vorschlug, diese eine Sicherung zu wechseln, hatte ich wenig Hoffnung. Aber das würde nicht lange dauern, also ließ ich das Telefon eingeschaltet, kroch in den Heckraum, tauschte die Sicherung aus und griff wieder zum Telefon.

„Fertig. Ich hab sie ausgetauscht."

„Okay, dann schalt mal ein", sagte Jeff.

Ich drückte den Einschaltknopf von Box A und staunte nicht schlecht, als plötzlich das Display zum Leben erwachte.

Abbys Stimme erklang in der Leitung: „Pilot A ist an."

„Wow", sagten Jeff und Scott beinahe gleichzeitig.

„Okay, jetzt das Setup", fuhr Jeff fort.

Erneut schwieg das Telefon, und als Abby danach anrief, jubelte sie: „Ich glaube, es funktioniert!"

Jeff und Scott kannten Abby lange genug, um den Jubel aus ihrer Stimme herauszuhören. Es war nur eine leichte Veränderung ihrer Stimmlage – Überschwänglichkeit war ihr fremd –, doch die beiden Männer konnten hören, wie erleichtert sie war und wie sehr sie sich freute. Abby hatte – nach zehn Stunden Arbeit – ein elektronisches System in Einzelteile zerlegt und wieder zusammengebaut, um aus zwei kaputten Geräten ein funktionierendes zu machen. Jeff und Scott konnten kaum glauben, dass das einem sechzehnjährigen Mädchen gelungen war.

 Ich konnte es kaum fassen, als sich der Computer hochfuhr und das Autopilot-Programm auf dem Schirm erschien. Ich war ja so was von erleichtert! Mein erster Gedanke war: *Ich kann weitersegeln, ohne Zwischenstopp!* Aber für Freudensprünge war ich zu müde, und außerdem war die Kabinendecke zu niedrig zum Springen. Ich war einfach nur hundmüde, müde und gleichzeitig froh, dass ich nicht aufgegeben und den Kram einfach hingeschmissen hatte. Dabei hatte ich vorher noch nie irgendwas Vergleichbares gemacht. Doch ich hatte es tatsächlich geschafft!

Und obwohl niemand außer dem Team und mir etwas davon wusste, hatte ich das Gefühl, dass ich nicht nur mir, sondern auch meinen Kritikern bewiesen hatte: Ich konnte es schaffen! Vor allem denen, die behauptet hatten, ich würde höchstens ein paar Wochen durchhalten und spätestens bei Kap Hoorn aufgeben.

 Als Laurence seine Frau anrief, wusste er noch nichts von der Entwicklung der Dinge.

„Sie haben es geschafft!", hörte er sie sagen. „Abby hat den Autopiloten wieder zum Laufen gekriegt!"

Laurence dachte an Jeff und Scott, die mit ihrem unermüdlichen Einsatz geholfen hatten, das Unmögliche möglich zu machen. Und an Abby, wie sie damals mit dreizehn lächelnd ihr Boot durch die stürmische See gesteuert hatte. In dem Moment hatte er zum ersten Mal geglaubt, dass eine Weltumseglerin in ihr steckte. Nun hatte sie bewiesen, dass sie wirklich das Zeug dazu hatte.

In stürmischer See erlebt man solche Siege doppelt intensiv. Zehn nasse, kalte und frustrierende Stunden hatte Abby ruhig und gefasst eine Situation gemeistert, die selbst Jeff und Scott in ihren privaten Skype-Messages als hoffnungslos beschrieben hatten.

Laurence hatte immer daran geglaubt, dass junge Menschen Erstaunliches leisten können, wenn man ihnen die Chance dazu gibt.

Marianne hatte durch ihre regelmäßige Kommunikation mit *Commanders' Weather* einen guten Draht zum Leiter des Wetterdienstes, dem Meteorologen Ken Campbell. Abby hatte Glück gehabt. Während der ganzen Zeit, als sie sich mit der Autopilot-Reparatur herumschlug, war das Wetter ungewöhnlich mild gewesen, doch das würde sich bald ändern.

Marianne fragte sich ernsthaft, ob Abby nach dem zehnstündigen Reparaturmarathon der Anstrengung gewachsen war, ihr Boot durch die Stürme des Südatlantik zu manövrieren, die vor ihr lagen. Bei ihrem nächsten Anruf beim Wetterdienst sprach sie Ken darauf an.

„Seit gut dreißig Jahren bin ich jetzt bei *Commanders' Weather*", lautete seine Antwort, „und habe die Routen von Tausenden von Regattaseglern und Weltumseglern verfolgt. Ich habe erlebt, wie erwachsene Männer in ähnlichen Situationen aufgaben und in den nächsten Hafen geschleppt werden wollten."

Mariannes Herz sank.

„Abby ist aus anderem Holz geschnitzt", hörte sie Ken sagen. „Das Mädel wirft die Flinte nicht so leicht ins Korn."

12 ANGST IM SÜDATLANTIK

Kap Hoorn und Südatlantik, März – Mai 2010

Am 31. März stellte ich meinen ersten Rekord auf: Jetzt war ich von allen weiblichen und männlichen Seglern der Welt die Jüngste, die Kap Hoorn allein umrundet hatte! Leider war ich von dem zehnstündigen Reparaturalbtraum so fix und fertig, dass ich die Kapumsegelung glatt verschlief. Aber egal – als ich das Kap umrundete, war ich fünfzig bis sechzig Meilen (80 bis 100 km) von der Landspitze entfernt. Das heißt, selbst wenn ich wach geblieben wäre, hätte ich Kap Hoorn nicht zu Gesicht bekommen.

Ich hatte der Selbststeueranlage die Pinne überlassen und mich in die Falle gehauen. Als ich aufwachte und einen Blick auf den Kartenplotter warf, sah ich, dass ich gerade Kap Hoorn umsegelt hatte! Ein gutes Gefühl.

Total schade war nur, dass ich meinen Papa verpasst hatte. Es wäre so schön gewesen, ihn wenigstens aus der Ferne zu sehen. Beinahe hätten wir das Kap praktisch gemeinsam umrundet – doch es sollte wohl nicht sein.

Seit ich in Cabo abgelegt hatte, schickte mir Bill Bennett regelmäßig lustige E-Mails. Auch mein Support-Team wusste, dass ich nach der Tortur mit den kaputten Autopiloten eine kleine Aufheiterung gut gebrauchen konnte. Am 1. April, am Tag nach der Kapumrundung, fand ich auf meiner Blog-Seite die folgende Nachricht:

Hallo Abby,

nach reiflicher Überlegung und Diskussion haben wir Folgendes beschlossen: Um in der Seglerszene sämtliche Zweifel über deine Einhand-Weltumsegelung auszuräumen, wäre es am besten, wenn du die Welt zweimal umrunden würdest, damit es wirklich alle glauben.

Einige haben Bedenken, dass du bei deiner zweiten Runde möglicherweise von Piraten gekidnappt werden könntest. Scott bot sich freundlicherweise an, zu deinem Schutz alle seine Freunde und die US-Küstenwache zu mobilisieren.

Für den Fall, dass die Küstenwache eine Entführung nicht verhindern kann und die Piraten eine Lösegeldforderung stellen, haben wir ein Paypal-Konto zur Spendensammlung eingerichtet. Laut Jeff befindet sich auf dem Konto bereits eine beachtliche Summe von 38 Dollar, was als Lösegeld hoffentlich ausreichen wird.

Für heute liebe Grüße

von deinem Team

Ich musste laut lachen über den gelungenen Aprilscherz.

Am 2. April hatte die *Wild Eyes* einen neuen Ozean unterm Kiel: Nun war ich offiziell im Südatlantik. Zum ersten Mal seit zwei Monaten sah ich wieder Land: die *Isla de los Estados,* eine unbewohnte Insel östlich von Feuerland. Ich wünschte, ich hätte auf der Insel einen Zwischenstopp einlegen und die süßen Pinguine besuchen können, die dort leben. Sie kennen keine Scheu vor Menschen und kommen neugierig auf Besucher zu. Aber das ging leider nicht – ich wollte ja nonstop segeln. Außerdem musste ich mich nach dem Kap beeilen, so schnell wie möglich wieder in nördlichere Gewässer zu kommen, denn das Südpolarmeer ist voll von Eisbergen.

Jeff und Gail Casher hatten einmal in Alaska bei einem Segeltörn Cola mit Rum mit Eis von einem Eisberg getrunken. Aber ich legte keinen Wert darauf, einem Eisberg so nahe zu kommen.

Commanders' Weather empfahl als schnellste Route nach Norden die Strecke westlich der Falklandinseln. Auf der Höhe der Falklands wehte eine steife Brise von etwa zwanzig Knoten direkt von vorn. Die *Wild Eyes* ließ sich schlecht hart am Wind segeln – also mit dichtgeholten Segeln und dem Bug so weit wie möglich in den Wind gedreht –, ohne dass die Segel anfangen zu killen (flattern). Das hieß im Klartext: mühsam gegen den Wind aufkreuzen. Und je weiter ich nach Norden segelte, desto näher rückte die Küste der Inseln. Ich wusste, dass ich mich, sobald ich die Falklands hinter mir gelassen hatte, scharf rechts halten und nach Osten segeln musste. Doch ich war nur noch knapp fünfzig Kilometer von der nördlichsten Inselgruppe entfernt und wollte nicht zu weit nach Lee geraten.

Die Leeküste ist immer die Küste, in deren Richtung der Wind bläst – für Segler also auf der windabgewandten Seite des Bootes. Das heißt der Wind treibt einen genau auf diese Küste zu – was zum Schiffbruch führen kann, besonders wenn ein Boot wie die *Wild Eyes* sich schwer am Wind segeln lässt.

So ging es nicht weiter, ich musste irgendetwas tun. Außerdem war ich schon viel zu lange gegen den Wind gekreuzt. Also drehte ich ab und steuerte nach Süden, segelte quasi unterhalb den Falklandinseln durch und wagte mich damit wieder in den Südatlantik vor.

Die nächsten Tage waren ruhig und angenehm. Im Atlantik lief eine schöne Dünung und die Temperaturen waren erstaunlich mild: bis zu 17 Grad Celsius. So warm, dass ich meinen Pullover ausziehen musste! Ich hatte Windgeschwindigkeiten von fünfzehn bis fünfundzwanzig Knoten, was toll für den Windgenerator war. Das verhieß jede Menge Strom für wind- und sonnenlose Tage!

Wenn die Leser meiner Blog-Seite fragten, wie es mir ginge und was ich so machte, fiel mir auf, wie normal mein Leben eigentlich war: Ich hatte (schon wieder) meine Haarbürste verloren, meine Gummistiefel waren immer noch nass, wieder hatte kein Fisch angebissen, und mit dem Lernen für die Schule war es so … Na ja, eher schleppend. Trotzdem lernte ich eine ganze Menge im Südatlantik, zum Beispiel, dass ein plötzlicher Abfall der Wassertemperatur „Eisberg voraus" bedeuten kann; deshalb beobachtete ich fleißig meinen Wassertemperaturanzeiger – und verbuchte es als „naturwissenschaftlichen Unterricht".

Als ich mich gerade daran gewöhnt hatte, leicht und beschwingt auf der Dünung dahinzugleiten, flaute der Wind ab und bald machte die *Wild Eyes* fast gar keine Fahrt mehr. Um mich herum war alles grau. Graues Wasser, graue Wolken und dichte, graue Nebelschwaden. Außer dem trägen Plätschern der Wellen gegen den Bootsrumpf war nichts zu hören. Die Welt war auf einmal seltsam still, völlig unwirklich. Im sonnigen Südkalifornien liebte ich die Wolken – wahrscheinlich deshalb, weil es selten welche gab. Nun fand ich sie irgendwie deprimierend. Die *Wild Eyes* hatte inzwischen die Geschwindigkeit einer Schnecke erreicht. In dem Tempo würden wir ewig brauchen, um den Atlantik zu überqueren! Der war noch dazu der zweitgrößte Ozean der Erde. Umso schlimmer!

Wer kennt nicht die Redensart: „Sei vorsichtig mit deinen Wünschen, denn sie könnten in Erfüllung gehen?" Ich hatte mir gewünscht, aus meiner Langeweile erlöst zu werden. Und mein Wunsch wurde erfüllt – mehr, als mir lieb war.

Die Falklands lagen etwa 2.400 km hinter mir. Es war Nacht. Der Wind hatte kräftig aufgefrischt und ich hatte die Segel gerefft. Die schönen, milden Temperaturen gehörten längst der Vergangenheit an und ich trotzte der Kälte mit mehreren Kleiderschichten. Wie immer stand das Wasser in meinen Stiefeln und meine Füße waren nass und kalt.

Dann legte der Wind plötzlich noch mehr zu. Mein Windmesser zeigte Böen von bis zu fünfzig Knoten. Ich wusste, es hatte keinen Zweck, noch mehr zu reffen. Ich musste das Großsegel bergen – bei solch einer Windstärke eine harte Knochenarbeit, denn das Segel ist riesig und dazu sperrig in der Handhabung. Ich legte meinen Lifebelt (Sicherheitsgurt) an, ging nach oben und klinkte die Karabiner in die vom Bug zum Heck gespannten Seile. Die

Nacht war pechschwarz. Nur die Gischt der Wellen, die über Bord spülten, leuchtete perlweiß.

Ein eisiger Wind fegte übers Deck, mit gefühlten über fünfzig Knoten. Zum Vergleich: Das war etwa so, als ob man bei 90 km/h auf einem Autodach steht. Ich fierte das Großsegel etwas auf, worauf es sofort wie wild zu flattern begann. Um das Segel zu bergen, musste ich über den Großbaum steigen und ein Stück weit den Mast hinaufklettern. Allerdings kam ich nicht weit, da die Sicherungsleinen zu kurz waren. Ich klinkte sie aus, befestigte sie am Baum, klinkte mich wieder ein und arbeitete weiter.

In dem Augenblick donnerte eine Windbö ins Großsegel wie ein Güterzug. Der Autopilot stürzte ab, die *Wild Eyes* drehte mit dem Heck durch den Wind und der Großbaum schwang herum. Das Boot krängte nach Backbord und wurde wie von einer Riesenfaust aufs Wasser gedrückt. Ich verlor den Halt – und fiel und fiel und fiel. Panik durchzuckte mich. Die *Wild Eyes* lag beinahe flach auf dem Wasser, als es einen Ruck gab – die Sicherungsleine war zu Ende.

Hilflos hing ich da, mein Boot krängte um mindestens achtzig Grad, segelte praktisch hochkant auf der Seite und machte dabei noch Fahrt. Zum Glück hatte das Backstag verhindert, dass der Baum ganz nach Backbord überging und mich vom Deck fegte oder unter Wasser drückte.

Das Deck der *Wild Eyes* ragte in die Höhe wie eine Steilwand, rechtwinklig zur Wasseroberfläche. Das Großsegel hing über mir wie ein Dach, und ich baumelte an meiner Sicherungsleine am Großbaum. Das Boot schoss noch immer vorwärts, bockte wild in der aufgewühlten See und schleifte meine Beine durchs Wasser.

Mein Herz raste. Angst schnürte mir die Kehle zu. *Ruhig bleiben, Abby.* Ich musste einen Ausweg finden. *Was soll ich tun?*

Mit bloßen Füßen tastete ich das Deck unter mir ab, bis ich auf eine eiserne Strebe stieß. Ich hakte beide Füße darunter fest und zog mich mit den Beinen näher zum Boot. Mit einer Hand suchte ich über meinem Kopf nach irgendeinem Halt. Endlich bekam

ich etwas zu fassen: den Griff, der an der kuppelförmigen Über-
dachung der Kajütenleiter angebracht war.

Das ist meine Rettung!

Mit beiden Händen umklammerte ich den Griff. Aber ich saß
immer noch in der Falle. Ich war zu weit weg, um das am Baum
befestigte Ende der Sicherheitsleine zu erreichen. Und selbst wenn
ich die Leine lösen könnte, würde mich die Schwerkraft im selben
Moment ins Meer katapultieren und die *Wild Eyes* würde ohne
mich weitersegeln.

Der Wind heulte. Eiskalte Wellen brachen sich an meinem
Körper. Dazwischen stand ich im knietiefen Wasser. Lange würde
ich das nicht mehr durchhalten. Ich hatte nur eine Chance: Ich
musste die Leine an meinem Sicherheitsgurt ausklinken.

Ich hatte die Wahl zwischen „Leine ausklinken und sterben"
oder „Leine nicht ausklinken und sterben". Mein Leben hing am
seidenen Faden.

Ohne Sicherheitsgurt gab es keine Sicherheit mehr, keinen
einzigen Halt. Eine große Welle im falschen Augenblick und ich
würde ins Meer gespült. Bei einer Wassertemperatur von knapp
unter zehn Grad Celsius würde ich vielleicht zwanzig Minuten
überleben.

Dann lieber schnell und schmerzlos ertrinken.

Klinkte ich die Leine nicht aus, blieb ich hilflos in der Luft
hängen. Ich musste zurück auf mein Boot! Ich hatte keine andere
Wahl. Ich musste es wagen.

Ich glaube, in dem Augenblick waren der Adrenalinschub und
mein Wille zu überleben größer als meine Angst. Mit klammen
Fingern löste ich den schwarzen Karabinerverschluss von meinem
Sicherheitsgurt und bekam die Reling zu fassen.

Mit beiden Händen fest ans Geländer geklammert, arbeitete ich
mich Schritt für Schritt übers Seitendeck vor. Wellen spülten über
mich hinweg. Die *Wild Eyes* rollte heftig in der wogenden See.
Manchmal waren die zwischen den Verstrebungen gespannten Sicherheitsleinen der einzige Halt für meine Füße. Sie waren nicht

für solche Drahtseilakte konstruiert und bogen sich unter meinem Gewicht.

Endlich war ich beim Cockpit angekommen. Mit einer Hand griff ich nach der Strebe des Vordachs, mit der anderen nach dem Rand des Daches. Dann zog ich mich mit aller Kraft ins Cockpit.

Aber noch war es nicht geschafft. Mit einer raschen Bewegung war ich an der Ruderpinne. Zum Glück lag das Ruder noch tief genug im Wasser, sodass ich das Boot steuern und wieder auf Kurs bringen konnte. Dann startete ich den Autopiloten neu. Die *Wild Eyes* richtete sich auf und nahm Fahrt auf, bis ihr Kiel wieder gleichmäßig die eisige Schwärze durchschnitt.

Aber ich konnte mich immer noch nicht zurücklehnen. Ich musste den Sicherheitsgurt wieder einklinken und dann das Groß-segel zu Ende bergen. Diesmal ließ mich der Autopilot nicht im Stich. Bei einer Windgeschwindigkeit von vierzig Knoten schlug das störrische Segel wie wild hin und her, doch irgendwann hatte ich es unten.

Endlich war an Bord wieder alles klar. Ich klinkte mich aus, ging nach unten und setzte mich erst mal an den Kartentisch. Langsam kam ich zu mir und mein Gehirn begann, die Informati-on zu verarbeiten, dass ich soeben knapp dem Tod entgangen war. Ich zitterte noch Stunden später.

Mitte April spielte meine Selbststeueranlage schon wieder ver-rückt. Seit Kap Hoorn hatte ich nur noch einen funktionieren-den Autopiloten, plus ein paar Ersatzteile. Aber das widerspenstige Ding machte ständig neue Probleme. So wie am 22. April. Ich pro-bierte alle möglichen Tricks, um es zum Laufen zu bringen, doch nach einem Reset sprang es einfach nicht mehr an. Ich hörte, wie der Rudermechanismus ins Leere lief. Die Pinne war lose und das Boot ließ sich mit eingeschaltetem Autopiloten von Hand steuern.

Wenn ich nun die ganze Strecke über den Atlantik, die noch vor mir lag, von Hand steuern musste? Wie sollte ich dann schla-fen? Kein angenehmer Gedanke. Schließlich gelang es mir, die

Hydraulikanlage des Hauptautopiloten mit dem Steuergerät des Back-up-Autopiloten zu verbinden. Und tatsächlich – es funktionierte!

Wegen der Probleme mit der Autopilot-Anlage hatte mein Support-Team schon vorgeschlagen, dass ich Kapstadt anlaufen und die Anlage dort reparieren lassen sollte. Die Entscheidung lag bei mir, doch ich schob sie immer noch vor mir her. Warum sollte ich in Südafrika vor Anker gehen, wenn ich es vielleicht bis nach Australien schaffen konnte?

Außerdem kam ich gerade so gut voran. Die *Wild Eyes* machte richtig Fahrt und ihr Bug glitt geschmeidig durch die Wellen. Ja, ich hatte Probleme mit der Technik. Und ich hatte gefährliche Situationen hinter mir, aber es war alles gut gegangen. Letztendlich hatte ich alles immer wieder in den Griff bekommen. Ich war seit drei Monaten allein auf See und wollte nicht an Land gehen.

Und trotzdem – bei all meinem Abenteuergeist und ungebrochenen Willen schlichen sich hin und wieder Gedanken ein wie „Das Boot sollte vielleicht wirklich mal überholt werden" oder „Es ist nicht lustig, mit einem Autopiloten zu segeln, der immer wieder aussteigt". Der Autopilot war ein echtes Problem. Niemand wusste genau, warum er mal funktionierte und mal nicht und wo der eigentliche Fehler lag.

Während ich Kurs auf Südafrika nahm, tobte in meinem Inneren ein Kampf zwischen Herz und Verstand. Das Herz wollte um jeden Preis weitersegeln, denn mit einem Zwischenaufenthalt in Kapstadt konnte ich meinen „Nonstop"-Rekord vergessen. Aber mein Verstand sagte mir: *Weitersegeln ist zu riskant. Nach Kap Agulhas liegt der ganze Indische Ozean vor dir, und wenn dann der Autopilot ausfällt – gute Nacht.*

Der zerklüftete Küstenabschnitt von Kap Agulhas (wörtlich „Nadelkap") ist der südlichste Punkt Afrikas. Dort steht ein Leuchtturm in den klassischen Farben Rot-Weiß und eine Gedenktafel, die auf die offizielle Trennungslinie zwischen dem Indischen und Atlantischen Ozean hinweist. Ich würde das

Kap Agulhas nach dem Kap der Guten Hoffnung passieren. Die Gewässer vor Kap Agulhas können so stürmisch sein, dass auch größere Schiffe auf Grund laufen. Und hinter dem Kap liegen der weite Ozean und viele Tausend Meilen gar nichts.

Beim Tauziehen zwischen Kopf und Herz siegte zuletzt der Kopf. Mein Verstand sagte mir, dass es zu gefährlich war, die Probleme zu ignorieren und einfach so weiterzusegeln. Mein Ziel war schließlich, die Welt heil zu umrunden. Nicht wegen Leichtsinn und Dummheit zu sterben.

Am nächsten Tag rief ich schweren Herzens das Team an: „Okay, ich glaube, ich sollte in Kapstadt an Land gehen."

Später erfuhr ich, dass sich die Teammitglieder darin längst einig waren. Aber sie wollten mir die Freiheit lassen, denn sie trauten mir zu, die richtige Entscheidung zu treffen. Das war toll.

Trotzdem fiel es mir sehr schwer. Ich fühlte mich wie eine Marathonläuferin, die weiterlaufen will, aber zum Aufgeben gezwungen ist, weil sie nicht mehr kann. Das tat weh. Am liebsten wäre ich meinem Herzen gefolgt und hätte mich der Herausforderung gestellt und weitergekämpft, trotz des Risikos und der Mühe. Oder war es der öffentliche Druck, der meine Gedanken und Gefühle beeinflusste? Der ganze „Solo-nonstop-und-ohne-Hilfe"-Hype?

Am Anfang meiner Reise hatte ich noch gedacht: Eigentlich ist es völlig egal, ob ich nonstop um die Welt segle oder nicht. Die Hauptsache ist das Segeln, und wenn ich unterwegs mal einen Hafen anlaufen muss – na und? Das gehört zum Abenteuer; dann freue ich mich, dass ich exotische Städte und Länder und nette Leute kennenlernen kann.

Später hatte ich das Gefühl, die ganze Welt schaut mir zu, aller Augen sind auf mich gerichtet. Und auf einmal war es mir nicht mehr egal, was die Leute dachten und was die Kritiker schrieben. Vielleicht das Ergebnis meiner alten Schwäche, es allen recht machen zu wollen.

Trotzdem sagte mir jetzt mein Verstand – inzwischen um zehntausend Meilen weiser – ganz klar, dass es leichtsinnig wäre, einfach weiterzusegeln.

Klar würde es Leute geben, die der Meinung waren, „echte" Segler lassen sich von einem kaputten Autopiloten nicht ins Bockshorn jagen und steuern halt zur Not von Hand weiter. Aber ich hatte mich entschlossen, an Land zu gehen und das Problem beheben zu lassen. Damit mussten sie leben.

Auf meiner Blog-Seite tippte ich: *„Es wäre unverantwortlich und dumm, wenn ich mit solchen technischen Mängeln weitersegeln würde. Ich weiß, dass manche Leute meine Weltumsegelung jetzt als gescheitert betrachten, aber dagegen kann ich nichts tun. Wenn man von Kritikern umgeben ist, ist es manchmal schwer, seine eigenen Ziele und Überzeugungen nicht aus den Augen zu verlieren und sich nicht von der Meinung anderer abhängig zu machen.*

Meine ganze Reise ist die Erfüllung eines großen Traums – dem Traum, um die Welt zu segeln. Und genau das tue ich. Egal, ob ich dabei die Jüngste bin oder nicht und wie viele Häfen ich anlaufe."

Zwei Tage, bevor ich Kapstadt erreichte, vermerkte ich einen persönlichen Rekord in meinem Kalender: Ich war jetzt genau hundert Tage allein auf See. An diesem Tag saß ich die meiste Zeit draußen an Deck, genoss Wind und Sonne und dachte darüber nach, was ich in den vergangenen Wochen und Monaten, in denen ich um die halbe Welt gesegelt war, alles erlebt hatte. Stürme, Flauten, endlose Tage und Nächte, in denen ich nur damit beschäftigt war, das Equipment zu reparieren. Dann die großen Erfolgserlebnisse wie Kap Hoorn. Ich schaute übers Wasser, sah, wie die Sonnenstrahlen auf den Wellenkämmen tanzten und glitzerten und dachte nur: *Hier bin ich glücklich. Hier will ich für immer sein.*

Ich dachte an die schönen Augenblicke und die schrecklichen, und so komisch das klingt, ich wollte keinen einzigen missen. Ich stellte mir vor, wie merkwürdig es sein würde, wieder unter Menschen zu sein, trockenen Boden unter den Füßen zu spüren und in einem trockenen Bett zu schlafen. Ich wünschte, es müsste nicht sein.

Dass ich den Nonstop-Rekordanspruch verlor, war nicht weiter tragisch. Tausend Mal wichtiger und schöner als alle Rekorde war für mich die Erfahrung und die Zeit auf dem Meer. Die See und den Himmel zu sehen, die stündlich die Farben wechselten wie in einem Kaleidoskop, als ob der Schöpfer meine Umgebung für mich jeden Tag neu erschuf. Es gibt nichts Schöneres. Das war meine Welt. Und ich wünschte, ich könnte den Rest des Lebens so verbringen, mit meinem Boot auf dem Meer.

Mein Bruder Zac hatte gesagt, dass es schwer war, nach so vielen Tagen auf See wieder an Land zu gehen. Und manchmal noch schwerer, zurück an Bord zu gehen und sich neu an den Rhythmus des Meeres zu gewöhnen.

Am 24. April erhielt ich eine Mut machende Nachricht von Bill:

Liebe Abby,
du hast eine schwere Entscheidung getroffen, aber eine gute. Ich kann mir vorstellen, wie enttäuscht du warst, als dir klar wurde, dass du deine Reise nicht so fortsetzen kannst. Aber bestimmt wirst du dich hinterher besser und sicherer fühlen, wenn du weißt, dass mit dem Equipment auf der *Wild Eyes* alles in Ordnung ist. Ich bin jedenfalls schwer beeindruckt von deinem Durchhaltevermögen und deiner Gabe, sämtliche technischen Probleme an Bord immer wieder in den Griff zu bekommen. Großes Lob!

Bill schrieb weiter, dass er Freunde in der Nähe von Kapstadt habe, Jannie van Wyck und seine Frau, die dort eine Ranch besaßen. Sie hatten sich angeboten, uns alle als Gäste aufzunehmen: mich und meinen Papa und alle Teammitglieder, die nach Südafrika kommen konnten, um bei den Reparaturarbeiten zu helfen.

Eine Ranch in Südafrika? Das klang ziemlich cool.

Nachdem ich Bills E-Mail gelesen hatte, ging ich wieder an Deck, pflanzte mich ins Cockpit und beobachtete den Sonnenuntergang. Ich sah, wie der Bug der *Wild Eyes* durchs gleißende Wasser schnitt, und plötzlich fand ich es nicht mehr ganz so schlimm, dass ich die Reise unterbrechen musste. Und dachte so für mich: *Eigentlich schön blöd, um die Welt zu segeln und dabei nichts von der Welt zu sehen.* Wenn das kein Argument für einen Landgang war!

13 LANDGANG

Kapstadt, Südafrika, Mai 2010

Es war der 5. Mai, fünf Meilen vor Kapstadt, und ich war durchnässt, frustriert und fror erbärmlich. Der Wind peitschte unbarmherzig übers Deck.

Obwohl ich versucht hatte, das Positive an meinem Landgang zu sehen, war ich doch traurig, dass meine Nonstop-Weltumsegelung an diesem Tag endete. Zu allem Überfluss war das Wetter umgeschlagen und ich segelte durch dichten Nebel, kompakt wie eine überdimensionale Portion Zuckerwatte. Riesige Frachtschiffe auf dem Weg zur Hafeneinfahrt kreuzten meinen Weg, nur wenige Hundert Meter entfernt. Ich konnte sie zwar nicht sehen, aber das AIS zerriss mir alle fünf bis zehn Sekunden mit seinem Warnsignal beinahe das Trommelfell. Es war total nervig.

Dann, als ob Gott beschlossen hatte, mir eine Pause zu gönnen, legte sich der Wind und der Nebel lichtete sich. Sobald ich mich sicher genug fühlte, ging ich in die Kabine und schaltete das AIS aus. Als ich wieder nach oben kam, spielte ein Delfin neben meinem Boot und reckte den Kopf hoch, als ob er „Hallo" sagen wollte. Immer wieder sprang er übermütig aus dem Wasser. Er begleitete mich bis in die Hafeneinfahrt, als ob er mein Lotse sein wollte, und das war so süß, dass ich sogar wieder lächeln konnte.

Nach einem achtzehnstündigen Flug von Los Angeles über New York und Johannesburg kamen Laurence und Scott in Kapstadt an. Im Hafen stiegen sie in das von Jannie van Wyck mitgebrachte Schlauchboot und kämpften sich durch die zwei bis drei Meter hohe Dünung hinaus aufs offene Meer. Das flache Boot schoss über die Wellenkämme, hob ab und klatschte danach aufs Wasser, dass die Gischt spritzte. Die nasse, holprige Tour erinnerte Scott an die Zeit, als er in jungen Jahren in Boston auf Walfangbooten mitgefahren war.

Jannie van Wyck hatte Abby unbedingt entgegenfahren wollen – für ihn ein historischer Augenblick. Seine Eltern waren in der Filmbranche und hatten bei den Dreharbeiten von „Dove" mitgewirkt, dem Film über Robin Lee Graham, dem jungen Einhand-Weltumsegler von 1965, der für Abby und Zac ein Vorbild gewesen war, seit sie Kinder waren. Die van Wycks hatten eines der Film-Boote gekauft und segelten es noch Jahre später.

Laurence hielt sich mit beiden Händen fest und war während der ganzen Fahrt ungewöhnlich still. Dass er Abby am Kap Hoorn nicht hatte sehen können, war eine große Enttäuschung gewesen. Der ganze Aufwand – die weite Reise, die Kosten, die Planung und die großzügige Hilfe von John Selby, Ian Upsall und seiner Crew – alles war umsonst gewesen und er fühlte sich, als habe er seine Tochter im Stich gelassen. Doch seit Ushuaia und Abbys Abenteuer am Kap dachte er stolz: *Sie hat bewiesen, dass sie es schaffen kann, allen Widrigkeiten und technischen Pannen zum Trotz.*

Während das Schlauchboot über die Wellen flog, hielt Laurence angestrengt Ausschau nach seiner Tochter. Es gab nur wenige Segelboote, die sich in der ruppigen, aufgewühlten See vor der Hafeneinfahrt behaupteten. Zwei, drei Mal sah er durch den Nebel in der Ferne ein Segel und sein Herz tat einen Sprung. Doch keines davon war Abbys Boot.

Als der Nebel sich auflöste, benutzte er das Objektiv seiner Kamera als Fernglas und zoomte alle Boote heran, die in Sichtweite kamen.

Plötzlich – *da!*

Die Spitze ihres Großsegels tauchte aus einem Wellental auf, und dann konnte er die *Wild Eyes* ganz deutlich sehen, mit geblähten Segeln. Durch das Zoom-Objektiv sah er Abby an Deck und staunte: Sie sah aus, als käme sie gerade von einem gemütlichen Wochenend-Törn und nicht, als ob sie über hundert Tage auf See hinter sich hatte. Sein Herz klopfte, als ihr Boot näher kam. Dann hatte Abby ihren Vater entdeckt, warf die Arme in die Luft und winkte.

Hier war sie – seine sechzehnjährige Tochter, nach zehntausend Meilen allein auf See.

Laurence würde den Augenblick, als beide Boote Seite an Seite lagen und Abby ihn anstrahlte, wahrscheinlich nie vergessen. Vater und Tochter tauschten einen langen Blick, der mehr sagte als tausend Worte.

Ich war so froh, meinen Papa zu sehen! Am Kap Hoorn war ich traurig und enttäuscht gewesen, dass wir uns nicht treffen konnten und er diesen denkwürdigen Augenblick nicht mit mir teilen konnte. Aber jetzt war er hier. Und ich fühlte mich ein bisschen so, als ob ich nach einer langen Reise nach Hause kam.

Im nächsten Moment wäre ich am liebsten wieder umgekehrt, als ich das dicke Motorboot sah, das direkt auf uns zuhielt. Ich kann Reporter zehn Kilometer gegen den Wind riechen, und bei all dem Film- und Kamera-Equipment, das diese Leute an Bord hatten, war der Fall sonnenklar. Mein Herz begann zu rasen und in meinen Händen machte sich ein nervöses Kribbeln breit. Dann musste ich plötzlich über mich selbst lachen. Wovor hatte ich eigentlich Angst? Ich war um die halbe Welt gesegelt, war beinahe ertrunken, war in der vergangenen Nacht unzähligen großen Frachtschiffen ausgewichen – da würde ich mit einem Boot voll Reportern wohl fertig werden! Als das Motorboot näher kam, sah ich ein bekanntes Gesicht an Bord: mein Bruder Zac, der zu mir herübergrinste und winkte.

Es war gutes Timing, dass Papa und Scott mit dem Schlauchboot kamen, denn in dem Augenblick fing mein Motor an zu stottern, spuckte schwarzen Ruß und starb mitten in der Fahrrinne einen plötzlichen Tod. Später stellte sich heraus, dass sich ein Stück Kelp (wie schon erwähnt eine besonders zähe, schlauchartige Riesenalge), das so dick und zäh war wie Leder, um den Propeller gewickelt und den Motor lahmgelegt hatte. Zum Glück war das kein Problem, denn Papa und Scott nahmen die *Wild Eyes* einfach ins Schlepptau und brachten mich sicher in den Hafen.

Über die Hafeneinfahrt von Kapstadt spannt sich eine weiße, schwebende Drehbrücke, die sich für die Durchfahrt von großen Schiffen öffnen lässt. Ich staunte nicht schlecht, als ich die vielen Menschen sah, die auf der Brücke und links und rechts am Ufer standen und mir zuwinkten, jubelten und klatschten.

Auch die Leute von der *Pink Gin* waren da, einer 36-Meter-Segeljacht. Wir hatten unterwegs nach Kapstadt ein paar E-Mails ausgetauscht. Und jetzt standen meine E-Mail-Freunde, die kurz vor mir in den Hafen eingelaufen waren, in voller Lebensgröße an Deck, grüßten herüber und winkten. So viel Publikum hatte ich überhaupt nicht erwartet. Es waren sogar noch mehr Leute als in Cabo San Lucas. Aber es war toll zu erleben, dass so viele Menschen rund um den Globus an meiner Reise Anteil nahmen.

Dann kam noch eine Überraschung der besonderen Art. Als wir die *Wild Eyes* am Bootssteg festmachten und von Bord gingen, wartete ein Mann mit einem silbernen Tablett. Darauf lag ein dicker, saftiger Cheeseburger mit einer großen Portion Pommes frites. Der Mann war Andrew Rosettensteinlast, der stellvertretende Geschäftsführer von „Cape Grace", einem Fünf-Sterne-Hotel an der Victoria & Albert Marina. Nach einhundert Tagen Trockenfutter und Astronautenkost war dieser Burger mit Pommes das absolut köstlichste Essen, das ich mir vorstellen konnte. Leider wurde ich so von Reportern bestürmt, dass ich kaum zum Essen kam!

Am nächsten Tag unterzogen Scott und Laurence die *Wild Eyes* einer gründlichen Inspektion und machten eine Liste aller nötigen Reparaturen. Scotts Gips war inzwischen entfernt worden und er konnte seine Hand wieder ohne Einschränkungen gebrauchen. In seinen Fingern befanden sich keine Metallklammern mehr; allerdings hatte er immer noch seine Titan-Implantate im Gesicht.

Jannie van Wyck war Großhändler und Zulieferer für lokale Filmproduzenten und stellte Scott und Laurence seine Lagerhalle zur Verfügung, als Basislager für ihre Arbeiten.

Hochseesegeln stellt extreme Anforderungen an das Material, und die Boote sind bei Regatten rund um die Welt einem hohen Verschleiß ausgesetzt. Die meisten Weltumsegler laufen deshalb regelmäßig Häfen an, um ihre Boote überholen zu lassen, bevor sie die nächste Etappe in Angriff nehmen. Nur schätzungsweise sechzig Prozent aller Weltumsegler schaffen es, ihr Ziel zu erreichen. Die Übrigen müssen aufgeben, weil sie entweder ihre Boote auf See verlieren oder die Schäden nicht mehr zu reparieren sind.

Was Scott und Laurence mit der *Wild Eyes* vorhatten, war praktisch eine Generalüberholung. In etwas mehr als zwei Wochen und zwölf bis sechzehn Arbeitsstunden pro Tag installierten Scott, Laurence und Zac zwei neue Wind- und zwei neue Wechselstromgeneratoren, wasserdichte Voltmeter und LED-Leuchtdioden und vor allem neue Autopiloten (eine verbesserte Version, gespendet vom Hersteller der alten Geräte) mit zwei neuen Steuergeräten sowie zwei neuen Fernsteuerungen, eine unter Deck und eine im Cockpit, die mit den Autopiloten fest verdrahtet waren (anstatt durch Stecker verbunden). Die Herstellerfirma stellte auch neue Kompasse zur Verfügung, sodass die Antriebsaggregate und Sensoren im Heck die einzigen Elemente waren, die vom alten System übrig blieben.

Scott und Zac halfen Abby, die Kabine zu entrümpeln und neu einzuräumen. Laurence verbrachte seine Zeit damit, die Geschäfte nach Ersatzteilen abzuklappern. Aus der Erfahrung, als Zac in Kapstadt vor Anker lag, wusste er, dass es keinen einzigen Laden in der Stadt gab, bei dem alles unter einem Dach zu finden war.

„Es ist so, als ob du im ersten Laden eine Schraube kaufst, im

zweiten die Mutter und im dritten die Unterlegscheibe", erklärte
er Scott. Das Ganze war für Laurence ziemlich frustrierend und
kostete unendlich viel Zeit. Zeit, die sie nicht hatten, denn schon
bald würde sich für Abby das Wetterfenster im Südpolarmeer
schließen.

Wenn ich an Kapstadt denke, sind es – genau wie in Cabo –
auch hier vor allem die Menschen, an die ich mich am
besten erinnere. Ganz besondere Menschen, zum Beispiel Jannie
van Wyck, Bill Bennetts Freund aus der Filmbranche. Mama und
Papa hatten Jannie und seine Frau Tracy vor ein paar Monaten in
Los Angeles getroffen. Papa und ich hatten bei den van Wycks gewohnt, und ich verstand mich super gut mit ihren Kindern, dem
8-jährigen James und der 4-jährigen Anna sowie Sisandra und Si-
nazo, den beiden afrikanischen Mädchen, die sie in die Familie
aufgenommen hatten, nachdem deren leiblicher Vater gestorben
war. Die Zeit mit Jannie und Tracy, ihren Kindern und den zwei
Hunden erinnerte mich sehr an meine eigene Großfamilie, in der
immer etwas los war, und ich bin dankbar, dass wir bei ihnen wohnen und sie kennenlernen durften.

Dass ich in Südafrika so menschenbezogen war, liegt sicher
daran, dass ich in den drei Monaten allein auf See keiner Menschenseele begegnet war. Vor meiner Reise war ich nie besonders
kontaktfreudig gewesen, eher still und zurückhaltend. Ich suchte
die Einsamkeit des Meeres, das Gefühl, allein zu sein mit Sonne,
Wind und salziger Gischt, weit weg von Hektik und Gequassel.
Ich denke, so geht es vielen Seglern. Aber als ich Kapstadt anlief,
merkte ich, dass irgendetwas anders war. Auf einmal fand ich es
unheimlich toll, neue Leute kennenzulernen und mit möglichst
vielen zu reden. Ganz egal, wer sie waren und was sie wollten – ich
freute mich einfach, sie zu sehen!

Am 16. Mai, als ich noch in Kapstadt festsaß, lief Jessica Watson in ihrem Zielhafen Sydney ein und wurde somit der jüngste
Mensch, der allein, nonstop und ohne Hilfe die Welt umsegelte.

Damit stellte sie den Rekord auf, den ich zu brechen gehofft hatte. Daran hatte ich zuerst ganz schön zu knacken.

In meinem Kopf spulte sich das ganze „Hätte-wäre-könnte"-Repertoire ab. Was wäre gewesen, wenn ich eine andere Autopilotanlage gehabt hätte? Was, wenn meine Windgeneratoren nicht ausgefallen wären? Und was, wenn ich einfach weitergesegelt wäre, ohne Kapstadt anzulaufen?

Jessica ist wirklich super und ich mag sie echt gern. Und was sie geleistet hat, ist erstaunlich. Trotzdem gab es mir einen Stich, als ich von ihrer gelungenen Weltumsegelung hörte. So als hätte mir jemand meinen Traum geklaut.

Ich gratulierte Jessie auf meiner Blog-Seite. Und ich meinte es wirklich so:

Bevor ich schreibe, was wir heute alles gemacht haben, möchte ich Jessica Watson herzliche Glückwünsche senden. Ein GROSSES Hurra! Sie hat Erstaunliches geleistet. Zugegeben, ich bin ein bisschen neidisch, doch sie verdient den Rekord. Sie ist um die Welt gesegelt – nonstop, ohne Hilfe und ganz allein. Ich weiß, wie schwierig das ist.

Die Arbeiten auf der *Wild Eyes* standen kurz vor dem Abschluss, und *Commanders' Weather* gab grünes Licht für Abby. Kritisch war nur ihre Route. Statt der Südpolarmeer-Route, die für starke, stetige Winde bekannt ist, wurde ihr empfohlen, sie solle lieber die klassische Route zwischen dem 38. und 42. Breitengrad nehmen. Dort sei zwar mit wechselnden Winden zu rechnen, doch sie könnte den Sturmfronten der südlichen Route entgehen.

Ein paar Tage, bevor Abby aus Kapstadt auslaufen sollte, saß sie mit ihrem Vater in einem Pub im Hafen, um einen Happen zu essen. Laurence war schweigsam und in Gedanken versunken. Er hatte sich vorgenommen, ein schwieriges Thema anzusprechen, und suchte nach den richtigen Worten. Er wusste um die Gefahr, dass man sich – vor Begeisterung oder aus Angst vor den Erwartungen der Öffentlichkeit – so sehr in etwas hineinsteigern kann, dass der Blick für die Realität verloren geht. Dass eine Sache zum Selbstläufer wird – ganz gleich, wie hoch der Preis ist, den man dafür bezahlt.

„Weißt du, Abigail", sagte er nach längerem Schweigen, „du brauchst das nicht um jeden Preis durchzuziehen. Vergiss den Rekord und die Kritiker und kümmere dich nicht darum, was die Leute reden. Du kannst jederzeit aussteigen und mit Zac und mir ins nächste Flugzeug steigen und nach Hause fliegen. Du brauchst niemandem etwas zu beweisen und dich niemandem gegenüber verpflichtet zu fühlen. Wenn du willst, kannst du zum Beispiel die *Wild Eyes* bis zum Frühjahr hierlassen und dann wiederkommen und deinen Törn beenden."

Abby schwieg einige Augenblicke, dann sah sie ihrem Vater ins Gesicht und sagte: „Papa, ich weiß, was ich mir und meinem Boot zutrauen kann. Ich möchte weitersegeln."

Laurence kämpfte mit widersprüchlichen Gefühlen. Als besorgter Vater wollte er seine Tochter am liebsten in die Arme schließen und erst dann wieder loslassen, wenn sie sicher neben ihm im Flugzeug nach Hause saß. Gleichzeitig wusste er, dass sie eine Seglerin von Weltklasse war und dass Abby ihre Entscheidung selbst treffen musste.

Also zwang er sich zu einem Lächeln und meinte: „Wenn du sicher bist, dass du das willst, und du dabei glücklich bist, ist das für mich okay."

Trotzdem hatte er seine Zweifel. Er wollte sicher sein, dass sie das nicht nur sagte, weil sie glaubte, dies sei die Antwort, die er hören wollte. Ein paar Tage später bat er Scott, mit Abby zu reden. Er erhielt dieselbe Antwort: „Ich gebe nicht auf. Ich möchte weitermachen."

Laurence wusste nicht, dass Jeff Casher damals Abby schon in Marina del Rey beiseitegenommen hatte, bevor sie in See stach. „Du weißt ja, dass die Presse behauptet, dein Vater würde dich zu dieser Weltumsegelung pushen", hatte er gesagt. „Wie stehst du dazu, mal ganz ehrlich?"

„Das ist völliger Blödsinn", erwiderte Abby. „Die Weltumsegelung war ganz allein meine Idee. Sie ist *mein* großer Traum."

Später, in Cabo San Lucas, hatte Jeff Abby noch einmal auf den
Zahn gefühlt. „Ich kann das für dich regeln, wenn du willst", sagte
er. „So, dass es nach zwingenden Umständen aussieht, nach höherer Gewalt. Falls du lieber nicht weitersegeln willst … Niemand
würde je erfahren, dass es deine Entscheidung war."

Abby antwortete wie aus der Pistole geschossen: „Vergiss es, Jeff.
Kommt überhaupt nicht infrage! Ich mache weiter."

Am 21. Mai hatten die *Wild Eyes* und ich endlich wieder
Wasser unterm Kiel. Ob ich überhaupt auslaufen konnte,
war zuerst ziemlich unklar. Die Klappbrücke war defekt und wurde gerade repariert, und das konnte dauern. Irgendwann zogen sie
dann eine Seite der Brücke von Hand hoch, sodass ich mich mit
meinem Boot gerade so hindurchquetschen konnte, ohne meinen
Mast zu verlieren. Das war echt nett. Wieder einmal hatten sich
alle für mich eingesetzt, nur damit ich rechtzeitig in See stechen
konnte.

Es war ein wunderschöner, sonniger Tag. Als ich den Hafen von
Kapstadt hinter mir gelassen hatte, drehte ich mein Bordradio auf
und machte mir an Deck zu schaffen. Ich prüfte Segel und Equipment, checkte alles durch und verstaute Sachen am richtigen Platz.
Ich musste dringend etwas tun.

In der ersten Nacht bahnte ich mir meinen Weg durch den regen Schiffsverkehr, bis ich endlich das offene Meer erreichte. Die
Autopilot-Anlage funktionierte perfekt und die *Wild Eyes* glitt unter beinahe vollen Segeln leicht und mühelos über die glatte, hohe
Dünung.

Zuerst war ich glücklich, wieder draußen auf See zu sein. Ich
hatte das Meer und das Segeln total vermisst. Und es machte so
viel Spaß, denn die *Wild Eyes* war in Topform. Aber, wie mein Bruder prophezeit hatte, fiel es mir gleichzeitig schwer, mich wieder
darauf einzustellen. Es war schon komisch, aber auf einmal fühlte

ich mich etwas einsam. Ich vermisste die Menschen. Und diesmal war es kein leichtes, sanftes Gewöhnen an das Leben auf See wie in den warmen, freundlichen Gewässern vor der Küste Mexikos, sondern ich wurde buchstäblich ins kalte Wasser geworfen.

Viele Dinge, die mich während meiner ersten Etappe motiviert und bei der Stange gehalten hatten, konnte ich auf einmal nicht mehr so richtig genießen. Vor Kapstadt war es anders gewesen. Wenn ich mal frustriert war, setzte ich mich einfach an Deck, blickte übers Meer und ließ mir vom salzigen Wind die Sorgen wegpusten. Ein todsicheres Mittel gegen Katzenjammer und schlechte Laune, selbst bei kaltem, nassem Wetter. Auch wenn das Equipment nach und nach viele Schwierigkeiten machte, gab es selbst an schlechten Tagen immer irgendetwas, worüber ich mich freuen konnte. Das war jetzt anders. Das Segeln wurde mehr und mehr zur Routine. Es war meine tägliche Arbeit.

Doch ich war froh über meine neue Autopilotanlage, die mir erlaubte, mit mehr Tuch zu segeln – ohne dass ich Angst haben musste, dass das Gerät ausstieg und in den Stand-by-Modus ging. Am 23. Mai segelte ich mit zwölf bis fünfzehn Knoten, ein gutes Tempo und es machte richtig Spaß. Am selben Tag passierte ich Kap Agulhas – mit zweihundert Meilen Abstand zur der Küste –, den südlichsten Punkt Afrikas. (Das Kap der Guten Hoffnung ist der südwestlichste Punkt.) Dahinter beginnt der Indische Ozean. Ein weiterer Meilenstein: mein dritter Ozean! Genau genommen, mein vierter, wenn man das Südpolarmeer dazuzählt. Bis hierher hatten es die *Wild Eyes* und ich schon geschafft – vom Pazifik durchs Südpolarmeer und über den Atlantik. Nach dem Indischen Ozean brauchten wir dann nur noch über den Pazifik zurücksegeln. Der hoffentlich seinem Namen Ehre machen und friedlich bleiben würde. Dann hätten wir den Globus umrundet.

14 DAS WUNDER AM MAST

Im Indischen Ozean, Mai 2010

Vorhersage von *Commander's Weather:*
Letzte Position: 40 21S/22 40E um 14:15 UTC, Mittwoch, 26. Mai
Angepeilt: 15:30 UTC, Mittwoch, 26. Mai, 2010

Bericht: stärkerer Wind aus Nord oder N-NW bis Donnerstag. Routenverlauf
nach O oder O-SO o. k., in Gegenrichtung Winde aus S abwarten, Kaltfront
voraussichtlich zwischen 00:00 und 6:00 UTC am Freitag …

Die Vorhersage versprach zuerst ein Hochdrucksystem, also
ziemlich ruhiges Wetter südlich von 40 Grad Süd und östlich von 30 Grad Ost. Die nächste Kaltfront war noch weit genug
weg, in der Nähe von 8 bis 9 Grad Ost. Doch im Verlauf der Kaltfront nach Osten meldete *Commander's Weather* zunehmende, unberechenbar drehende Winde mit zwanzig bis dreißig Knoten am
Donnerstag, dann ab Freitag böige Winde von vierzig bis fünfzig
Knoten.

Der Wetterbericht war absolut präzise. Als das Hochdrucksystem vorüber war, schlug die Kaltfront zu, heftig und blitzschnell, und mit ihr kamen die Stürme. Aus irgendeinem Grund
funktionierte mein Satelliten-Kommunikationssystem nicht, das
heißt ich hatte keinen Internetanschluss. Mehr denn je zuvor
fühlte ich mich allein – gerade jetzt, nachdem ich in Kapstadt die

Gesellschaft von netten Menschen schätzen gelernt hatte, konnte ich noch nicht mal auf meine Blogseite gehen oder meinen Freunden eine E-Mail schreiben.

Am 27. Mai, immer noch vor der südafrikanischen Küste, war mir bewusst, dass das Schlimmste noch vor mir lag. Das Wetter verschlechterte sich, die Winde nahmen zu und es wurde kälter. Zeit, die Segel zu reffen. Es war eine mondlose Nacht. Dichte Wolken hatten auch die Sterne ausgelöscht. Im Dunkeln versuchte ich, das Großsegel zu bergen, aber es ließ sich nicht einholen. Durch die Vorhersage von *Commander's Weather* und meinen Windmesser war ich auf Windgeschwindigkeiten von dreißig bis fünfzig Knoten gefasst. Viel zu viel Wind für meine Segelfläche. Das war mehr als gefährlich. Segel können reißen, und eine plötzliche Bö kann ein Boot umschmeißen und aufs Wasser drücken. Und in zehn bis zwölf Grad kaltem Wasser hatte ich darauf keine Lust.

Der Wind heulte mir um die Ohren, fuhr mir eiskalt in Kragen und Ärmel. Er war so kalt, als bestünde er aus Schneekristallen. Meine Hände waren taub bis zum Handgelenk. Ich *musste* das Segel einholen. Oder beidrehen und versuchen, den Sturm auszusitzen.

Ich probierte alles Mögliche mit dem Segel. Ich drehte das Boot in den Wind und ließ die Wellen über den Großbaum spülen, während ich versuchte, den Druck aus dem Segel zu nehmen. Als Nächstes versuchte ich, das Segel höherzuziehen und es dann wieder herunterzulassen – etwa so wie bei einem festgeklemmten Rolladen. Aber nichts half. Irgendetwas musste das Segel da oben festhalten.

Das Deck unter meinen Füßen rollte und bockte, während ich neben dem Mast stand und mit den Augen so hoch wie möglich das Segel verfolgte. Aber es war zu dunkel, um viel zu erkennen. Es war schwärzer als schwarz. Wie in einem brodelnden Eimer voll Teer mit einem gusseisernen Deckel darauf.

Ich ging nach unten, holte eine Taschenlampe und versuchte damit mein Glück. Als der Lichtstrahl oben ankam – die Mastspitze war immerhin fünfzehn Meter hoch – war er ziemlich schwach, doch ich konnte eine dünne schwarze Linie erkennen. Es war die Schnur, die vom Großsegel zu einer der Salinge führte – der horizontalen Verstrebungen quer zum Mast. Alan Blunt, der „Rigger" aus meinem Support-Team, hatte sie als Hilfsleine angebracht, damit ich von Deck aus das Segel besser einholen konnte. Die Methode mit der Hilfsleine hatte bisher immer funktioniert. Aber jetzt, im schwachen Schein der Taschenlampe, konnte ich sehen, dass sie sich um einen Bolzen gewickelt hatte, mit denen die Salinge am Mast befestigt sind.

Das war schlecht. Und es bedeutete, dass ich wahrscheinlich nicht darum herumkam, den Mast hochzuklettern – etwas vom Gefährlichsten, was man als Einhandsegler tun kann. Ich weiß noch, dass Zacs Freund Nick auf einem Solotörn unterwegs nach Südafrika war und niemals ankam. Sein Boot wurde später gefunden – unbemannt und mit dem leeren Bootsmannstuhl am Mast. (Das ist eine Art gesichertes Sitzbrett, mit dem man sich den Mast hinaufziehen kann.)

Ich war schon oft oben am Mast gewesen, im Hafen und auf See. Doch selbst, wenn das Boot am Liegeplatz vertäut gelegen hatte, war es mir ein paar Mal passiert, dass ich allein nicht mehr runterkam. Manchmal genügt ein leichter Wind und die Leinen des Bootsmannstuhls verheddern sich so stark, dass man auf halber Höhe festhängt und ohne fremde Hilfe aufgeschmissen ist.

Im Gegensatz dazu lag mein Boot diesmal nicht im Hafen, wo das Wasser so ruhig ist wie in einer Badewanne, sondern rollte bei stürmischer See und einer Windgeschwindigkeit von fünfundfünfzig Knoten – Tendenz steigend. Wollte ich den Mast hoch, müsste ich mich mit einem Flaschenzug hochziehen und in einer Art Schlinge sitzen. Dabei würde ich mit beiden Händen die Taue festhalten, den rutschigen, eiskalten Mast mit den Beinen umklammern und mich Zentimeter um Zentimeter nach oben arbeiten. Unterwegs galt es, Hindernisse zu umgehen, wie Salinge, Wanten und die Radarantenne. Und alles ohne Hände, denn wenn man das Tau loslässt, plumpst man wie ein Stein aufs Deck.

Die Lage war echt kritisch. Ich rechnete meine Chancen aus und überlegte, was für Optionen ich hatte. Eine Möglichkeit war immer noch das Beidrehen und zu warten, dass der Wind sich etwas legte. Eine andere, es bis zum nächsten Hafen zu schaffen, nach Mossel Bay vielleicht oder Port Elizabeth. Andererseits war das Risiko, unter vollen Segeln einen Hafen anzulaufen, zu groß. Da ich nicht reffen konnte, würde mich die nächste größere Bö zum Kentern bringen. Drehte ich bei, würde die *Wild Eyes* in den meterhohen Wellen hin und her geworfen werden wie in einer Wäschetrommel. Andererseits würde sie bei so viel Segelfläche kaum Gefahr laufen, von hinten überkommenden Seen begraben zu werden.

Ich suchte alles zusammen, was ich brauchte: Bootsmannstuhl, Helm und ein Taschenmesser, um das verheddertte Seil zu kappen. Dann ging ich zum Kartentisch und rief zu Hause an. Die ganze Zeit musste ich an Nick denken und was ihm passiert war. Bevor ich eine Entscheidung treffen konnte, musste ich noch mal mit jemandem reden.

Abbys Anruf setzte eine Lawine von Aktivitäten in Gang. Laurence rief sofort bei Rob Jordan an, einem Freund der Familie, der mehrere Solo-Weltumsegelungen hinter sich hatte.

Den Mast bei Sturm hochzuklettern ist der Albtraum eines jeden Soloseglers.

Wenn man an Deck steht, kann man die Stöße und Schwankungen durch die eigenen Körperbewegungen noch einigermaßen ausgleichen. Oben am Mast jedoch verstärken sich die Bewegungen um ein Vielfaches und die Mastspitze schwingt weit aus, in einem Bogen von bis zu zehn Metern. Für einen Menschen, der in einer Flaschenzugvorrichtung am Mast hängt, ist es so gut wie unmöglich, sich am Mast festzuhalten.

Jeder vom Support-Team wusste, dass Abbys Vorhaben lebensgefährlich war. Selbst wenn sie auf halber Höhe ihres 15-m-Mastes abstürzte, würde sie sieben bis acht Meter weit hinaus in die Dunkelheit geschleudert – über zwei Bootsbreiten über das Deck der *Wild Eyes* hinaus. Danach würde sie wie an einem Gummiband zurückschnellen und schlimmstenfalls gegen den Mast prallen und sich schwere oder gar tödliche Verletzungen zuziehen. Selbst wenn sie glimpflich davonkäme und sich nur einen Arm brach, wäre niemand da, der ihr half. Wie sollte sie dann vom Mast wieder herunterkommen? Das Tau durchschneiden und hoffen, dass sie das rollende, dreieinhalb Meter breite Deck nicht verfehlte und den Fall auch noch überlebte?

Während Abby schlaflos an Bord der *Wild Eyes* lag, setzten sich Laurence und Rob zusammen und suchten fieberhaft nach einer Lösung. Was sie brauchten, war ein Satz zusätzlicher Sicherheitsleinen für Abby, um zu verhindern, dass sie allzu weit vom Mast weggeschleudert wurde.

Abby hatte einen Flaschenzug mit einer automatischen Sperre, die einrastete, wenn sie beim Klettern haltmachte und sie in der Position hielt. Als zusätzliche Sicherung gab es eine weiteres Seil mit einem dicken Knoten, mit dem sie sich, sollte der Flaschenzug ausfallen, wie in einem Notsitz hochziehen oder runterlassen konnte. Doch das Team machte sich Sorgen, ob sie diese Technik ausreichend beherrschte. Außerdem hatte sie so etwas noch nie bei starkem Wind und hohem Seegang geübt.

Um das Risiko so gering wie möglich zu halten, brauchte Abby einige zusätzliche Ankerpunkte, wo sie Sicherheitsleinen befestigen konnte, zum Beispiel vorn am Stagsegel, dessen Rigg hoch genug am Mast lag. Von dort würde es ihr wahrscheinlich auch gelingen, eine verhedderte Schnur zu lösen. Dazu müsste sie allerdings am Flaschenzug hängen und sich Stück für Stück nach oben ziehen. Und das bei Starkwind.

Eine Kollision mit dem Mast war das eine Problem. Hinzu kam die Erschöpfung.

Ein Adrenalinschub kann manchmal nahezu übermenschliche Kräfte mobilisieren (wie in den Geschichten, bei denen Leute mit bloßen Händen ein Auto anheben, um ein eingeklemmtes Kind zu befreien), aber immer nur für einen kurzen Moment. Abbys Kraft und Ausdauer dagegen musste länger reichen.

Zuletzt entschied sich das Team für eine zweite Hilfsleine – die Sicherheitsleine mit dem Knoten – , die an der Rückseite des Mastes befestigt sein sollte.

 Während sich mein Team an Land die Köpfe zerbrach, ging ich nach oben und probierte ein paar Sachen aus, die Jeff vorgeschlagen hatte, um das Segel zu lösen.

Der Wind, der übers Deck fegte, war so kalt wie unsichtbare Eiskristalle. Wellen spritzten über Bord. Ich war wild entschlossen, diese Schnur am Segel irgendwie zu entwirren, denn den Mast hochklettern war so ziemlich das Letzte, was ich wollte. Das wurde mir umso klarer, nachdem ich versucht hatte, den Flaschenzug am Tau einzuhaken, sozusagen als Testlauf. Kreischend und heulend wie eine Horde Verrückter schlug mir der Wind den Flaschenzug quasi um die Ohren. Als ich am Seil zog, um zu testen, ob sich der Flaschenzug bewegte, verhedderte das Seil sich überall, wo es etwas zum Verheddern gab – und zwar so, dass ich es nicht mehr entwirren konnte.

Ich war total frustriert, doch ich zerquetschte den Frust wie eine Kakerlake, bevor er noch größer werden und in Panik umschlagen konnte. Entkräftet ließ ich mich ins Cockpit sinken, in dem das Seewasser wie in einem eiskalten Whirlpool sprudelte. Ich musste einen klaren Kopf behalten. Und nachdenken, was ich tun konnte. Dies war noch kein absoluter Notfall, aber es könnte einer werden. Ja, ich sollte erst mal Pause machen und den Morgen abwarten. Schließlich hatte ich nichts zu verlieren.

Daheim in Thousand Oaks flogen die Stunden wie Minuten dahin, zumindest für Abbys Mutter Marianne. Während Jeff, Rob und Laurence sich mit der technischen Lösung des Problems auseinandersetzten, saß sie am Computer und schrieb:

Dringendes Gebetsanliegen:

Liebe Freunde,

bitte betet heute für Abby. Sie ist am Freitag von Kapstadt ausgelaufen und gut vorangekommen. Leider hat sich ein Seil an ihrem Großsegel an einer Saling (einer horizontalen Strebe am Mast) verfangen und macht es ihr unmöglich, das Segel einzuholen. Um das Seil zu entwirren, müsste sie bei starkem, böigem Wind den Mast hinaufklettern. Es ist Nacht, und sie hat beigedreht, um den Morgen abzuwarten. Abby war zwar schon oft oben am Mast, aber noch nie bei solch schweren Wetterverhältnissen.

Damals, als Zac auf See war, durften wir zahlreiche Gebetserhörungen erleben, und manchmal hat sich das Wetter plötzlich auf wunderbare Weise geändert! Deshalb bitten wir euch, für Abby zu beten. (Dort wird es um ca. 21.00 Uhr nach unserer Zeit hell, und sie wird wahrscheinlich zwischen 21.00 und Mitternacht den Mast hochsteigen.) Bitte betet, dass Wind und See ruhig genug sind, dass Abby sicher hochklettern, das Seil entwirren und heil wieder herunterklettern kann.

Wir halten euch auf dem Laufenden, sobald wir etwas Neues von ihr hören.

Ganz herzlichen Dank,
eure Sunderlands

Marianne verschickte die E-Mail an alle Freunde, Verwandten und Bekannten auf ihrer Adressliste. Viele von ihnen leiteten sie weiter, und so ging der Gebetsaufruf praktisch rund um die Welt.

Dann begann das Warten. Das zermürbende Warten, bis Abby sich wieder meldete. Unterdessen diskutierten Laurence und Marianne über ein Thema, von dem sie wussten, dass es ihrer Tochter nicht schmecken würde: War dies das Ende ihrer Weltumsegelung? Falls es ihr nicht gelang, das Großsegel einzuholen, und sie den nächsten Hafen anlaufen musste, war dies ein Wink Gottes? Vielleicht wollte er damit sagen: „Genug, Abby, es reicht."

Vielleicht wäre es wirklich das Beste.

Wenn Marianne an ihre Tochter dachte, die irgendwo auf hoher

See bei Dunkelheit und Kälte mit ihrem Segel kämpfte, krampfte sich ihr Magen zusammen. Sie betete, dass Gott seine Hand über Abby hielt. Und dass sie bald anrufen würde.

Endlich klingelte das Telefon.

„Abby! Ich habe mir solche Sorgen gemacht! Ich dachte schon, es sei etwas Schlimmes passiert", rutschte es ihr heraus. Sie stellte das Telefon laut, dass die anderen mithören konnten.

„Nein, ich habe bloß ein paar Sachen ausprobiert", hörten sie Abbys Stimme aus der Leitung. „Und dann beschlossen, dass es besser ist, wenn ich beidrehe und das Tageslicht abwarte."

„Das ist das Beste, was du tun kannst, Abby", sagte Laurence. „Wir haben schon mit *Commanders' Weather* Kontakt aufgenommen, um rauszukriegen, ob irgendwo bessere Wetterbedingungen sind für deine Klettertour am Mast."

Jeff und Rob schalteten sich zu und erklärten Abby, wie sie das Risiko bei einer Mastbesteigung minimieren konnte. Sie stimmten ihr zu, dass es am sichersten war, bis zum Morgen zu warten.

Immer noch frustriert, aber überzeugt, das einzig Richtige zu tun, drehte ich die *Wild Eyes* in den Wind und nahm die Fahrt aus den Segeln. Durch dieses „Beiliegen" (ein längeres Manöver des Beidrehens) machte ich nur noch wenig Fahrt voraus und das Boot „pendelte", das heißt es wechselte zwischen Abfallen und Anluven, und die Windböen konnten der Autopilotanlage nichts anhaben.

Ich war total erschöpft. Gegen ein paar Stunden Schlaf hätte ich meine sämtlichen Schokoladenvorräte an Bord eingetauscht. Die *Wild Eyes* war Wind und Wellen restlos ausgeliefert. Ich hörte, wie die Wogen über ihrem Bug zusammenschlugen und übers Deck fegten. Drinnen in der Kabine tanzte alles auf und ab oder rollte hin und her. Ich verbrachte die Nacht am Kartentisch – nass bis auf die Knochen, durchgefroren und fühlte mich mies.

Als es Tag wurde, kam die Sonne raus, aber das machte es auch nicht besser. Im Gegenteil. In der Nacht hatten die Brecher meinen Bugspriet aus der Verankerung gerissen. Der Bugspriet ist eine über den Bug vorstehende Segelstange. Meiner war weiß mit einem Smiley-Gesicht darauf. Nun hing er kläglich herunter, an einer einzigen Leine, die ihn noch mit dem Boot verband, und ich sah, wie das Smiley-Gesicht in der aufgewühlten See auf- und niedertauchte.

Ich glaube, in dem Moment habe ich geflucht. Es reichte nicht, dass ich den Mast hochklettern durfte, jetzt musste ich mich auch noch um den Bugspriet kümmern, der wie wild im Wasser hin und her schlug und den Bootsrumpf zu beschädigen drohte. Entweder gelang es mir, ihn an Bord zu ziehen, oder ich musste ihn abschneiden.

Rasch holte ich meinen Fischhaken aus dem Cockpit, kroch bis ans äußerste Ende am Bug und angelte mit dem Haken nach dem Seilende. Da die *Wild Eyes* von der rauen See wie ein Spielzeugboot hin und her geworfen wurde, war das eine äußerst schwierige Übung. Ich konnte unmöglich aufstehen und den Bugspriet an Bord hieven. Selbst wenn ich ihn losschnitt, müsste ich ihn aufgeben. Ich zog mein Messer heraus und begann, an dem Tau herumzusäbeln.

Die *Wild Eyes* tauchte inzwischen mit dem Bug ganz in die Wellenberge ein und kam auf der anderen Seite wieder heraus. Jedes Mal, wenn eine Wasserwand den Bug unter sich begrub, musste ich das Seil loslassen und mich festklammern, um nicht über Bord gespült zu werden. Danach machte ich weiter. Über eine Stunde lang versuchte ich mein Glück mit dem Fischhaken. Ich war klatschnass. Als ich es fast geschafft hatte, ergoss sich eine neue Ladung Seewasser über meinen Kopf.

Bei den kleineren Wellen hielt ich es nicht für notwendig, das Seil loszulassen, um mich festzuklammern. Dafür schnitt ich mich mit dem Messer aus Versehen in die Hände.

Ich versuchte, das Positive an meiner Lage zu sehen. Der einzige Lichtblick war – wortwörtlich –, dass es inzwischen hell war. Wenigstens musste ich nicht im Dunkeln arbeiten. Mit blutenden

Händen sägte ich das letzte Stück Seil durch und sah, wie mein Bugspriet in die Tiefe sank. Zum Glück waren meine Hände so taub, dass ich sie nicht mehr spürte.

Danach ging ich in die Kabine, um mich ein bisschen zu trocknen, bevor ich zum Telefon griff. Das ganze Team war versammelt, und wir sprachen den Plan für meine Mastbesteigung noch mal durch. Die Idee, einen nahe gelegenen Hafen anzulaufen, war vom Tisch, denn die Wettervorhersage prophezeite einen weiteren Orkan, in den ich geraten würde, bevor ich die Küste erreichte. Immerhin gab es laut *Commanders' Weather* auch ein etwa hundert Meilen entferntes Hoch – ein kleiner Fleck im Ozean, wo ich auf freundlichere Winde und ruhigeren Seegang hoffen durfte.

„Du solltest Kurs auf dieses Hochdruckgebiet nehmen, Abigail", sagte mein Papa. „Wenn du den Mast hochkletterst, kannst du keine Sturmböen gebrauchen."

Natürlich hatte mein Vater recht. Trotzdem wäre ich lieber auf meinem Kurs geblieben. Den leichten Winden hinterherzusegeln war etwas, was ich noch nie im Leben gemacht hatte. Ich kam mir vor wie ein Rennfahrer, der schon wieder einen Boxenstopp einlegen musste. Aber es war die vernünftigste Entscheidung – ähnlich wie mein Stopp in Kapstadt. Und weil ich so vernünftig war, verbrachte ich den Rest des Tages damit, irgendwohin zu segeln, wo ich gar nicht hinwollte.

Am nächsten Morgen hatte ich meine Mutter in der Leitung. „Abby", hörte ich ihre besorgte Stimme am Telefon, „wir haben gestern noch lange diskutiert. Und sind zu dem Schluss gekommen: Wenn du das Segel nicht einholen kannst, wäre es das Beste, wenn du den nächsten Hafen anläufst."

Ich weiß nicht mehr, was ich geantwortet habe, ich weiß nur noch, dass ich dachte: *Klar, Mama, ganz bestimmt.*

Ich beschloss, das Gespräch zu beenden, den Mast hochzuklettern und das Ganze hinter mich zu bringen. Mit dem Telefon in der Hand ging ich an Deck, um die Wetterlage zu peilen. Plötzlich sah ich über mir einen schwarzen Schatten. Es war ein Seevogel. Ich schaute ihm nach, wie er davonflog. Er flog direkt über den Mast, und mein Herz tat einen Freudensprung!

„Hey, Mama, warte mal", rief ich aufgeregt und legte das Telefon ab. Dann beschattete ich meine Augen mit der Hand und spähte noch mal zum Mast hoch. Nein, ich hatte mich nicht getäuscht! Jetzt, bei Tageslicht und blauem Himmel, konnte ich die dünne Schnur deutlich sehen.

Sie war nicht mehr um die Saling gewickelt!

Irgendwie hatte sie sich bei dem stürmischen Wetter auf wunderbare Weise von selbst entwirrt. Ich löste das Großfall (das Tau, das das Segel oben hält), und das Großsegel rauschte herunter wie geschmiert.

Ich nahm das Telefon und brüllte vor Begeisterung: „Mama! Die Schnur ist nicht mehr verheddert!"

„Wie denn? Was hast du gemacht?"

„Gar nichts! Ich weiß auch nicht, wieso!", rief ich lachend. Nach drei Tagen konnte ich endlich wieder lachen. „Die Schnur hat sich irgendwie selbst entwirrt. Ich brauchte praktisch nur einen Finger ans Großfall zu legen, und schon kam das Segel herunter."

„Weißt du eigentlich, wie viele Leute in der ganzen Welt für dich gebetet haben?", hörte ich meine Mama sagen. Ihre Stimme bebte vor Freude und Rührung. „Das nenne ich prompte Erhörung!"

Nach dem Telefonat nahm ich als Erstes eine Schere und schnitt diese Schnur vom Großsegel ab. Danach zog ich das Segel wieder hoch und steuerte die *Wild Eyes* zurück auf meinen ursprünglichen Kurs.

Ich habe lange darüber nachgedacht, wie sich diese Schnur in einer solchen Nacht bei schwerer See und stürmischem Wind selbst entwirren konnte.

Normalerweise passiert so was nicht. Im Gegenteil – Sachen verheddern sich bei so einem Wetter nur noch mehr. Ich dachte an die vielen Leute, die meine Eltern mobilisiert hatten, um für mich zu beten, weil sie Angst um mich hatten. Und ich dachte an Zac, der heute noch Geschichten erzählt, wie Gott ihn aus brenzligen Situationen gerettet hat – die er allesamt als Gebetserhörung verbucht. Es klingt vielleicht kitschig oder oberreligiös, aber vielleicht hat Gott tatsächlich einen Engel geschickt, um die Schnur zu entwirren.

Nach meinem „Großsegel-Wunder" war das Wetter in den nächsten paar Tagen überraschend ruhig, mit Windstärken unter zwanzig und flacher werdenden Wellen. Normalerweise habe ich nichts gegen einen strammen Wind und eine hohe Dünung, doch das milde Wetter gab mir Gelegenheit, ein paar Arbeiten auf dem Boot zu erledigen.

Ein Großteil meines Equipments funktionierte einwandfrei, auch beide Autopiloten – worüber ich besonders froh war! Seit Kapstadt hatte ich an manchen Tagen über zweihundert Meilen geschafft. Mein Ziel war zweihundertfünfzig.

Ich nutzte die ruhigen Tage, um ein paar schöne Fotos vom Indischen Ozean ins Netz zu stellen.

Dann, ganz plötzlich, schlug das Wetter wieder um.

Am 30. Mai segelte ich noch mit zwanzig Knoten bei strahlendem Sonnenschein und nachts unter sternenklarem Himmel. Am nächsten Morgen waren es dann fünfundzwanzig bis dreißig Knoten und ziemlich hohe Wellen. Und in der Nacht zum 1. Juni blies ein steifer Südwest mit fünfunddreißig bis fünfundvierzig Knoten, mit heftigen Sturmböen. Die Wellen erreichten gut siebeneinhalb Meter.

Ich hatte viel zu viel Tuch oben – die Genua (ein vergrößertes Vorsegel) und das dreifach gereffte Großsegel. Die *Wild Eyes* krängte ziemlich stark, doch die Böen hatten nachgelassen und der Wind war stetig. Ich stellte meine Geräte an Bord ein und ging zu Bett.

Lange konnte ich nicht geschlafen haben, als die nächste Sturmbö zuschlug. Der Autopilot stürzte ab und flüchtete sich in den Stand-by-Modus, die *Wild Eyes* halste, und ich sprang aus dem Bett. Als ich die Treppe nach oben erreichte, hörte ich das Wasser.

Wasser, das von irgendwoher ins Boot hineinlief!

Der Indische Ozean ergoss sich in den hinteren Teil meines Bootes, und ich hatte keine Ahnung, wo das Leck war. Mit der Taschenlampe bewaffnet, watete ich im eisigen Wasser herum. Dann sah ich, dass es im Cockpit hereinströmte, durch ein Ventil, das bei der unfreiwilligen Halse unter Wasser geraten war. So schnell ich konnte, schloss ich die Luken zum Heckraum und stürzte die schmale Treppe hoch an Deck.

Draußen hatte der Himmel alle Schleusen geöffnet. Der Regen kam nicht tropfenweise, sondern eimerweise herunter und war so kalt, als käme er direkt von den abschmelzenden Polkappen. Ich hatte mir schnell noch den Sicherheitsgurt angezogen, für den Regenoverall blieb keine Zeit. Die *Wild Eyes* lag beinahe flach auf dem Wasser, der Mast zum Horizont gestreckt, das Backstag blockierte den Großbaum.

Ich hakte meine Sicherheitsleine ein, kletterte auf den Großbaum und arbeitete mich langsam zur Spitze vor. Ich wünschte, ich hätte mir das ersparen können, aber ich hatte keine Wahl. Ich musste den Baum befreien. Eisern hielt ich mich fest, während die haushohen Seen das Boot hin und her warfen. Zwischen zwei Brechern griff ich nach dem Backstag und zog daran, bis es wieder an der richtigen Stelle saß. Dann sprang ich ab und war in Sicherheit – sofern man das bei einem Boot, das in stürmischer See auf der Seite liegt, sagen kann.

Dann ging ich nach unten, wo immer noch Wasser eindrang. Das Heckabteil stand ziemlich unter Wasser, und ich musste dringend etwas tun, bevor mein elektronisches Equipment ertrank. Ich schaltete die Lenzpumpe ein und schöpfte zusätzlich, damit es schneller ging, mit einem Eimer das Wasser aus dem Boot.

Dummerweise hatte es meine ölbetriebene Heizung erwischt. Sie stand genau unter dem Leck und hatte das meiste Wasser abbekommen. Ich war völlig durchgeweicht und beeilte mich, ein paar trockene Klamotten anzuziehen. Trotzdem konnte ich nicht aufhören zu zittern. Ich überlegte, ob ich wieder ins Bett kriechen sollte, doch draußen ging bereits die Sonne auf, aber ich beschloss, erst noch mal nach oben zu gehen, um nach dem Wetter zu sehen.

Der Wind war jetzt stetiger, und die Dünung war fantastisch! Die Wellen waren hoch wie dreistöckige Wohnblocks, gleichmäßig und glatt wie Seide. Anstatt mich ins Bett zu legen, surfte ich mit der *Wild Eyes* in atemberaubender Geschwindigkeit die flaschengrünen Wasserwände hinunter. Die rasanten Talfahrten schienen kein Ende zu nehmen!

Das war so schön, dass es mich für die schlimme Nacht voll und ganz entschädigte. Der Tag, der so schlecht angefangen hatte, wurde zu einem der besten meiner ganzen Reise. Denn später, als ich mit meiner Mama telefonierte, sagte sie mir, dass ich in einem Tag 237 Meilen geschafft hatte – also beinahe 250.

Die nächsten Tage waren abwechselnd nass und trocken, doch ab dem 9. Juni hielt das schlechte Wetter an.

Laut *Commander's Weather* musste ich in den kommenden neun bis zwölf Stunden mit sehr schwerem Wetter rechnen: ein Tief, gefolgt von einer Kaltfront mit starken Winden aus Nordwest, von fünfunddreißig bis fünfzig Knoten, einzelne Böen bis sechzig.

Keine guten Nachrichten. Das anhaltend schlechte Wetter hatte der *Wild Eyes* ohnehin schon schwer zugesetzt. Eine heftige Sturmbö hatte meine Genua zerfetzt. Dann lösten sich die Segelbinder am Großsegel und das Tuch peitschte bei einer Windgeschwindigkeit von fünfundvierzig Knoten übers Deck, während ich versuchte, die Segelbinder wieder zu befestigen.

Dann, am 10. Juni, wurde die *Wild Eyes* im schwersten aller Stürme vier Mal senkrecht aufs Wasser gedrückt. Es war der Tag, den ich zu Anfang dieses Buches beschrieben habe.

Die *Wild Eyes* war jetzt schwer angeschlagen. Der Indische Ozean hatte mein Radargerät aus der Verankerung gerissen und für immer verschluckt. Das Gerät war mit vier dicken Stahlbolzen an dem Karbonfasermast verschraubt gewesen, die der Sturm aufgebogen und abgerissen hatte wie den Metallring am Deckel einer Cola-Dose. Der Gedanke durchzuckte mich, wie machtlos ich gegen die Elemente dort draußen war. Immerhin, der Mast war nicht gebrochen und ich hatte kein Segel verloren. Mein treues, stabiles Boot und seine Widerstandsfähigkeit machten mir Mut.

Okay, das Schlimmste wäre überstanden, dachte ich. *Es kann nicht mehr lange dauern, bis der Sturm sich legt.*

Tatsächlich ließ der Wind ein wenig nach. Gegen Abend stand ich an Deck in der steifen Brise und ließ meinen Blick über die immer noch hohe Dünung schweifen. Langsam verschmolz das graue Tageslicht mit der Dunkelheit. Hinter den Wolken ging der Mond auf und von Zeit zu Zeit erhellte ein Lichtstrahl die Nacht, als ob Gott mit einer Taschenlampe durch die Wolkendecke zu mir herunterleuchten wollte. Die Wellen waren jetzt sanfter und weniger bedrohlich und glitzerten silbern im Mondlicht.

Vor Einbruch der Dunkelheit hatte ich das Stagsegel aufgezogen, um den günstigen Wind zu nutzen. Nun stand ich an der Pinne und spürte die eiskalte Gischt auf meinen Wangen. Als die Anspannung der vergangenen Stunden von mir abfiel, merkte ich, wie erschöpft ich war. Die vielen Nachtschichten, die mich die Reparaturen gekostet hatten, waren nicht spurlos an mir vorbeigegangen. Ich war körperlich und psychisch so ziemlich am Ende. Für den Augenblick war zwar das Schlimmste vorüber, doch laut Wetterbericht war bereits ein weiteres Sturmtief im Anmarsch.

Bevor der Sturm von Neuem zuschlug, musste ich mein Boot, so gut es ging, wieder flottmachen. Unten in der Kabine verschaffte ich mir einen Überblick, was als Erstes zu tun war.

Auch unter Deck und bei geschlossener Lukentür konnte ich hören, wie der Wind tobte und durch Segel und Takelage pfiff, dazwischen das dumpfe Geräusch, wenn der Schiffsrumpf zwischen den Wellenkämmen aufs Wasser aufschlug. Ich taumelte in der Kabine herum und peilte die Lage, wobei ich mich mit aller Kraft an den Handläufen festhielt. Im Schein der matten, gelblichen Kabinenbeleuchtung arbeitete ich mich zum Kartentisch vor und warf im Vorübergehen einen Blick auf den Batteriestandmesser. Die Spannung war auf 12,1 Volt gesunken. Zu wenig, um den Autopiloten zu betreiben. Ich musste den Motor anwerfen, um die Batterie aufzuladen.

Der Motorkasten befand sich in der Mitte der Kabine, neben meinem Bett. Das bestand aus einer schmalen Pritsche, die ich tagsüber hochklappte. Darüber hingen einige Messgeräte und ein Katzen-Kalender – als Ersatz für eine echte Bordkatze. Die meisten Seeleute, die einen vierbeinigen Schiffskameraden mitnehmen, entscheiden sich für eine Katze, und ich hätte selbst immer gern eine Bordkatze gehabt. In Kapstadt, bei meinem Zwischenstopp, hätte ich mir beinahe ein Kätzchen gekauft. Doch dann siegte die Vernunft und ich nahm den Kalender. Endlose Monate an Bord, eisige Kälte und nasses, stürmisches Wetter – das alles zusammen wäre wohl der Katze gegenüber nicht fair.

Ich beugte mich über den Motor und drückte den Anlasser. Alles, was ich hörte, war ein leises Klicken.

Ich versuchte es noch einmal.

Wieder das Klicken.

Na, großartig. Der Motor musste beim Kentern Wasser abbekommen haben.

In Gedanken ging ich meine Möglichkeiten durch. Ich wusste, wie ein Motor funktioniert, und kannte mich einigermaßen damit aus, doch wenn ich jetzt etwas falsch machte und ihn nicht bald zum Laufen brachte, würde der Autopilot komplett ausfallen. Und ich war zu erschöpft, um das Boot bei dem schweren Wetter die ganze Nacht von Hand auf Kurs zu halten. Außerdem würde ich, wenn die Batterie noch schwächer wurde, bald überhaupt keinen Strom mehr haben. Im Klartext hieß das: keinen Kartenplotter, keinen Windmesser, keinen Funkempfang, kein Licht. Die beste Lösung war, jemanden von meinem Support-Team anzurufen und um Hilfe zu bitten. Besser, als lange auf eigene Faust herumzuexperimentieren.

Die Zeitverschiebung auf diesem Längengrad betrug elf Stunden, das heißt, in Kalifornien war es gerade 4 Uhr morgens. Ich hatte ein furchtbar schlechtes Gewissen, denn ich wollte um diese Zeit niemanden aus dem Bett holen, vor allem nicht meine Mutter, die damals noch einmal schwanger war. Ich schaltete das Satellitentelefon ein und wählte die Nummer von Jeff Casher – einem erfahrenen Allroundtechniker aus dem Team und der beste Troubleshooter, den man sich vorstellen kann. *Sorry, Jeff, dass es dich trifft.*

Als in Thousand Oaks Marianne Sunderlands Mobiltelefon klingelte, war sie sofort hellwach. Seit zwei Jahren war immer eines ihrer Kinder draußen auf See und so war es für sie nichts Neues, zu den unmöglichsten Zeiten geweckt zu werden. Mit der Intuition einer Mutter griff sie im Halbschlaf zum Telefon auf ihrem Nachttisch, sah Abbys Nummer und die ungewöhnliche Uhrzeit.

„Abby?", fragte sie beunruhigt, dann brach die Verbindung ab.

Laurence Sunderland wurde ebenfalls wach. „Was ist los?"

„Es war Abby, aber dann war die Verbindung weg."

„Ein bisschen früh für einen Anruf, was?" Laurence fuhr sich mit der Hand über seine dunklen Bartstoppeln am Kinn.

„Genau das habe ich auch gedacht. Ich wollte gerade Jeff anrufen."

„Gute Idee. Mal sehe, ob er online ist."

Marianne und Laurence hatten in einem Erker ihres Schlafzimmers ein Büro eingerichtet, mit zwei Schreibtischen, Bücherregalen und ein paar stabilen, metallenen Aktenschränken. Überall stapelten sich Papiere, Landkarten und Seekarten, doch die Sunderlands hatten ihr eigenes Ordnungssystem. Laurence hasste es, Papiere abzuheften, aber er konnte nicht arbeiten, wenn sein Schreibtisch überquoll. Deshalb verlagerte er seine Stapel auf Mariannes Tisch. Die wiederum hatte den Überblick über sämtliche Stapel und fand stets das Gesuchte, auch wenn sie wie ein Archäologe danach graben musste.

Während ihr Laurence über die Schulter schaute, loggte sich Marianne bei Skype ein, um übers Internet zu telefonieren. Als selbstständiger Elektronik- und Computerfachmann leistete Jeff Support-Dienste für hochkarätige Kunden wie eBay und AT&T. Oft hatte er rund um die Uhr zu tun. Wenn er wach war, würde er mit Sicherheit online sein. Marianne tippte: „Hi, Jeff. Abby hat angerufen, aber dann ist die Verbindung abgerissen. Bist du schon auf?"

Prompt erschien die Antwort auf Mariannes Monitor: „Ja, ich hatte eben Verbindung mit ihr. Sie kann ihren Motor nicht starten. Ich aktiviere mal eben die Konferenzschaltung, dann könnt ihr mithören."

In technischen Fragen bei Abbys Weltumsegelung hatten sie die Vorzüge dieser Art der Kommunikation schätzen gelernt. So konnte sich das Team jederzeit verständigen, wenn der Autopilot streikte, die Heizung ausfiel, der Seewasseraufbereiter den Geist aufgab oder andere technische Schwierigkeiten auftraten.

Auf die Art war es dem Technikteam schon mehrmals gelungen, Fehler zu beheben, die die Fortsetzung von Abbys Reise gefährdet hatten. Bei alldem waren die Sunderlands überzeugt, dass Gott seine Hand im Spiel hatte. Dass er über Abby wachte und dass er dafür gesorgt hatte, dass sie bei ihrer Solo-Weltumsegelung von einem so großartigen, kompetenten Team begleitet wurde.

Dank der Konferenzschaltung war Jeffs Stimme laut und deutlich zu hören. „Marianne? Laurence? Ich habe Scott in der Leitung."

„Tag, Scott", sagte Laurence betont fröhlich. „Alles klar mit dir so früh am Morgen?"

„Von wegen Morgen. Es ist mitten in der Nacht", entgegnete Scott.

Jeff fasste zusammen, dass er mehrmals mit Abby Kontakt aufgenommen hatte, doch die Verbindung so schwach war, dass sie immer wieder abbrach. Doch er hatte verstanden, dass sie mit sehr schwerem Wetter zu kämpfen hatte. „Ihr Boot hat einige Sturzseen abgekriegt und nun streikt ihr Motor. Sie ist ziemlich fertig mit den Nerven."

In dem Augenblick schaltete sich Abby zu.

„Hi, Papa." Marianne hörte die Anspannung in ihrer Stimme, die leise und verzagt durch den Äther kam. Und sehr erschöpft. Wie jede Mutter machte sie sich Sorgen, obwohl sie wusste, wie hart ihre Tochter im Nehmen war.

„Hey, Ab", sagte Laurence. „Was machst du für Geschichten?"

„Der Motor springt nicht an."

„Okay, sag mir, was du bisher versucht hast."

Wieder brach die Verbindung zusammen.

Laurence schimpfte leise. Er und Marianne starrten auf die Benutzeroberfläche des nautischen Softwareprogramms. Das gedämpfte Licht des Bildschirms erhellte schemenhaft das kleine Büro. Ansonsten war es still in ihrem bescheidenen eingeschossigen Haus. Ihre sechs Kinder schliefen friedlich in ihren Zimmern.

Plötzlich war die Verbindung wieder da, wenn auch bruchstückhaft. Abby verlor keine Zeit: „Ich habe versucht, den Anlasserschalter auszuwechseln … meine Batterie ist leer und es ist schon dunkel. Ich muss ganz schnell … Was kann ich noch tun?"

„Wahrscheinlich ist Wasser in den Motor eingedrungen …", begann Laurence.

Die Verbindung riss ab.

„Sie klingt sehr müde", sagte Marianne.

In dem Augenblick war Abbys Stimme wieder da und Laurence fuhr fort: „Versuch mal, den Hebel für den Kompressionsverschluss umzulegen. Dadurch werden die Auslassventile offen gehalten, du kannst den Motor umdrehen und das Seewasser abpumpen. So, wie Scott und ich es dir gezeigt haben, weißt du noch?"

„Ja, okay", hörten sie Abby sagen, gefolgt von gedämpften Geräuschen, als sie mit dem Motor hantierte, und dann – endlich – hörten sie das vertraute Motorengeräusch, im Hintergrund das Lärmen des Sturms. Laurence war beunruhigt. Nie zuvor, bei keinem von Abbys früheren Anrufen, hatte er gehört, dass die

Metallteile am Rigg mit solcher Wucht gegen den Mast der *Wild Eyes* schlugen.

Dann hörte er die Erleichterung in der Stimme seiner Tochter: „Es hat funktioniert! Der Motor läuft wieder."

„Wie ist das Wetter, Abby?", fragte Jeff.

„Sturmböen von etwa 35 Knoten."

„Wie hoch ist die Dünung?"

„Sechs bis neun Meter."

„Wow", sagte Marianne.

Abby lachte. „Das ist gar nichts im Vergleich zu gestern. Dagegen ist das hier ein Kinderspiel!"

Dann brach die Verbindung ab.

Als niemand antwortete, nahm ich an, die Verbindung sei schon wieder weg. Ich stellte das Telefon zurück auf die Ladestation auf dem Kartentisch, klappte den Deckel des Tisches zu und machte mich wieder an die Arbeit.

Ich hörte, dass der Wind noch mal richtig zugelegt hatte. Das dunkle Brüllen war zu einem schrillen Heulen geworden. Ich ließ den Motor eine Weile laufen, um meine Batterien aufzuladen, dann schaltete ich ihn aus.

Als ich die Abdeckung über den Motorkasten legte, wurde ich plötzlich von einer unsichtbaren Hand quer durch die Kabine geschleudert.

Mit dem Rücken krachte ich gegen das Schott über meinem Bett, mein Kopf knallte gegen die Messgeräte aus Metall. Die Umgebung verschwamm vor meinen Augen. Das Heulen des Windes drang an mein Ohr wie ein Düsentriebwerk aus nächster Nähe, und die *Wild Eyes* neigte sich gefährlich nach Backbord.

Ich lag auf dem Schott und spürte, wie sich das Boot langsam wieder aufrichtete … Ich dagegen nicht.

Ich falle, dachte ich. Dann war plötzlich alles schwarz.

15 ALBTRAUM AUF SEE

40.513 Süd/74.457 Ost, Juni 2010

Sekunden später kam ich wieder zu mir. Ich lag auf dem Dach der Kabine. Die Welt stand kopf, Gegenstände flogen herum und auf mich herunter. Die Motorabdeckung, der Teekessel, meine Werkzeugtasche und einzelne Werkzeuge trafen mich an Kopf und Körper. Es tat weh.

Die *Wild Eyes* war gekentert. Komplett durchgekentert!

Es war stockdunkel. Irgendetwas musste auf die Lampe gefallen sein und sie verdecken. Die Kabine war wie ein schwarzer Tunnel. Ich konnte nichts hören. Das Boot drehte sich weiter um die eigene Achse nach Backbord bei dem Versuch, sich wieder aufzurichten.

Mein Kopf fühlte sich an, als wäre er voll Watte. Mühsam drangen meine Gedanken durch. *Alles ist verkehrt rum. Ich bin auf dem Dach. Ist das echt oder ein böser Traum?*

Ich konnte es nicht glauben. Wie um mir zu beweisen, dass ich nicht träumte, sagte ich laut: „Ich bin gekentert."

Es war also wirklich wahr. Ich hatte meine eigene Stimme gehört.

Dann krachte ich gegen das Steuerbordschott und gegen die Bordküche. Im Fallen versuchte ich, mich irgendwo festzuhalten, und angelte nach den Griffen am Herd – umsonst. Als Nächstes saß ich auf dem Kabinenboden, knietiefes Wasser schwappte um mich rum.

Die rollende Bewegung kam zum Stillstand. Die *Wild Eyes* hatte sich wieder aufgerichtet.

Was immer auf der Kabinenlampe gelegen hatte, war jetzt heruntergefallen und ich konnte wieder sehen. Schlimmer noch, ich konnte wieder denken. Ohne es zu sehen, wusste ich: Der Mast war weg.

Und ohne Mast war ich verloren. *Das war's dann. Alles ist aus.* Alles war umsonst. Meine ganze Weltumsegelung, die ganzen Vorbereitungen, das Fundraising, das Training, das Überholen des Bootes, die harten Tage auf See. Alles kaputt, in ein paar Sekunden.

Ich kramte in der überfluteten Kabine herum, bis ich eine Taschenlampe fand. Ich spürte, wie das Herz in meiner Brust hämmerte. Angst stieg in mir hoch, aber ich wollte keine Angst haben. Noch nicht. Vielleicht war doch noch nicht alles verloren.

Ruhig bleiben, redete ich mir zu. *Tu was.*

Als ich die Tür zum Niedergang öffnen wollte, sah ich, dass sie durch ein Knäuel aus verhedderten Tauen blockiert war. Der umstürzende Mast hatte sie fest vor der Tür verzurrt. Ich musste erst ein Messer aus der Kabine holen und mir den Weg freischneiden, um ins Cockpit zu kommen.

Draußen war es noch kälter geworden. Ein eisiger Wind nahm mir den Atem und peitschte mir die Gischt ins Gesicht, schmerzhaft wie Nadelstiche. Immerhin machte er meinen dröhnenden Kopf frei.

Der Mond schien hell und beleuchtete das Deck. Dort sah es aus wie auf einem Schlachtfeld. Meine Augen wanderten dorthin, wo eigentlich der Mast stehen sollte. Alles, was davon übrig war, war ein jämmerlicher Stumpf. Das Meer hatte etwa fünfzehn Meter von meinem Mast komplett abrasiert. Nutzlos trieb er in der wogenden See, gehalten von einem Gewirr aus Tauen und Wanten. Der gebrochene Großbaum lag quer über dem Cockpit, wertlos wie ein verbogener Nagel.

Mein Herz sank. Im Stillen hatte ich gehofft, dass wenigstens noch etwas vom Mast übrig war und dass der Baum noch intakt war. Dann hätte ich ein provisorisches Segel daran befestigen und es damit bis zu den Kerguelen-Inseln schaffen können, vielleicht sogar bis nach Australien. Ich hätte mich und das Boot retten können, auch wenn es mich einen ganzen Monat gekostet hätte.

Als Segler muss man immer wieder improvisieren. Robin Lee Graham zum Beispiel verlor während seiner Weltumsegelung als Jugendlicher zweimal seinen Mast. Ein Foto zeigt ihn mit einem aus Bettlaken, Geschirrhandtüchern und einem T-Shirt zusammengeschusterten Segel.

Die Segel waren in meinem Fall nicht das Problem. Ich hatte ein paar Ersatzsegel dabei. Aber nichts, was ich als Mast gebrauchen konnte.

Die *Wild Eyes* tanzte wild auf den Wellen und driftete ziellos unter dem schwarzen Nachthimmel dahin, eine Seite der Wellenkämme hinauf, die andere hinunter. Der Wind raste und peitschte mir Salzkristalle ins Gesicht, und ein Gefühl, das ich nie gekannt hatte, machte sich breit: totale Hilflosigkeit.

Ich stellte mir vor, wie die *Wild Eyes* von oben aussehen musste. Vor meinem inneren Auge spulte sich ein Film ab. Ich zoomte weiter und weiter weg, immer höher hinauf, bis ich mein Boot aus der Vogelperspektive sah: ein winziger weißer Punkt mitten im Indischen Ozean, nicht zu unterscheiden vom Weiß der Wellenkämme.

Da war wieder diese Angst. Ich wusste, dass ich – selbst wenn mein elektronisches Equipment noch funktionierte und ich um Hilfe rufen konnte – so weit draußen war, dass es Tage oder Wochen dauern würde, bis jemand kam.

Während die *Wild Eyes* in der schweren See rollte, beobachtete ich, wie der Mast im Wasser lag, das abgebrochene Ende ragte heraus wie ein gebrochener Knochen. Zumindest konnte er so, wie er jetzt lag, den Schiffsrumpf nicht beschädigen. Im Gegenteil, er würde gewissermaßen das Boot stabilisieren, wie ein Treibanker.

Ich fühlte mich kraftlos und schwindelig, widersprüchliche Gedanken rasten durch meinen Kopf. Ein Teil von mir schrie: *Tu was! Überleg dir was! Lass dir den Törn nicht kaputtmachen!*

Doch gleichzeitig wusste ich: *Es gibt nichts mehr zu tun. Es ist vorbei.*

Aber vielleicht war es an der Zeit, jemandem Bescheid zu sagen.

Unter Deck schloss ich die Luke und bahnte mir den Weg durch die überflutete Kabine zum Kartentisch, wo das Iridiumtelefon stand. Immerhin hatte ich bei aller Aufregung daran gedacht, eines der Telefone auf die Ladestation zurückzustellen.

Doch als ich den Kartentisch erreichte, sah ich, dass der Verschluss, der den Deckel unten hielt, abgebrochen war. Der Deckel war abgefallen und beide Telefone waren weg.

Ich kniete mich auf den Stuhl und leuchtete mit der Taschenlampe nach unten. Wasser floss auf dem Kabinenboden hin und her. Es sah aus wie nach einem Minihurrikan. Überall schwammen Papier, Stifte und Batterien. Mein Katzenkalender driftete vorbei, ein durchweichtes kleines Kätzchen sah mich aus großen Augen an. Ich tauchte meinen Arm bis zum Ellenbogen ins Wasser und tastete den Boden ab, bis ich etwas Hartes fühlte. Tatsächlich, ein Telefon. Ich fischte es heraus und versuchte, es einzuschalten. Es war tot wie ein Stück Treibholz, und das Wasser strömte aus den Öffnungen heraus.

Mist.

Ich setzte mich wieder aufrecht und fühlte mich elend. In meinem Kopf begann sich alles zu drehen. Wahllos leuchtete ich mit der Taschenlampe in der Kabine herum. Alles war tropfnass. Langsam wurde mir das volle Ausmaß meiner Lage bewusst. Und die war ernst, sehr ernst. Wieder kämpfte ich gegen die aufsteigende Panik, diesmal mit weniger Erfolg. Es war, als ob ich eine Mineralwasserflasche, bei der die Kohlensäure nach oben steigt, vor dem Explodieren bewahren wollte.

Ein manövrierunfähiges Boot war schlimm, aber kein Weltuntergang. Schlimmer war, von der Außenwelt abgeschnitten zu sein. Ich musste mein Reservetelefon finden, und das musste funktionieren. Es *musste* einfach. Ich stand auf und hangelte mich durch die Kabine, vorbei am deckellosen Motorkasten und an meinem Klappbett, und leuchtete in jede dunkle Ecke.

Da!

Mein Blick fiel auf ein grünes Licht. Das Telefon! Es war vom Kartentisch gerutscht und hatte sich an der Innenseite des Motorkastens festgekeilt, unter den Wasserschläuchen.

Erleichtert stieß ich die Luft aus, die ich wohl die ganze Zeit über angehalten hatte.

Hoffentlich war es nicht zu nass geworden. Hoffentlich funktionierte es noch!

Ich beugte mich über den Motorkasten und zog das Telefon vorsichtig aus seinem Versteck. Das Display leuchtete grün, doch es war beschlagen und zeigte nichts an. Ich drückte ein paar Tasten, doch nichts geschah. Ich schüttelte es, hauchte es an, versuchte, es mit den Händen zu wärmen. Immer noch nichts. Vielleicht half ein- und ausschalten. Ich flüsterte ein Gebet, schaltete das Gerät aus und das grüne Licht erlosch. Dann die Taste zum Einschalten. Ich drückte sie mehrmals, länger und kürzer. Nichts. Das Display blieb schwarz. Das Telefon war tot.

Ein Unglück kommt selten allein, dachte ich. In dem Moment wurde mir die ganze Verkettung der Umstände bewusst, die schuld an meiner Lage waren. Ich setzte mich auf die Stufen zum Cockpit und blickte nach oben.

„Herr", sagte ich laut, „was soll das? Das kann doch nicht dein Ernst sein!"

Als ich so auf der Treppe saß, dämmerte mir, dass ich nur noch eine einzige Chance hatte. Ich musste mein EPIRB (Notsender) aktivieren, um meine Seenotposition mitzuteilen.

Oder lieber nicht? Wieder schossen mir lauter irrationale Gedanken durch den Kopf. Die *Wild Eyes* und ich hatten so viel gemeinsam durchgestanden. Ich kannte mein Boot in- und auswendig. Ich hatte so viele Sachen repariert, so viele Katastrophen überlebt.

Trotzdem, hier mitten im Indischen Ozean standen meine

Chancen ziemlich schlecht. *Wie lange konnte ich hier überleben? Ein paar Wochen? Oder ein paar Monate?*

Die Hoffnung stirbt bekanntlich zuletzt. Sie flüsterte mir zu: *Wer weiß, vielleicht schaffst du es mit einer günstigen Strömung bis nach Australien ...*

Doch die Vernunft konterte: *Oder du wirst an irgendeiner felsigen Küste zerschmettert. Oder von einem Frachtschiff versenkt.*

Und trotzdem ...

Mach dir keine Sorgen, sagte die Hoffnung. *Du hast genug Essensvorräte und den Wasseraufbereiter.*

Aber die Vernunft mahnte: *Was ist, wenn du zum zweiten Mal durchkenterst? Wenn die nächste große Welle den Mast in den Bootsrumpf rammt? Oder den Kiel abreißt? Dann würde sich das Boot nicht mehr aufrichten.*

Reiß dich zusammen!

Aus den Augenwinkeln sah ich das EPIRB, das in einer Halterung an der Wand über meinem Bett hing. Langsam drehte ich den Kopf und starrte das Gerät an. Es einzuschalten bedeutete das Ende.

Das offizielle Ende meiner Weltumsegelung.

Etwas in mir wehrte sich dagegen. Ich wollte mich nicht geschlagen geben! Ans Aufgeben zu denken ist die halbe Niederlage, hatte ich immer gesagt.

Wieder schlichen sich diese Gedanken ein: *Wenn du das Notsignal nicht sendest, ist deine Reise noch nicht zu Ende ...*

Ich wischte die Gedanken entschieden beiseite, stand auf, ging zur gegenüberliegenden Wand und nahm das EPIRB aus der Halterung. Dann setzte ich mich damit wieder auf die Treppe, das weiße Kästchen in der Hand.

Eine Schutzfolie bedeckte den Schalter für die manuelle Aktivierung. Das Kästchen selbst war mit all diesen Warnhinweisen gepflastert, dass man das Ding nur in großer Gefahr aktivieren darf und so weiter. War ich wirklich in „großer Gefahr"? Wenn alles gut ging, könnte ich hier draußen gut und gerne ein paar Wochen überleben. Und vielleicht sollte ich das auch tun. Vielleicht war es falsch, das EPIRB zu missbrauchen.

Das Wasser schwappte gegen die Treppenstufen, draußen heulte der Sturm, und ich saß immer noch da wie gelähmt und konnte keine Entscheidung treffen.

Als Seglerin wusste ich, dass es für jedes Problem eine Lösung gab, ja geben *musste*. Vielleicht nicht sofort, aber wenn man abwarten konnte, zog immer ein Lichtstrahl am Horizont herauf. Aber mein Verstand sagte mir, dass dies in diesem Fall bloßes Wunschdenken war. Irgendwann würde ich dann doch das EPIRB brauchen, und je länger ich wartete, desto mehr konnte sich meine Lage verschlimmern. Außerdem machten sich meine Familie und mein Team bestimmt schon Sorgen, weil sie nichts mehr von mir hörten und glaubten, es wäre etwas passiert. Was ja auch stimmte.

Ich zog mit spitzen Fingern die Sicherheitsfolie ab.

Wenn sie sehen, in welchem abgelegenen Winkel ich stecke, werden sie sich noch mehr Sorgen machen, dachte ich. *Denn es gibt nichts, was sie tun können. Für meine Eltern macht das alles nur noch schlimmer. Aber ich kann sie nicht im Ungewissen lassen …*

Ich drückte auf den Schalter und ein helles, weißes Licht begann zu blinken. Das EPIRB war an. Es war die schwerste Entscheidung meines Lebens.

 „Sie ruft bestimmt gleich zurück", sagte Marianne, als die Verbindung mit Abby abgebrochen war.

„Warten wir", sagte Laurence. „Jetzt, wo wir schon auf sind, können wir genauso gut wach bleiben. Ich mach uns einen Kaffee."

Ein paar Minuten später saßen sie mit dampfenden Tassen vor Mariannes Computer. Jeff und Scott waren immer noch zugeschaltet und diskutierten Abbys Lage.

„Sie klang erleichtert, nachdem der Motor endlich angesprungen war", meinte Scott.

„Ja, Gott sei Dank", stimmte Jeff zu. „Wie lange noch bis zum nächsten Sturmtief?"

Marianne rief die Seite von *Commanders' Weather* auf.

Laurence nippte an seinem Kaffee und las den Wetterbericht vor: „Starke Winde aus Nordwest, fünfunddreißig bis fünfundvierzig Knoten, Böen bis zu sechzig."

„Wenn sie da reingerät, muss sie wahrscheinlich beidrehen", sagte Scott.

Die vier machten sich Gedanken über Abbys beste Strategie, tranken Kaffee und warteten auf ihren Anruf. Fünfunddreißig Minuten waren verstrichen, als das Telefon auf dem Nachttisch im Schlafzimmer klingelte.

„Das ist sie." Während Laurence zum Telefon ging und seinen Kaffee durchs Zimmer trug, wunderte er sich, dass Abby nicht Jeffs Nummer gewählt hatte.

Auf dem Display erschien eine fremde Nummer.

„Wer zum Kuckuck ruft hier um die Zeit an?" Laurence lehnte sich an den Türrahmen, drückte die Annahmetaste, hielt das Telefon ans Ohr und grinste zu Marianne hinüber. „Sunderland, guten Morgen. Was kann ich um 4.45 Uhr für Sie tun?"

„Mr Sunderland, hier ist die Zentrale der US-Küstenwache in Alameda. Wir haben gerade ein EPIRB-Notfunksignal empfangen."

Laurence legte die Hand über das Telefon und wiederholte die Worte für Marianne. Für den Bruchteil einer Sekunde dachte er an Jessica Watson. Auch sie hatte während ihrer Weltumsegelung ein Notfunksignal gesendet.

Laurence stellte das Telefon laut, sodass Marianne mithören konnte. „Ja, das muss das Boot unserer Tochter sein. Sie ist heute Nacht in schweres Wetter geraten und mehrmals gekentert. Dadurch wurde wahrscheinlich im Wasser der Autoalarm ausgelöst."

„Das lässt sich nicht genau feststellen, Sir. Aber wir haben Grund zur Annahme, dass der Alarm von Hand ausgelöst wurde."

Mariannes Augen weiteten sich.

Laurence setzte sich neben sie. „Aber wir haben vor einer halben Stunde noch mit Abigail gesprochen, und da war alles in Ordnung", sagte er. „Könnte es sich um ein verzögertes Signal handeln?"

„Nein", lautete die Antwort. „Das EPIRB wurde vor zehn Minuten aktiviert und wir haben das Signal vor acht Minuten empfangen."

Laurences Mut sank, doch er wollte es sich Marianne gegenüber nicht anmerken lassen. „Lassen Sie mich die Registriernummer des Geräts prüfen", sagte er. „Wie gesagt, Abby ging es gut und der Sturm ließ bereits nach. Ich glaube nicht, dass es ihr Signal war."

Marianne stand auf und nahm den EPIRB-Ordner aus dem Regal, während Laurence die Zahlen- und Buchstabenkombination mitschrieb, die ihm der Officer von der Küstenwache diktierte: 2DD428063F81FE0.

Marianne legte den Ordner auf den Tisch. Da für Abby drei EPIRBs registriert waren, enthielt er drei beinahe identische Dokumente. Marianne überflog die Seiten. Dann fiel ihr Blick auf ein mit einem Häkchen gekennzeichnetes Feld neben den Worten „Kategorie II (manuelle Auslösung)." Die Code-Nummer, die daneben stand, lautete: 2DD428063F81FE0.

Sie zeigte darauf und sah ihren Mann an. Das war der Beweis. Abby hatte das Notsignal bewusst ausgelöst.

Laurence zwang sich zur Ruhe. „Was können wir als Nächstes tun?", fragte er. „Wen können wir kontaktieren?"

In knappen, sachlichen Worten erklärte der Officer, die Küstenwache habe die Meldung an die für Seenotrettung zuständigen Behörden in Australien und Réunion weitergegeben, und gab Laurence die Kontaktinformation.

„Vielen Dank", sagte Laurence. Und betont fröhlich: „Dann mal ran an die Arbeit."

Als Erstes wählte er sich bei Scott und Jeff ein, die sich immer noch angeregt unterhielten. „Tut mir leid, dass ich euch unterbreche, aber die Küstenwache hat ein Signal von Abbys EPIRB empfangen. Such- und Rettungsmaßnahmen sind schon eingeleitet."

„Soll ich rüberkommen?", fragte Jeff spontan. Als Laurence zögerte, fügte er hinzu: „Natürlich frisch geduscht und angezogen."

„Wenn du willst. Wird wahrscheinlich ein harter Tag."

„Ich komme."

„Gut, dann bis gleich", sagte Laurence. „Ich versuche inzwischen, jemand in Réunion zu erreichen."

Ich war nicht sicher, ob die Empfänger meines Signals erkennen konnten, ob ich das EPIRB von Hand aktivierte oder ob es sich automatisch durch Wasserkontakt ausgelöst hatte. Ich fand meinen MicroPLB (Personal Locator Beacon), den ich ebenfalls aktivierte. PLBs sind kleine Notfunkgeräte, wie sie auch von Piloten benutzt werden. Sie werden direkt am Körper getragen. Im Gegensatz zum EPIRB, das die Position eines Schiffes anzeigt, zeigt das PLB die Position der Person an. Als ich das Gerät entsicherte, wusste ich, dass man anhand des Signals sehen konnte: Es wurde nicht automatisch ausgelöst. Ich brauchte wirklich Hilfe.

Das PLB hatte ich in einem Beutel achtern im Schiff gefunden. Als ich wieder nach vorn ging, merkte ich, wie langsam ich mich bewegte. Meine Gedanken drückten mich nieder und auf meinen Schultern spürte ich eine tonnenschwere Last. Das Schlimmste war, wenn ich mir vorstellte, welche Sorgen sich alle um mich machten. Vielleicht dachten meine Eltern, ich sei tot. Meine Hoffnung war, dass ich mit dem PLB bewies: Ich war am Leben.

Das Tolle an der *Wild Eyes* und einer der Gründe, weshalb wir sie ausgesucht hatten, war, dass sie so viel Sicherheit bot. Solange ich im Boot blieb, würde mir nichts passieren. Klar konnte es ungemütlich werden und kalt und ich würde erbärmlich frieren. Aber verhungern würde ich nicht. Mit meinen ganzen Vorräten hätte ich dreimal um die Welt segeln können.

An meiner EPIRB-Entscheidung hatte ich immer noch zu kauen. Als ich das Notsignal auslöste, war es, als gäbe ich klein bei und damit meinen Kritikern recht. Natürlich wusste ich, dass das jedem passieren konnte. Selbst berühmten Seglern wie Isabelle Autissier, die auch im Indischen Ozean gekentert war, war das passiert. Komisch: Am blödesten fand ich, meinen Unfall dem Schicksal oder „höherer Gewalt" zuzuschreiben. Was man halt so sagt, wenn etwas passiert, das man nicht steuern kann. Fast wünschte ich mir, dass es etwas gäbe, das ich für mein Versagen verantwortlich machen konnte. Etwas, das ich hätte anders machen sollen. Stattdessen fühlte ich mich nur noch hilflos, und das war in dem Augenblick noch schlimmer.

Unter dem Kartentisch tastete ich nach dem Schalter für die Lenzpumpen. Ich hatte keine Ahnung, wie lange die *Wild Eyes* manövrierunfähig im Wasser driften würde, und ich wollte nicht, dass sich ihr Zustand noch mehr verschlechterte. Mit dem Eimer schöpfte ich zusätzlich Seewasser aus der Kabine.

Am Himmel zogen noch immer dunkle Sturmwolken vorbei. Der kalte Wind pfiff bis ins Bootsinnere. Als ich den dritten Eimer ausleerte, wurde mir schwindelig und ich musste mich auf die Stufen setzen.

Vor meinen Augen verschwammen die Konturen. Die Ecken des Kartentisches, der Motorkasten, mein Bett – alles sah rund und weich aus wie eine flauschige Decke. Mein Gesicht fühlte sich heiß an. Ich beugte mich vor und legte den Kopf auf die Knie. Wasser tropfte mir aus dem Haar auf meine Füße, und ich merkte erst jetzt, dass ich durch und durch nass war. An meinem Körper war kein einziger trockener Faden. Hatte ich nach meiner Kenterung überhaupt noch trockene Sachen? Wahrscheinlich nicht. Plötzlich war mir sehr, sehr kalt.

Am ganzen Körper zitternd stand ich auf. Mit aller Kraft hielt ich mich an den Wandgriffen fest und taumelte vorwärts Richtung Bug, wo die Luke mit den Reservesegeln und allem möglichen Kram war. Eine Art Abstellkammer. Doch sie war so weit weg. Ich kam nur langsam voran. Unter meinen Füßen schwankte das Boot, doch ich klammerte mich eisern fest, denn der Gedanke, noch mal ins kalte Wasser zu fallen, war furchtbar. Ich wollte nur noch warm und trocken sein, das war das Schönste, was ich mir vorstellen konnte. Als ich die Tür erreichte, sandte ich ein Stoßgebet zum Himmel: *Bitte, lieber Herr, lass es dort drin trocken sein.*

Ich schob den Riegel beiseite, öffnete die Plexiglastür, und da war er: mein Zufluchtsort, mein Schutzhafen. Der einzige trockene Ort im Umkreis von siebenhundert Meilen in die eine und zweitausend Meilen in alle anderen Richtungen. Drinnen stapelten sich Lebensmittelvorräte, Tüten mit Kleidung, vernachlässigte Schulbücher und Computerzubehör, zugedeckt mit meinem großen *Code Zero*-Segel. Ich kramte in den Tüten herum, bis ich eine warme Hose und ein paar langärmelige Shirts gefunden hatte. Meine nassen Klamotten schüttelte ich in der Kabine ab, kroch dann in die enge Nische auf das Segel und zog die trockenen Sachen an.

Mir war immer noch elend und schwindelig. Vorsichtig betastete ich meinen Hinterkopf und fühlte ein walnussgroßes Ei. Hatte ich eine Gehirnerschütterung? Ich hatte einmal gehört, dass man bei einer frischen Gehirnerschütterung nicht einschlafen sollte, weil es dann leicht zu einer Hirnblutung kommen konnte. Vielleicht sollte ich doch lieber frische Luft schnappen gehen.

Schritt für Schritt bahnte ich mir den Weg zurück durch die Kabine zum Niedergang, wobei ich darauf achtete, nicht ins Wasser zu treten, um nicht wieder nass zu werden. Draußen war immer noch rauer Seegang und die *Wild Eyes* rollte in der schweren Dünung. Eine Welle krachte auf den Bug, und ich duckte mich zurück in die Kabine, um dem Sprühregen aus eiskalter Gischt zu entgehen.

Die Erschöpfung kam plötzlich und schlug über mir zusammen wie eine Flutwelle. Ich war total am Ende. Ich schleppte mich zurück zu meiner trockenen Ecke, schloss die Plexiglastür hinter mir und rollte mich auf dem *Code Zero*-Segel zusammen. Um Strom zu sparen, ließ ich alle Lichter aus. Nur das Leuchtsignal des EPIRB pulsierte in der Dunkelheit. Ich spürte meine Einsamkeit wie einen bohrenden Schmerz. Dabei dachte ich an die Kerguelen, die felsige Inselgruppe, die ich auf meiner Seekarte gesehen hatte.

Soviel ich wusste, war sie unbewohnt. Die einzigen aufrecht gehenden Lebewesen dort waren die Königspinguine. Ich wünschte, ich wäre dort bei den Pinguinen. Unter ihnen hätte ich mich nicht so allein gefühlt.

In der engen Materialluke war es stockdunkel, und es dauerte eine Weile, bis ich meine Ersatzschlafsäcke gefunden hatte. Ich hatte zwei extra Schlafsäcke mitgenommen und ein Reservekissen – alles in wasserdichten Säcken verpackt –, und die konnte ich jetzt gut gebrauchen. So hatte ich den Umständen entsprechend ein bequemes Lager. Doch jedes Mal, wenn ich die Augen schloss, fuhr ich in meinem Kopf Karussell.

Hilfe, ich kentere! Ich falle … und falle … und falle …

Ein furchtbares Gefühl. Wie ein Horror-Videoclip, bloß schlimmer, denn ich konnte nichts sehen – aber deutlich *fühlen*. Fühlen, wie sich das Boot langsam um 360 Grad dreht und nicht aufhört zu drehen, weiter, immer weiter …

In der Dunkelheit riss ich die Augen auf. Ich musste an etwas anderes denken … *Was wird Morgen sein? Ich sollte dringend Klarschiff machen. Was muss ich zuerst aufräumen?*

Es nützte nichts. Sobald ich die Augen zumachte, war der Albtraum wieder da, egal, wie sehr ich mich auf etwas anderes konzentrierte. Die Gedanken an den Unfall holten mich immer wieder ein. Das war neu für mich. Normalerweise bin ich nicht der Typ, dem so etwas lange nachgeht. Aber diese unfreiwilligen Horrorrückblenden ließen sich nicht verdrängen. Es ärgerte mich und machte mir gleichzeitig Angst.

Dann kamen die Schmerzen. Ich hatte sie zuerst nicht bemerkt, vielleicht durch den Schock oder weil von der Kälte alles so taub war. Aber nach fünfzehn Minuten im warmen Schlafsack merkte ich, dass mir alles wehtat. Mein Bein, das den Deckel des Motorkastens abgekriegt hatte, war geschwollen und bestimmt voller Blutergüsse. In meinem Kopf war immer noch ein pochender Schmerz. Mein ganzer Rücken tat weh. Aber am schlimmsten waren die Schmerzen in meinem rechten Fuß.

Ich zog das Bein aus dem Schlafsack und beleuchtete den Fuß mit der Taschenlampe. Er war blutverklebt und aus einer etwa drei Zentimeter langen, klaffenden Wunde sickerte frisches Blut.

Zusammengekrümmt in dem engen Raum, suchte ich halbherzig nach meinem Verbandskasten. Meine Arme und Beine waren schwer wie Blei und taten weh. Und je mehr ich mich bewegte, desto schlimmer wurden die Schmerzen. Ich bekam ein T-Shirt zu fassen und machte damit eine Art Druckverband um meinen Fuß. Dann sank ich erschöpft auf mein Lager. Wieder begann sich alles zu drehen, aber es war mir egal. Irgendwann schlief ich endlich ein.

Michael Wear wurde vom Klingeln des Telefons geweckt. Er rollte sich auf die Seite und warf einen Blick auf das Display seines Radioweckers. Es war 2.00 Uhr morgens. Ein Anruf um diese Zeit verhieß nichts Gutes.

Er drückte die Taste. „Michael Wear."

Es war sein Kollege John Fornell von der westaustralischen Küstenwache. „Wir haben einen Rettungseinsatz."

Wear hörte aufmerksam zu, als er von den Notsignalen der jungen amerikanischen Einhandseglerin berichtete. Es war sein Job, die Such- und Rettungseinsätze der westaustralischen Küstenwache zu koordinieren.

„Wo wurde das Signal gesendet?", fragte er.

Fornell gab die Koordinaten durch. „Mitten im Indischen Ozean."

Wear stieß die Luft aus. „Das ist verdammt weit weg."

Tatsächlich gibt es auf dem gesamten Globus keinen Ort der Welt, der weiter vom Festland entfernt ist. Rechtlich sind die australischen Rettungsdienste für Einsätze in diesem Teil des Indischen Ozeans zuständig. Die australische Behörde für Sicherheit des Seeverkehrs in Canberra hatte als Erstes die Meldung über das Seenotsignal erhalten und bat um Mithilfe der westaustralischen Wasserpolizei und den Einsatz freiwilliger Mitarbeiter für einen Rettungsflugeinsatz.

„Canberra hat einen Qantas-Airbus als Suchflugzeug gechartert", informierte ihn Fornell. „Wir treffen uns am Flughafen, am Perth International."

Inzwischen war Michaels Frau Karen wach geworden und warf ihm einen fragenden Blick zu. Nachdem das Telefongespräch beendet war, berichtete er von seinem bevorstehenden Einsatz.

„Wann fliegst du?"

„Jetzt sofort."

Eilig packte Wear das Notwendigste zusammen: einen kleinen Rucksack mit persönlichen Sachen, seinen Reisepass (für den Fall, dass die Qantas-Maschine im Ausland landen musste) und das australische Handbuch für Such- und Rettungseinsätze.

Auf dem Flughafen in Perth warteten bereits sein Kollege Peter Trivett, Seniorpolizeichef bei der Wasserschutzpolizei, und ein Dutzend freiwillige Helfer vom zentralen staatlichen Rettungsdienst. Als Zusatzequipment hatte Trivett einen Funkpeiler und eine kleine, portable VHF-Seefunkanlage dabei. Darüber hinaus war an Bord der Qantas-Maschine ein umfangreiches Funksystem vorhanden. Doch Wear und seine Kollegen benutzten zur Kommunikation bei Rettungsflügen gern ihr einfaches Handgerät.

Vor dem Abflug trafen sie sich zu einem kurzen Briefing mit der Qantas-Crew, um Informationen auszutauschen. Das Schiff einer französischen Fischereiflotte, die *Ile de la Réunion*, kreuzte in den Gewässern vor den Kerguelen. Der Kapitän, Paul-Louis LeMoigne, hatte sein Schiff als Rettungsplattform zur Verfügung gestellt und bereits auf den von Canberra mitgeteilten Kurs gebracht. Allerdings war die *Ile de la Réunion* gut vierhundert Meilen von der zuletzt gemeldeten Position der *Wild Eyes* entfernt – etwa dreißig Stunden.

Wear, Trivett, die freiwilligen Helfer und die Qantas-Crew gingen an Bord des Airbus. Der Tower gab grünes Licht und die Maschine hob ab. Durch die Dunkelheit flogen sie ihrem Ziel entgegen: ein unbestimmter Ort irgendwo im weiten Ozean, um das Leben eines Mädchens zu retten, das keiner von ihnen zuvor getroffen hatte.

Die Insel Réunion erhebt sich knapp 800 km östlich von Madagaskar aus dem Indischen Ozean. Sie gehört seit 1642 zu Frankreich, das zunächst ein Dutzend französische Meuterer auf der Insel aussetzte. Heute bilden Einwohner mit europäischem, afrikanischem, malaysischem, indischem und chinesischem Hintergrund auf Réunion eine Mischung aus verschiedenen Hautfarben und Kulturen.

Als Laurence Sunderland anrief, um sich nach dem Stand der Such- und Rettungsarbeiten zu erkundigen, musste er seine ganzen Französischkenntnisse zusammenklauben. Er verstand zwar, dass, *oui*, sie ein Notsignal empfangen hatten und, *oui, les Américains* angerufen hatten, da ein amerikanisches Boot in Seenot war. Er verstand noch einzelne Vokabeln wie *recherché* und *sauvetage*, doch dann konnte er dem französischen Redefluss nicht mehr folgen. Und bevor er durch die Sprachbarriere noch mehr kostbare Zeit verlor, beendete er höflich das Gespräch und bat darum, später zurückrufen zu dürfen.

„Ich komme gleich wieder!", rief er seiner Frau zu. „Ich hole schnell Marianne Preston."

Marianne war die Frau des Nachbarn Rick Preston und Französischlehrerin an der Highschool. Ihre Töchter waren mit den Mädchen der Sunderlands befreundet.

Während Laurence unterwegs war, setzte sich Marianne Sunderland an den Computer und aktivierte die „Gebets-Hotline". Fieberhaft tippte sie E-Mails an christliche Freunde und Bekannte in der ganzen Welt, um für Abby zu beten. Danach lehnte sie sich zurück und dachte nach.

Wer könnte sonst helfen? Wer könnte die Nachricht noch weiterverbreiten?

Sie beschloss, Scott anzurufen. Beide wussten wenig über die Insel Réunion, außer dass sie ein beliebtes Touristenziel war. Und nichts über die Ausstattung der Such- und Rettungsdienste vor Ort.

„Vielleicht sollten wir die Medien informieren, meinst du, das ist eine gute Idee?", fragte Marianne. „Je mehr Leute wir erreichen können, desto besser."

Scott stimmte ihr zu.

Plötzlich fiel Marianne der Name Marc Dorian ein. Marc war ein passionierter Segler, der für den Fernsehsender *ABC* arbeitete. Die Sunderlands hatten ihn kennengelernt, als er zu Beginn von Abbys Reise eine Sendung über junge Menschen drehte, die einen Rekord aufgestellt hatten, mit dem Titel: „Wie jung ist zu jung?"

Sie fand Marcs Mobilfunknummer und war erleichtert, dass er sofort ranging. Ohne Umschweife schilderte sie ihr Anliegen und fragte, ob er bereit sei, eine kurze Meldung herauszugeben. Vielleicht würde das internationale Interesse Abby in irgendeiner Weise helfen.

Innerhalb der nächsten zwei Stunden erschien ein Beitrag mit einem Zusatz von Marc Dorian auf der Internetseite „abcnews.com". Und noch einmal zwei Stunden später wimmelte es in der kleinen Nebenstraße Calle Margarita in Thousand Oaks von Reportern, Übertragungswagen und Kameras.

Die Rettungskräfte vertrieben sich die Zeit auf dem langen Flug mit Lesen und Schlafen oder unterhielten sich leise. Michael Wear blätterte in seinem Handbuch für Such- und Rettungseinsätze. In seiner kurzen Laufbahn beim Rettungsdienst hatte er bisher noch wenig Gelegenheit gehabt, sich mit den Richtlinien der internationalen Seenotrettung vertraut zu machen.

Die Dienststelle in Canberra hatte der Qantas-Crew die Zielkoordinaten durch Satelliten vorgegeben – grob gerechnet in der Mitte von etwa 70 Millionen Quadratkilometer Ozean. Nach knapp sechs Stunden Flugzeit drückte der Pilot den Airbus allmählich auf eine Flughöhe von 4.000 Metern hinunter. Michael Wear spürte die Anspannung, die sich in der Kabine ausbreitete.

Die Unterhaltungen verstummten, Sitzlehnen wurden gerade gestellt und die „Spotters", deren Aufgabe es war, nach Abbys Boot Ausschau zu halten, schauten angestrengt aus dem Fenster.

Michael Wear wusste nicht, was sie auf der Höhe zu erwarten hatten: wie das Wetter und die Sichtverhältnisse sein würden und ob sie das Boot überhaupt entdecken würden. Wenn ja, hing ihr weiteres Vorgehen davon ab, ob die *Wild Eyes* aufrecht oder kieloben trieb. In seinem Briefing hatte er die Piloten instruiert, über dem Boot so tief wie möglich zu gehen, damit Abby sie sehen und hören konnte. Sollte die *Wild Eyes* kieloben treiben, bestand allerdings das Risiko, dass Wasser durch den Notausstieg eindrang, wenn Abby die Ausstiegsluke im Heck öffnete.

Von 4.500 Metern Höhe war deutlich die aufgewühlte See zu erkennen. Weiße Schaumkronen tanzten gespenstisch auf den dunkelgrauen Wellen. Allein die Größe und der Verlauf der Schaumkronen und wie lange sie brauchten, um die Wellenberge hinunterzurauschen, ließ ahnen, wie rau die See war. Wear betrachtete besorgt die unzähligen weißen Schaumkronen. Zwischen ihnen ein weißes Boot zu entdecken, schien nahezu ein Ding der Unmöglichkeit.

Als den Sunderlands bewusst wurde, dass Abby ihr Notsignal von Hand ausgelöst hatte, war ihnen klar, was das bedeutete. Marianne, die Optimistin, spielte im Kopf alle Möglichkeiten mit positivem Ausgang durch. So, als ob ihr Verstand sich schützend vor ihr Herz stellte und die Möglichkeit einer Katastrophe von vornherein ausblendete.

Laurence dagegen, der Realist, ging mit der Situation anders um. Per Satellit konnte man beobachten, dass die *Wild Eyes* nur sehr langsam driftete. Demnach musste sie gekentert sein – das schlimmste Szenario überhaupt. Vielleicht war Abby dabei ertrunken. Falls sie zum Zeitpunkt des Kenterns an Deck gewesen war, hatte sie keine Chance. Unten in der Kabine konnte sie ein Durchkentern überleben, aber selbst dann war sie von der Außenwelt abgeschnitten, ohne Telefon und ohne Strom. Hinzu kam, dass das Boot, wenn es kieloben trieb und leckte, in null Komma nichts volllaufen würde. Der einzige Fluchtweg war die Rettungsluke am Heckbalken. Und war sie erst einmal draußen, würde Abby den eiskalten Temperaturen von Wind und Wasser schutzlos ausgeliefert sein und erfrieren, bevor die Rettungsmannschaften sie fanden. Falls man sie überhaupt fand.

Marianne wusste, dass ihre Tochter eine Kämpfernatur war, und sie war im Verlauf von Abbys Reise in ihrer Meinung mehr und mehr bestärkt worden. Sie wusste, dass Abby eine Menge aushalten konnte und bisher jede Herausforderung gemeistert hatte. Aber den Kampf ums nackte Überleben und die Hölle, durch die sie jetzt ging, hätte sie ihr gern erspart. Sie weinte viel, und um sich abzulenken, versandte sie Gebetsaufrufe per E-Mail und telefonierte mit Freunden und Verwandten.

Der Pastor ihrer Gemeinde und seine Frau kamen vorbei, um mit Marianne und Laurence zu beten. Und Jeff und Bill waren immer mit Mut machenden Worten für sie da, hielten ihnen die Presse vom Leib und griffen ihnen unter die Arme.

Die Hoffnung war es, die Marianne aufrecht hielt. Doch nach und nach schwand die Hoffnung und mit ihr der Optimismus. Nachts wurde sie von Schreckensszenarien heimgesucht und träumte von einem gekenterten Boot. Ihre Tochter lag an Deck in ihrem roten Regenoverall und war tot.

Als der Morgen graute, öffnete ich mühsam die Lider. Langsam kam die Erinnerung zurück. Die Erinnerung an einen Katastrophenfilm vor dem Einschlafen. Jetzt war ich wach, doch ich war immer noch in dem Film. Der Film war Wirklichkeit. Ich versuchte mich aufzusetzen. Mir tat immer noch alles weh. Und ich war so steif, dass ich mich kaum bewegen konnte. Aber ich konnte nicht ewig hier in der Materialluke liegen bleiben. Langsam bewegte ich erst einen Arm, dann den anderen, dann die Beine. Ich zuckte zusammen, als mein wunder Fuß den Schlafsackreißverschluss streifte. Dann, sehr langsam und vorsichtig, öffnete ich die Tür und kletterte hinaus.

In der Kabine herrschte das totale Chaos. So wie in einem Zimmer, das auf den Kopf gestellt und um die eigene Achse gedreht wurde. Ich setzte mich an den Kartentisch, um zu denken. Was sollte ich tun? Ich brauchte dringend einen Plan.

Ich musste daran denken, wie ich vor meiner Reise die Seekarten studiert und entdeckt hatte, dass man an einigen Stellen im Ozean so weit vom Land entfernt ist, dass es praktisch unmöglich war, gerettet zu werden. Die Riesenwelle, die mein Boot umgeschmissen hatte, hatte sich genau so eine Stelle ausgesucht. Das nächste Land mit einem größeren Such- und Rettungsdienst war Australien, und das war über zweitausend Meilen entfernt. Ein Schiff aus Australien würde zwei Wochen brauchen, um mich zu retten.

Wie lange konnte ich hier draußen überleben?, fragte ich mich zum wiederholten Mal. Eine Such- und Rettungsaktion konnte Wochen oder Monate dauern. Meine Antwort war: *So lange wie nötig*.

Im Kopf machte ich eine Liste der Dinge, die ich tun musste: Motor und Wasseraufbereiter in Gang kriegen, Ordnung auf dem Deck schaffen. Mir überlegen, was ich als Mast-Ersatz nehmen konnte.

Dann machte ich mich an die Arbeit.

Ich stakste auf dem Deck herum wie ein Storch, hob bewusst die Füße, um mich nicht in den überall herumliegenden Tauen und Drähten zu verheddern. Der Himmel war grau, aber es sah so aus, als würde bald die Sonne durchbrechen. Die Wellen waren unverändert hoch und spülten über Bord. Ich hielt mich an dem abgebrochenen Stumpf fest, der einmal mein Mast gewesen war, und spähte über Bord, ins schäumende, gischtende Grau. Der abgebrochene Mast hob und senkte sich im Rhythmus der See. Darunter entdeckte ich auf einmal eine vertraute, dreieckige Kontur: *mein Stagsegel!* Ich konnte nicht sehen, ob es noch intakt war, aber es bestand zumindest die Möglichkeit. Vielleicht war das die Lösung! Doch das Segel lag tief im Wasser, tonnenschwer und regungslos wie eine Leiche.

Die Sunderlands waren seit 4.00 Uhr morgens auf den Beinen, seit Abbys erstem Anruf. Marianne, die im achten Monat schwanger war, spürte, wie Sorge und Anstrengung an ihren Kräften zehrten, und legte sich noch einmal hin. Vor Erschöpfung schlief sie sofort ein. Eine Nachbarin kam vorbei, richtete das Frühstück für die jüngeren Kinder und half beim Waschen, Kämmen und Anziehen. Zac und Jeff beantworteten Fragen der Presse.

Marianne schlief den ganzen Tag. Als sie am späteren Abend aufwachte, waren alle Kinder schon im Bett, bis auf Zac. Freunde waren zu Besuch gekommen, sie saßen im Wohnzimmer und unterhielten sich gedämpft, beteten, manche weinten leise. Marianne setzte sich zu ihnen, neben ihre beste Freundin Kristi Nash.

Inzwischen spürte auch Laurence, wie sehr die Sorge um Abby an seinen Nerven zerrte. Seit sie vom Rettungseinsatz mit der Qantas-Maschine wussten, warteten sie angespannt auf Nachricht. Das Warten war das Schlimmste, besonders für Laurence. Er war ein Mann der Tat, das Warten zermürbte ihn mehr als alles andere. Marianne sah Laurence von der Seite an. Er war ein gebrochener Mann. *Wenn Abby nicht wiederkommt ...*, dachte sie, *... ich weiß nicht, ob er das überleben wird.*

Ohne mein Rigg war es schwer zu sagen, wie stark der Wind war, aber ich schätzte, er blies noch mit mindestens fünfundzwanzig bis dreißig Knoten. Graue, steil aufgerichtete Brecher krachten an Bord. Bevor ich ins Freie trat, zog ich meinen Lifebelt an und hakte die Sicherungsleine an einem Bügelbeschlag am Cockpit ein. Die Haltestangen waren abgebrochen, das Geländer ebenso. Die beiden Rettungsleinen an Bord waren auch verschwunden. Ich ließ meinen Blick über das verwüstete Deck schweifen und entdeckte einen neuen Schaden, der über Nacht entstanden war.

Der Großbaum lag jetzt im Wasser. Die Leinen, die ihn am Platz gehalten hatten, waren zerrissen. Beim Fallen hatte er ein Loch in den Ballasttank geschlagen. Das war zum Glück nicht weiter schlimm. Die *Wild Eyes* hatte zwei Ballasttanks, einen auf jeder Seite, die mit Seewasser gefüllt waren, um das Boot zu stabilisieren.

Wichtiger war jetzt der Mast. Noch war er keine Gefahr für das Boot, aber wenn er sich verschob, konnte er sich wie eine Harpune in den Rumpf bohren. Ich musste ihn vom Boot abtrennen.

Ich ging nach unten, um ein Beil oder eine Säge zu holen, und hoffte, in dem Chaos irgendein Werkzeug zu finden. Ich hatte Glück. Direkt neben dem Kartentisch lag eine Säge.

Ich weiß nicht, warum es mich gerade in dem Moment überkam. Aber auf einmal wurde mir meine aussichtslose Situation schlagartig bewusst. Hier, in der Unendlichkeit des Ozeans, die sich um mich herum ausdehnte, lag ich mit meinem winzigen Boot, das kaum größer war als ein großer Fisch. Panik stieg in mir hoch. Um mich zu beruhigen, trank ich einen Schluck Wasser. Dann sank ich auf den Stuhl vor dem Kartentisch.

„Lieber Herr", flehte ich zu Gott. „bitte sag mir, ob es noch Hoffnung für mich gibt. Wenn ich wirklich gerettet werde, dann lass es mich wissen. Gib mir irgendein Zeichen. Bitte."

Im selben Augenblick wurde mir klar, wie dumm meine Worte klangen. Ich war hier allein mitten im Ozean, um mich herum Wasser, so weit das Auge reichte. Was sollte Gott tun? Mir eine Brieftaube schicken?

Ich stand auf, ging wieder an Deck und begann, die Taue zu durchtrennen. Die Kälte draußen tat gut, sie machte den Kopf frei und betäubte meine schmerzenden Glieder, sodass mir die Arbeit nicht allzu schwerfiel. Das war gut, so schaffte ich es vielleicht, das Boot instand zu halten, damit es nicht auseinanderfiel, bevor ich gerettet wurde. Denn das konnte dauern.

Plötzlich traf eine große Welle die *Wild Eyes* wie eine Faust. Instinktiv griff ich nach der Stahlverstrebung am Heck und klammerte mich in Todesangst daran fest. Mein Herz raste. Panisch blickte ich nach allen Seiten, aber die anderen Wellen sahen normal aus – hoch, aber nicht bedrohlich.

Ich spürte, wie ich rot anlief. Obwohl im Umkreis von Hunderten oder Tausenden von Meilen keine Menschenseele war. Ich schämte mich, dass ich so ein Angsthase war. Plötzlich hatte ich Angst vor der nächsten großen Welle, die mich zum Kentern bringen würde, und stellte mir vor, wie ich, von Seilen gefesselt, hilflos unter dem Boot hängen würde. Diese Angst war neu. Das war sonst nicht meine Art. Ich war fast zwanzigtausend Kilometer gesegelt, und fand es vor vierundzwanzig Stunden noch toll, die neun Meter hohen Wellen hinunterzusurfen. Also – wovor hatte ich plötzlich Angst?

Reiß dich zusammen, Abby! Monsterwellen sind sehr, sehr selten.

Es half nichts, wenn ich mich vor Angst und Sorgen verrückt machte. „Weiter geht's!", sagte ich laut zu mir selbst. „Der Mast muss weg."

In dem Augenblick hörte ich von oben ein Geräusch. Ich blickte hoch und sah ein großes, weißes Flugzeug, das über mich hinwegflog.

„Kontakt, links!", rief Michael Wood, ein Qantas-Flugbegleiter, der sich freiwillig für den Rettungseinsatz gemeldet hatte. „Ich kann sie sehen!"

Ein Jubel ging durch die Kabine. Die Helfer vom staatlichen australischen Rettungsdienst und die Flugbesatzung gaben die Koordinaten von Abbys Position in das GPS ein, und Michael Wear staunte über die Präzision des EPIRB- und Satellitensystems. Es war so genau, dass der Airbus nur etwa dreihundert Meter von Abbys Boot entfernt war, als sie es sichteten. Der Satellit hatte das Flugzeug praktisch direkt zur *Wild Eyes* geführt – zu einem winzigen Punkt im drittgrößten Ozean der Erde.

Als ich das Flugzeug sah, traute ich meinen Augen kaum! So hart war ich doch nicht mit dem Kopf gegen die Wand geknallt … Da war tatsächlich ein Flugzeug über mir. Ein waschechtes, großes Passagierflugzeug über dem Indischen Ozean, abseits der üblichen Flugrouten. Und es flog total tief.

Man suchte mich! Was sonst sollte dieses Flugzeug hier?

In dem Moment stürzten widersprüchliche Gefühle wie eine Flutwelle auf mich ein: wahnsinnige Freude und gleichzeitig wahnsinnige Angst. Die Angst trampelte die Freude nieder, wie eine durchgehende Büffelherde. Nie im Leben hatte ich größere Angst gehabt wie in diesem Augenblick. Denn wenn das Flugzeug über mich hinwegflog, ohne mich zu sehen, war alles vorbei. Dann würden sie weiterfliegen, um woanders nach mir zu suchen, irgendwo im weiten Ozean. Dann würden sie mich nie finden. Das wäre das Ende.

Das Flugzeug war schon beinahe vorüber, und ich hatte keine Ahnung, ob mich jemand gesehen hatte.

Ich muss mich bemerkbar machen, damit sie wissen, dass ich hier bin und dass ich noch lebe!

Ich raste nach unten zum Kartentisch und schaltete mein Funkgerät ein, das wie durch ein Wunder noch funktionierte.

Solche spektakulären Eins-zu-eins-Gebetserhörungen erlebt man natürlich nicht alle Tage. Aber es gibt sie, besonders auf See. Viele Leute denken, dass die Dinge eben einfach passieren, egal, ob man betet oder nicht. Und wenn etwas gut ausgeht, dann sei das nicht unbedingt Gottes Verdienst, sondern Zufall. Ich sehe das anders. Ich hatte gebetet: „Gib mir ein Zeichen." Und dann, Minuten später, tauchte direkt über mir dieses riesige Flugzeug auf – das konnte kein Zufall sein!

Was ich auf See erlebt hatte – die Stürme, die Kälte, die Erschöpfung, aber auch die unbeschreiblich schönen Momente – überstieg alle meine Erwartungen und meine Vorstellungskraft. Es führte mich in eine neue Dimension, auch in meinem Glauben an Gott. Ich denke, viele Menschen finden gerade durch solche

Grenzerfahrungen näher zu Gott. So war es auch bei meinem Bruder. Und jetzt bei mir.

Ich stand in der Kabine, warf die Arme in die Luft und jubelte laut: „Danke, Gott! Danke!"

Michael Wear hielt einen Fragebogen der Rettungsdienststelle, die den Einsatz koordinierte, in der Hand, mit einer Liste von Fragen, um bei einer Seenotrettung die Verfassung des Bootes und der Crew zu ermitteln. Doch die Reichweite ihrer VHF-Funkanlage war so kurz, dass sie beim Überfliegen der *Wild Eyes* mit einer Geschwindigkeit von 250 Knoten ein Zeitfenster von nur zehn bis fünfzehn Sekunden hatten, um mit Abby zu sprechen. Wear übernahm das Handfunkgerät von Trivett und fragte: „Sind Sie unverletzt?"

„Ja, mir geht's gut", antwortete Abby.

Als der Airbus die *Wild Eyes* das nächste Mal überflog, konnte Wear den abgebrochenen Mast erkennen, der samt Segeln im Wasser trieb, und fragte, ob das Boot ein Leck hatte.

„Nein, mein Boot ist dicht."

Wear war erstaunt, wie ruhig und gefasst die Stimme der jungen Amerikanerin klang. Wie ein Mädchen, das ganz genau wusste, worauf es ankam, um zu überleben.

Beim nächsten Funkkontakt sagte Abby, dass ihr Satellitentelefon defekt sei und das VHF-Funkgerät ihr einziges Kommunikationsmittel war. Danach informierte Wear Abby, dass ein Schiff, das sie an Bord nehmen würde, in den nächsten vierundzwanzig Stunden bei ihr sein würde.

Doch er erhielt keine Antwort. Wear wiederholte seine Durchsage, dass die *Ile de la Réunion* bereits unterwegs sei. Das Gerät blieb still. Er nahm an, dass Abby ihr Funkgerät ausgeschaltet hatte, um Strom zu sparen.

Der Airbus kreiste noch so lange über dem Gebiet, wie es der Treibstoff erlaubte, dann drehte er ab und nahm Kurs zurück nach Australien. In der Kabine herrschte Hochstimmung. Das

Rettungsteam feierte den gelungenen Einsatz – sie hatten Abby gefunden. Trotzdem hatte Michael Wear gemischte Gefühle. Offensichtlich war er nicht der Einzige, denn nach der anfänglichen Euphorie machte sich nun eine beklommene Stille in der Kabine breit. Ja, sie hatten Abby gefunden. Aber sie waren gezwungen, sie dort draußen bei rauer See mit ihrem manövrierunfähigen Boot allein zu lassen. Nun konnten sie nur noch abwarten und hoffen.

Als Laurences Telefon klingelte, nahm Bill das Gespräch entgegen und reichte es an Laurence weiter, auf dessen Gesicht eine Mischung aus Angst und Hoffnung stand.

Marianne sah, wie seine Züge sich aufhellten und Tränen in seine Augen stiegen. Alle, die im Zimmer waren, hörten mit, als Laurence aufgeregt die Worte wiederholte: „Boot schwimmt aufrecht ... Mast ist gebrochen ... und es geht ihr gut! Sie sagte wortwörtlich: ‚Es geht mir gut!‘"

Im Wohnzimmer machte sich Erleichterung breit. Der Raum war erfüllt von Jubel und Gelächter, alle redeten gleichzeitig, fielen sich vor Freude weinend um den Hals. Selbst Marianne weinte, obwohl sie gedacht hatte, sie hätte keine Tränen mehr.

Ein einziger Anruf genügte, um eine schreckliche Vision auszulöschen – und durch die Gewissheit zu ersetzen, dass Gott die Gebete von Tausenden von Menschen erhört hatte. Und dass ihr geliebtes Kind nach Hause kommen würde.

Ich hatte gehört, dass ein Rettungsschiff unterwegs war und meine Position in vierundzwanzig Stunden erreichen sollte. Ich konnte es kaum glauben! Ich hätte nie gedacht, dass sich ein Schiff so weit nach Süden verirrte.

Die nächsten vierundzwanzig Stunden vergingen wie im Flug. Ich weiß, das klingt komisch, weil jeder erwartet, dass mir die Zeit lang vorkam, aber das tat sie nicht. Nachdem der Funkkontakt mit dem Qantas-Jet abgebrochen war, rannte ich an Deck und sah dem Flugzeug lange nach, bis es nur noch ein winziger Punkt am stahlblauen Himmel war.

Dann überlegte ich, was ich von den Sachen an Bord noch retten konnte. Mein Computer war durch die Nässe zerstört. Mein Reservecomputer war achtern im Boot, hinter dem Schott, wo das Wasser eindrang. Meine Videokameras, mit denen ich am Tag vor dem Unfall noch ein paar Aufnahmen gemacht hatte, waren vollkommen durchnässt. Überhaupt war alles nass. Restlos alles.

Ich fing an, nach den Bootspapieren zu suchen und nach meinem Reisepass – beides sollte in einer wasserdichten Mappe sein. Die wohl nicht ganz so wasserdicht gewesen war, denn während ich im Kartentisch nach der Mappe wühlte, fiel auf einmal – plopp! – mein Pass von der Decke und landete vor mir auf dem Tisch. Er hatte, seit ich gekentert war, die ganze Zeit an der Kabinendecke geklebt. Und nun, als ob er gewusst hatte, dass ich ihn suchte, fiel er herunter und sagte: „Hallo, hier bin ich!" Das war ziemlich komisch.

Zu meinem Pass legte ich ein paar Halsketten, die mir besonders viel bedeuteten, außerdem einen Satz trockene Kleider und meinen Überlebensanzug für den Fall, dass ich bei der Rettungsaktion ins Wasser springen musste. Dann machte ich mich wieder an die Arbeit, denn ich hatte noch einige Dinge auf der Liste, die ich erledigen wollte, bevor das Schiff kam. Oder falls es nicht kam.

Ich warf den Wasseraufbereiter an, reparierte die Heizung und versuchte mein Glück mit dem Motor, konnte ihn aber leider nicht zum Laufen bringen. Inzwischen hatte der Wind nachgelassen und die Wellen wurden zahmer. Sogar die Sonne ließ sich blicken. Die Sonne und die Aussicht auf Rettung beflügelten mich, sodass ich plötzlich so gut wie keine Schmerzen mehr hatte. Ich schwang die Säge wie ein professioneller Bootsbauer, mit dem Unterschied, dass ich das Boot nicht baute, sondern auseinandernahm. Ich kroch übers ganze Deck und sägte die Wanten durch, die den gebrochenen Mast festhielten. Mehrmals musste ich meine Sicherheitsleine ausklinken und woanders wieder einklinken.

Ich staunte, wie leicht sich die Wanten durchsägen ließen – ich brauchte nur eine halbe Stunde für alle vier Wanten.

Ich war froh, dass ich mich an Bord in die Arbeit flüchten konnte. Es bewahrte mich davor, mich verrückt zu machen. Ich war einfach zu beschäftigt, um Angst zu haben.

Dann, als ich mit allem fertig war, ging ich wieder nach unten. Nun hatte ich wieder Zeit zum Denken.

Ich wollte nicht über meine bevorstehende Rettung nachdenken. Ich wollte mir keine großen Hoffnungen machen, aus Angst, meine Hoffnung könnte enttäuscht werden. Und je mehr ich darüber nachgrübelte, desto mehr probierte die Angst, mich wie Treibsand zu verschlingen.

Zwölf Stunden nach der Landung der Qantas-Maschine war Michael Wear schon wieder unterwegs zum Flughafen. Die Rettungsstelle in Canberra hatte einen zweiten Flug gechartert, diesmal mit einem Global Express-Jet. Unter den ehrenamtlichen Helfern waren auch drei Polizeibeamte. Einer von ihnen sprach fließend Französisch, da seine Familie von der Insel Réunion stammte, dem Heimathafen des Schiffes *Ile de La Réunion*. Das war ein großes Plus – zumal von der französischen Crew an Bord des Schiffes niemand Englisch sprach.

Michael Wear und seine Kollegen drängten zur Eile, da sie wussten, dass ein weiterer 6-Stunden-Flug vor ihnen lag. Doch der Abflug verzögerte sich wegen einer technischen Störung. Während die Mechaniker den Schaden reparierten und wertvolle Minuten verstrichen, dachte Wear die ganze Zeit an Abby, die mitten im Ozean allein mit ihrer Nussschale von Boot durch die Wellen trieb.

Die Stunden vergingen. Ich verscheuchte die Angst, die sich wie ein Parasit in meinem Gehirn festsetzen wollte. Koste es, was es wolle, ich würde alles tun, um auf der *Wild Eyes* zu überleben. Egal, wie lange. Außerdem hatte ich Grund zur Hoffnung. Rettung war unterwegs. Man hatte mich gefunden. Man wusste, dass ich am Leben war. Und das hieß, dass auch meine Familie es wusste.

Vierundzwanzig Stunden, nachdem das Rettungsflugzeug über mich hinweggeflogen war, setzte ich mich an den Kartentisch und schaltete das Funkgerät ein. Ich hoffte auf ein Signal, auf irgendeine menschliche Stimme, die das Rauschen durchdrang. Eine Stimme, die *„Wild Eyes*, bitte melden" oder so was sagte.

Aber es blieb still.

Eine weitere Stunde verging und noch eine. Die Angst kroch wieder hoch wie eine Schlange und flüsterte mir ins Ohr: *Vielleicht wartest du vergeblich. Vielleicht kommt ja doch niemand.*

Mit zwei Stunden Verzögerung konnte das Flugzeug endlich in Perth starten. Nach über fünf Stunden näherte sich der Global Express-Jet seinem Ziel: die neuen Koordinaten, die von Canberra durchgegeben worden waren. Aus dreihundert Metern Höhe konnte Wear erkennen, dass die See nicht mehr ganz so rau war. Doch eine dunkle Wolkendecke verdeckte teilweise die Sicht. Der Jet kreiste über der errechneten Position, doch die *Wild Eyes* war nicht zu sehen. Seine Sorge wuchs. *Was war mit Abby passiert?*

Nach dreißig Minuten vergeblicher Suche kam eine Meldung aus Canberra mit neuen Koordinaten. Der aktuelle Wegpunkt lag zwanzig bis dreißig Meilen weiter, und das Flugzeug erreichte ihn nach etwa fünf Minuten. Ohne Satellitentechnik hätten sie stundenlang gesucht und Abby vielleicht nie gefunden, obwohl sie nur wenige Meilen entfernt war.

Dichte Wolken und Regentropfen an den Fenstern machten es schwer, die Wasseroberfläche zu erkennen, geschweige denn ein Boot. Doch dann klarte es so plötzlich auf, dass Michael Wear später sagte, es sei wie ein Wunder gewesen. „Als ob Gottes Hand die Wolken beiseiteschob."

Sosehr ich mich dagegen wehrte, meine Sorgen und Zweifel kamen immer wieder hoch. Vielleicht hatte das Fischfangschiff, das mich retten sollte, Schwierigkeiten, meine exakte Position zu bestimmen. Oder mein Notfunksignal war defekt.

Um nicht untätig herumzusitzen, suchte ich nach meiner Leuchtpistole. Ich wusste, dass man Leuchtsignale aus bis zu zehn Kilometern Entfernung sehen kann. Als ich die Signalpistole abfeuerte, hoffte ich, dass das Rettungsschiff keine zehn Kilometer entfernt war.

Eine gute Viertelstunde später hatten die „Spotter" vom Flugzeug aus die *Wild Eyes* entdeckt. Michael Wear schaltete sein Funkgerät ein: „*Wild Eyes*, hier spricht der Global Express-Rettungsflug, können Sie mich hören?"

Keine Antwort.

Er versuchte es wieder und wieder, aber ohne Erfolg.

„*Wild Eyes*, ein Rettungsschiff ist in der Nähe. Falls Sie mich hören können, geben Sie ein Leuchtsignal, damit das Schiff Sie sehen kann."

Der Polizeichef Peter Trivett war dabei, mit seiner Digitalkamera mit Hochleistungs-Zoomobjektiv Standbilder des manövrierunfähigen Bootes zu schießen. Dabei sah er, dass Abby in ihrem roten Regenoverall an Deck stand. Immerhin war es möglich, dass sie Wears Funkspruch empfangen hatte, aber selbst keinen Funkkontakt herstellen konnte.

Mit der Leuchtpistole in der Hand kletterte ich nach oben, kurz davor, in Panik auszubrechen. In dem Augenblick, als ich das Deck erreichte, blieb ich wie angewurzelt stehen und starrte zum Himmel: *Schon wieder* so ein riesiges Flugzeug! Diesmal ein anderes. Anstatt mich vor Freude zu überschlagen, steigerte sich meine Panik. Warum sollte noch ein zweites Rettungsflugzeug nach mir suchen? Wahrscheinlich nur aus dem Grund, weil das erste meine Spur verloren hatte.

Unten erwachte quakend meine Funkanlage zum Leben. „*Wild Eyes*, hier spricht Global Express Rettungsflug. Können Sie mich hören? Over. "

Das Flugzeug war nicht mehr über mir, sondern entfernte sich bereits. Ich war nicht sicher, ob man mich überhaupt gesehen hatte, und schoss eine rote Leuchtkugel ab. Allerdings stieg sie nicht, wie geplant, senkrecht zum Himmel hoch, sondern schmierte ab und flog hinter dem Flugzeug her.

 Michael Wear sah das rote Leuchtsignal, das direkt – ein wenig zu direkt – auf den Jet zuhielt. Doch dann schoss es mit genügend Sicherheitsabstand unter dem Flugzeug durch.

Abby war ganz offensichtlich am Leben. Wear fragte sich, wo das Schiff blieb.

Ich sauste nach unten und griff zum Mikrofon. „Hier *Wild Eyes*, können Sie mich hören?", wiederholte ich mehrmals.

Mein Herz klopfte wild. Was sollte das andere Flugzeug hier? Vierundzwanzig Stunden waren längst verstrichen. Was war mit dem versprochenen Rettungsschiff?

Aus dem Cockpit des Global Express-Jet beobachtete Michael Wear die Wasseroberfläche, während sie über der *Wild Eyes* kreisten. Plötzlich, aus einer Distanz von etwa einer halben Meile, sah er das französische Schiff. Die *Ile de la Réunion*, das Flugzeug und die *Wild Eyes* bildeten drei Punkte auf einer geraden Linie.

In dem Moment wurde ihm bewusst, wie viele glückliche Umstände bei dieser Rettung zusammenkamen. Selbst die Verspätung ihres Fluges schien ihm nun ein perfektes Timing von Gott. Wären sie zwei Stunden eher gestartet, hätten sie auch – wegen der Treibstoffkapazität – eher nach Perth zurückfliegen müssen und die Rettungsaktion nicht bis zum Schluss begleiten können.

Ich warf einen Blick auf mein EPIRB und sah, wie das weiße Licht blinkte. Ob das Signal noch gesendet wurde? Das Blinken allein hatte nichts zu bedeuten. War überhaupt ein Satellit nah genug, um das Signal zu empfangen? So vieles war schon schiefgegangen … erst das Drama mit der Selbststeueranlage, dann kam der Motor, die Telefone, der gebrochene Mast … Warum sollte dann das EPIRB funktionieren?

Ohne Funkkontakt mit dem zweiten Flugzeug sah ich meine Chancen schwinden. Ich ließ das Funkmikrofon sinken und sprintete wieder nach oben … und traute meinen Augen nicht: Direkt vor mir ragte die Bordwand eines riesigen Schiffes auf! Als wäre es plötzlich aus dem Nichts gekommen. Als ich vor ein paar Minuten noch an Deck war, konnte ich von einem Schiff keine Spur entdecken. Und hier war es, so nah, dass sich unsere Bordwände beinahe berührten.

Später erfuhr ich, dass sie mein Leuchtsignal gesehen hatten, und dass sie mithilfe des Flugzeugs meine genaue Position bestimmen konnten.

Der Rumpf der *Ile de la Réunion* war dunkelblau, mit einem schmalen Streifen Orange auf Höhe der Reling. Das Schiff begann, die *Wild Eyes* zu umkreisen, und ich fragte mich, wie in aller Welt ich von meinem kleinen schwankenden Boot an Bord des großen Schiffes kommen sollte, das ebenso in der schweren See rollte und stampfte. Dann sah ich, wie jemand von der Besatzung ein Beiboot herunterließ. Zwei Männer stiegen ein, warfen den Motor an und kamen längsseits.

Der eine war, wie ich später herausfand, der Kapitän, Paul-Louis LeMoigne. Da beide kaum Englisch sprachen und ich kein Französisch, verlief die Transaktion praktisch ohne Worte. Bevor ich ins Beiboot stieg, gestikulierte ich so lange, bis sie verstanden, dass sie kurz warten sollten, weil ich noch etwas holen wollte. Dann ging ich unter Deck, um die Tüte mit den Sachen zu holen, die ich unbedingt mitnehmen wollte. Dabei merkte ich, dass ich noch nicht mal Schuhe anhatte, nur ein paar Schichten Thermounterwäsche und meinen Regenanzug. Einer der Männer hielt sich an einer Metallverstrebung der *Wild Eyes* fest, sodass beide Boote sich synchron im Rhythmus der Wellen auf und ab bewegten. Ich ging in die Hocke und schob die Beine über Bord, und als ich nah genug war, streckten meine Retter die Arme aus und hoben mich ins Boot.

Die Wellen waren immer noch hoch, und das Beiboot kämpfte sich durch dunkle, drei bis vier Meter hohe Wellen hinüber zur *Ile de la Réunion*. Eine Strickleiter hing über Bord. Jemand von der Crew warf ein Seil hinunter, um mich zu sichern, für den Fall, dass ich bei der Aktion ins Wasser fiel. Gerade als ich nach der Strickleiter greifen wollte, kam eine riesige Welle und hob mich fast auf die Höhe des Decks, und ich wurde von mindestens einem Dutzend grinsender französischer Fischer an Bord gezogen.

Als Abby an Bord der *Ile de la Réunion* in Sicherheit war, führte man sie als Erstes auf die Brücke, wo Michael Wear am anderen Ende des Satellitentelefons auf sie wartete. Er wollte sich erkundigen, wie es ihr ginge.

Abby erste Worte waren: „Hat irgendjemand meinen Eltern Bescheid gesagt?"

Und Wear versicherte ihr: „Das sind die Allerersten, die die Rettungsdienststelle in Canberra gleich anruft."

Er merkte, wie müde Abby klang. Sie hatte auf ihrem Boot ausgeharrt, so lange es nötig war, und musste am Rande der Erschöpfung sein. Hinzu kam die Enttäuschung, dass ihre Reise so endete und sie die *Wild Eyes* hilflos in den Wellen treibend zurücklassen musste.

Das Rettungsflugzeug drehte noch einige Runden über der *Ile de la Réunion*, bevor es zurück nach Perth flog. Anders als bei ihrem letzten Rückflug herrschte an Bord ungetrübte Freude und Erleichterung über die geglückte Rettungsaktion. Es war – angesichts der riesigen Entfernungen – vielleicht eine der schwierigsten und bedeutendsten Seenotrettungen der Welt. Die Euphorie im Flugzeug war groß.

Michael Wear erzählte später: „Die Freude und Begeisterung

über die gelungene Rettung war überwältigend. Bei einem Rettungseinsatz von diesem Ausmaß dabei sein zu dürfen, war für mich der absolute Höhepunkt meines ganzen Berufslebens."

Von der Brücke aus konnte ich zu Hause anrufen. Als ich Mamas und Papas Stimme hörte, durchströmte mich eine warme Welle des Glücks. Es tat so gut, mit meiner Familie zu reden. Manchmal in dunklen Momenten, während ich auf meine Rettung gewartet hatte, hatte ich gedacht, ich würde sie nie wiedersehen.

„Hi, Abby! Wir sind so froh, dass es dir gut geht!"

„Danke, Mama."

„Bist du verletzt?"

„Nein, nicht wirklich. Beim Kentern habe ich mir den Kopf angeschlagen, aber sonst geht es mir gut."

„Okay, aber wenn du dich plötzlich komisch fühlst, schwindelig oder es dir übel wird, musst du es jemandem sagen. Das können Anzeichen einer Gehirnerschütterung oder von inneren Verletzungen sein. Damit ist nicht zu spaßen."

„Ich weiß, Mama."

„Sind die Leute auf dem Schiff freundlich?"

„Ja, alle von der Crew sind sehr nett."

Ich sagte meiner Mama, wie sie mich per E-Mail erreichen konnte, und sie erzählte mir ein bisschen von dem ganzen Medienrummel. Anscheinend zeigte jetzt die ganze Welt mit dem Finger auf meinen Papa, den unverantwortlichen Vater. Details ersparte sie mir, da sie mich nicht unnötig aufregen wollte.

„Weißt du schon, wohin man dich bringt?", fragte sie.

„Nein, ich habe keine Ahnung."

Jemand von der Crew hatte etwas von den Kerguelen gesagt. Aber so, wie er es aussprach, *Ile de … irgendwas*, konnte ich es nicht verstehen. Später zeigte mir dann Kapitän LeMoigne die genauen Koordinaten auf der Seekarte.

Der Kapitän, der Erste Offizier und noch jemand von der Crew, der oft auf der Brücke war, sprachen ein wenig Englisch, und ich freute mich, dass ich mich mit jemandem unterhalten konnte.

Nach drei Tagen erreichten wir die Kerguelen. Eines Abends auf der Brücke sprach ich mit Kapitän LeMoigne. Ich war in einer melancholischen Stimmung und traurig, dass ich mein Boot hatte zurücklassen müssen.

„Ich vermisse die *Wild Eyes*", sagte ich.

Der Kapitän sah mich an und lächelte. „Ein Boot kann man ersetzen", sagte er. „Aber dich nicht."

 Für kurze Zeit freuten sich alle mit den Sunderlands, dass ihre Tochter gerettet und in Sicherheit war.

Nichts Böses ahnend, hatte Laurence seine Gefühle über Abbys Rettung bei Presseinterviews geäußert. Ein Reporter von der *New York Post*, der ausnehmend freundlich war, interviewte ihn lange vor seinem Haus im Vorgarten. Am nächsten Tag, als er den Artikel las, wünschte Laurence, er hätte ihn mit dem Gartenschlauch vom Hof gejagt.

Abby Sunderlands Vater machte Geschäfte mit dem Fernsehen, während seine Tochter ihr Leben aufs Spiel setzte

Der Vater der 16-jährigen Seglerin Abby Sunderland sagte gestern in einem Interview mit der New York Post, dass er in finanziellen Schwierigkeiten stecke und mit dem Fernsehen einen Vertrag über eine Reality-Show abgeschlossen habe. In der Show „Adventures in Sunderland" geht es um die Rekorde seiner waghalsigen Kinder. Die Dreharbeiten sollten beginnen, kurz nachdem Abby zu ihrer verhängnisvollen Einhand-Weltumsegelung gestartet war.

Laurence Sunderland, ein Segellehrer aus Thousand Oaks, einem gutbürgerlichen Vorort von Los Angeles, der dort mit seiner schwangeren Frau und sieben Kindern lebt, hat seit vier Monaten sein Haus für die Filmcrews geöffnet.

Laut Sunderland geht es in der Sendung „zum Teil um unsere Familie, zum Teil um Abbys Segeltörn. Von allem etwas."[7]

Viele amerikanische Journalisten und Kommentatoren veröffent-
lichten nach dem Motto: „Einer ist immer der Schuldige." Der
allgemeine Trend war zu behaupten, die Sunderlands beuteten ihre
Kinder aus und vermarkteten sie als wagemutige Vorbilder für die
Jugend. Abbys Eltern sollten sich vor Gericht verantworten müssen und mit Gefängnis bestraft werden, lautete eine Forderung.

16 Heimkehr

Thousand Oaks, Kalifornien, Juni – Juli 2010

Es war Nacht, als die *Ile de la Réunion* auf den Kerguelen-inseln vor Anker ging. Ich sagte Kapitän LeMoigne und seiner Crew auf Wiedersehen und bedankte mich noch einmal für alles, was sie für mich getan hatten.

Ein Beiboot brachte mich zu dem Frachter *Osiris*, der mich zur Insel Réunion mitnahm, wo ich meinen Bruder Zac, Bill und Jeff und einen Mann namens Lyall Mercer traf, der unserer Familie bei der PR-Kampagne geholfen hatte.

Die Überfahrt nach Réunion dauerte zehn Tage. Die Crew sprach nur wenige Brocken Englisch, aber die Kommunikation klappte auch so ganz gut – in Ein-Wort-Sätzen und per Zeichensprache. Alle waren so nett zu mir, und der Kapitän holte mich jeden Abend persönlich zum Abendessen ab, als wollte er sichergehen, dass ich das Essen nicht verpasste.

Am 25. Juni erreichten wir die Insel. Es war ein merkwürdiges Gefühl, sich von allen an Bord zu verabschieden und zu wissen, dass man sich wahrscheinlich nie wiedersehen würde. Dabei hatten diese wunderbaren Menschen eine ganz besondere Rolle in meinem Leben gespielt.

Merkwürdig war auch, dass ich mich freute, Zac zu sehen, der während meiner ganzen Reise über Skype Grimassen geschnitten hatte, um mich zu ärgern. Aber es war so schön, ihn zu sehen! Schön, jemanden aus meiner Familie in die Arme zu schließen. Zac hatte für mich auch ein paar frische Klamotten mitgebracht, damit ich der Presse nicht in viel zu großen Männershorts und Bikinitop entgegentreten musste. Als ich über die Gangway an Land ging, standen dort schon mehrere Reporter und eine große Gruppe von Leuten, die mich willkommen hießen, sodass wir uns einen Weg durch die Menge bahnen mussten.

Kaum waren wir an Land, musste ich auch schon die erste Pressekonferenz geben. Ich hatte ewig nicht mehr so lange am Stück gesprochen, aber es klappte erstaunlich gut. Ich wollte gar nicht mehr aufhören zu reden. Es war der reinste Wortmarathon.

Meine Heimreise war eine längere Odyssee. Von der Insel Réunion flogen wir zuerst nach Paris (wo Zac und ich noch schnell ein paar Fotos von uns vor dem Eiffelturm knipsten) und von dort aus weiter nach Los Angeles. Ich war wieder zu Hause im sonnigen Kalifornien – und wusste nicht recht, was ich davon halten sollte. Und was mich erwarten würde.

An der Gepäckausgabe diskutierten einige Polizisten mit Lyall und Jeff, wie sie mich am besten aus dem Flughafengebäude schleusen konnten – vorbei an den Reportern, die vor dem Gate schon auf mich warteten. Ich hatte genug im Rampenlicht gestanden. Selbst mit meinem Team an meiner Seite wollte ich nicht mit den Reportern sprechen. Nicht schon wieder diesen ganzen Medienrummel.

Mit unseren Koffern und Reisetaschen folgten wir der Polizei, die uns über einen langen Flur zu einem Hinterausgang führte, wo zwei Autos für uns bereitstanden. Als wir uns hinter dem Rücken der Reporter, Fotografen und Kameraleute davonstahlen, hatte ich fast Mitleid mit ihnen, wenn ich daran dachte, wie lange sie wohl vergeblich hier auf mich warten würden. Gleichzeitig beschlich mich eine leise Schadenfreude. Und große Erleichterung. Zu dem Zeitpunkt hätte ich mit niemandem über meine Reise reden können oder wollen. Zu viele unsortierte Gedanken, Gefühle und Eindrücke stauten sich in meinem Kopf. Ich brauchte Zeit, um das alles zu verarbeiten.

Wir fuhren in zwei Autos: im ersten Bill und Vivian, Filmproduzentin beim Sender NBC, und im zweiten Lyall, Jeff, Zac und ich. Vivian sollte meine Ankunft zu Hause filmen, und wir beschlossen, ihr etwas Vorsprung zu geben, und fuhren noch einmal zum Jachthafen.

In Marina del Rey war alles still. Ich sah die Boote dort liegen und schaute übers Wasser. Der Mond spiegelte sich auf der glatten Wasseroberfläche. Ich ging ein paar Schritte am Zaun entlang und atmete die Stille der Nacht ein. Alles war so friedlich – am liebsten wäre ich dageblieben. Ich wusste nicht, ob ich schon bereit war, nach Hause zu gehen. Aber es musste sein. Es war Zeit, der Tatsache ins Auge zu sehen, dass mein Leben seinen gewohnten Gang weitergehen würde – genauso wie früher. Dachte ich zumindest.

Nach einer ruhigen Heimfahrt bogen wir in unsere Straße ein und ich musste feststellen, dass nichts mehr war wie früher. In unserer kleinen, unbedeutenden Straße ging es zu wie auf dem Jahrmarkt: Lastwagen, Übertragungswagen, grelles Scheinwerferlicht und eine Horde Reporter, mit Kameras und Mikrofonen bewaffnet. Am liebsten hätte ich auf dem Absatz kehrtgemacht.

Wir bogen in die Garageneinfahrt ein, ein Schwarm von Reportern hinter uns her. Lyall stieg zuerst aus, ich folgte zögernd. Ungläubig blickte ich auf das Schlachtengetümmel vor unserer Einfahrt: Blitzlichtgewitter, laute Stimmen, Reporter, die sich mit den Ellenbogen ihren Weg nach vorn bahnten, um mir ihre Mikrofone vors Gesicht zu halten. Ich war sofort von Presseleuten umringt.

„Abby, was für ein Gefühl ist es, wieder zu Hause zu sein?"

„Sind Sie enttäuscht, dass Sie es nicht geschafft haben?"

„Abby, hier!"

„Abby! Abby!"

Jeff stieg aus und stellte sich zwischen mich und die Reporter. Ich drehte mich um und folgte Lyall ins Haus.

Mein Zuhause.

Nie werde ich den Augenblick vergessen, als ich ins Haus trat.

Die vertrauten vier Wände umgaben mich und ich atmete tief durch. Als ich hilflos im Indischen Ozean getrieben hatte, hatte ich mich gefragt, ob ich mein Zuhause jemals wiedersehen würde. Und nun war ich hier. Ich war daheim!

Im Wohnzimmer konnte ich mich vor Umarmungen nicht retten. Mein Papa schloss mich als Erster in die Arme, Tränen in den Augen. Meine Mama drückte mich so fest an sich, wie sie konnte (was bei ihrem Bauch nicht einfach war; sie sollte am nächsten Tag ihr Baby bekommen). Jessica und Toby hüpften vor Freude wie wild herum. Meine kleine Schwester Katherine wusste nichts von meinem Unfall und der dramatischen Rettungsaktion, doch sie schien zu spüren, dass etwas passiert war, denn sie hielt mich ganz fest und wollte mich gar nicht wieder loslassen. Und der dreijährige Ben schrie, umklammerte meine Knie und wollte auch auf den Arm genommen werden.

Mama und Papa waren der Meinung, ich sollte erst mal in Ruhe zu Hause ankommen und mich erholen, bevor ich mit der Presse sprach. Doch schon am nächsten Tag fand eine Pressekonferenz im Del Rey-Hotel statt.

Ich war wieder da, wo ich angefangen hatte, an meinem Ausgangspunkt. Hier schloss sich der Kreis. Kein vollständiger Kreis um die Erde, wie ich es mir gewünscht hätte. Aber weder ich noch mein Boot waren schuld daran, dass die Reise so zu Ende ging. Riesenwellen, die Boote zum Kentern bringen, kümmern sich nicht um die Träume eines Seglers. So ging ich ziemlich selbstbewusst in die erste Fragerunde.

„Ich bin sehr froh, wieder zu Hause zu sein", begann ich. „Und gleichzeitig sehr traurig über das, was passiert ist. Aber immerhin bin ich zwölftausend Meilen gesegelt und ich bin stolz auf das, was ich geschafft habe. Und ich habe gemerkt: Je länger ich segle, desto mehr liebe ich das Segeln."

Ich wusste, dass Mama und Papa von der Presse angegriffen wurden, und verteidigte sie.

Jeff Casher hatte vorher meine Eltern in einer Talkshow verteidigt, bei der Ted Caloroso einen Haufen falsche Aussagen von sich gab. Der übliche Mist: dass mein Papa meine Solo-Weltumsegelung forciert habe, um mit einer TV-Realityshow das große Geld zu machen. Dass er mich unbarmherzig zur Eile angetrieben hatte, um die Sponsoren-Deadline einzuhalten. Dass er zur Selbstdarstellung neige und als Vater seine Kinder dazu missbrauche, um seine eigenen Träume zu verwirklichen.

Ein weiterer Gast bei dieser Talkshow war Dr. Derrick Fries gewesen, der als „einer der führendsten Segelexperten der Welt" vorgestellt wurde. Derrick Fries ist zwar ein ausgezeichneter Segler, aber auf Boote der Klasse „Sunfish" und „Sailfish" spezialisiert (Boote, die so ähnlich sind wie Surfbretter, für kurze Distanzen), er hatte wenig Erfahrung als Hochseesegler. Trotzdem war er vom Moderator als „Segelexperte" vorgestellt worden, um meine Weltumsegelung zu kommentieren.

In der Talkshow hatte der Moderator außerdem gesagt, Kapitän LeMoigne sei bei meiner Rettungsaktion „fast ertrunken". Das ist definitiv nicht wahr. Ich kann es bezeugen, ich war ja dort.

Dann war es darum gegangen, dass mein gebrochener Mast leicht den Bootsrumpf hätte durchbohren und das Boot versenken können. Auch das war nicht ganz richtig, denn die Auftriebskörper und wasserdichten Schotten sorgten dafür, dass die *Wild Eyes* nicht untergehen konnte – und mein Papa wusste das. Darum hatten wir uns damals für dieses Boot entschieden.

Auch mit der Geografie hatte man es bei der Talkshow nicht so genau genommen – aus Unkenntnis oder Hype. Der Moderator hatte behauptet, ich sei fünfhundert Meilen nördlich der Antarktis gesegelt. Die Kerguelen gehören zwar praktisch zur Antarktis, doch ich war über 1.800 Meilen von der eigentlichen Antarktis entfernt gewesen.

Auch Jeff Casher aus meinem Team war als Gast eingeladen worden. Gerade er war aber nicht als „Segelexperte" vorgestellt worden, sondern wie ein Angeklagter im Gerichtssaal vom Moderator mit Fragen bombardiert:

„Es war tiefster Winter, und es ist der Gipfel der Verantwortungslosigkeit, ein Kind in diesen Breitengraden segeln zu lassen – unter Bedingungen, bei denen jeder Segler mit einem solchen Boot in Schwierigkeiten geraten würde. Was haben Sie dazu zu sagen?"

„Nun, ich glaube, dass sich die Gemüter da ziemlich erhitzt haben", hatte Jeff geantwortet. „Aber man muss immer beide Seiten sehen ..." Doch der Moderator hatte ihm das Wort abgeschnitten.

Bei der Pressekonferenz im Del Rey-Hotel war ich erstaunt, dass sich die Leute immer noch über mein Alter aufregten.

„Ich bin um Kap Hoorn und Kap Agulhas gesegelt. Und ich bin überrascht, dass mein Alter immer noch eine Rolle spielt. Ich dachte, das Thema sei längst abgehakt."

Aber im Großen und Ganzen machte es mir Spaß, über meine Reise zu sprechen. Besonders freute ich mich, als Lyall ankündigte, dass meine Mama sich gerade im Kreißsaal befand und ich wahrscheinlich einen kleinen Bruder haben würde, wenn die Pressekonferenz zu Ende war. Wir hatten beschlossen, ihn Paul-Louis zu nennen, nach Paul-Louis LeMoigne, dem Kapitän der *Ile de la Réunion*, der mir das Leben gerettet hatte.

Die Reporter stellten gute Fragen und schienen zufrieden mit meinen Antworten. Die Pressekonferenz lief sehr gut und war insgesamt eine runde Sache. Wieder staunte ich, wie leicht mir auf einmal das Reden fiel. Ich hätte noch stundenlang weiterreden können.

Was ist los mit mir? Bin das wirklich ich?

In meinem alten, „normalen" Leben früher hatte ich vor so vielem Angst gehabt. Vor Menschen. Davor, Fehler zu machen oder etwas Peinliches zu sagen. Ich war eine scheue Einzelgängerin gewesen. Doch meine Reise hatte mir eine völlig neue Welt eröffnet, das war sehr befreiend. Ich hatte so viele unterschiedliche Menschen kennengelernt – Filmleute und Fischer, Piloten und Techniker, Lehrer, Wissenschaftler und Kinder. Menschen aller möglichen Nationalitäten – US-Amerikaner, Mexikaner, Argentinier,

Südafrikaner, Australier und Franzosen. So viele Leute, die sich für mich interessierten, sich um mich sorgten, mir Mut machten und deren Wärme und Hilfsbereitschaft mein Leben für immer verändert haben.

Ich bin nicht mehr das Mädchen, das am 23. Januar 2010 in Marina del Rey die Segel setzte. Die Stürme des Südpolarmeeres, das Steuern des Bootes bei Regen und Kälte, das Reparieren der Selbststeueranlage, die Umrundung von Kap Hoorn – all das hatte mich verändert. Ich weiß jetzt, wer ich bin. Und ich habe eine neue Einstellung zum Leben.

In den Monaten allein auf See habe ich vieles begriffen. Ich habe auch Fehler gemacht, aber ich habe sie überlebt und aus ihnen gelernt. Jetzt bin ich zwölftausend Meilen weiser, zwölftausend Meilen belastbarer und habe einen zwölftausend Meilen stärkeren Glauben an Gott.

Ich habe auch gelernt, dass es kein Weltuntergang ist, wenn etwas nicht so klappt wie geplant. Das hat mit Scheitern oder Versagen nichts zu tun. Und viele coole Sachen sind danach passiert, gerade weil meine Reise so endete. Vier Monate später wurde ich zum Beispiel von der NASA nach Washington eingeladen, um vor einer Gruppe Kongressmitglieder zu sprechen. Ich war zuerst ziemlich nervös. Die NASA-Abteilung für Such- und Rettungseinsätze wollte ein neues satellitengesteuertes Funksystem übernehmen und dafür einen Finanzierungsantrag beim Kongress stellen. Die Kongressmitglieder sollten dafür durch die NASA eine kurze Einführung erhalten, wie das neue System funktioniert und wie es eingesetzt werden kann.

Witzigerweise profitierte jetzt die NASA von meinem „Scheitern".

Es war schon ein komisches Gefühl – ich als sechzehnjähriges Mädchen vor all diesen wichtigen Leuten, mit nichts weiter als meiner Geschichte. Doch ich stand für alle Seenotopfer, die gerettet werden konnten, die noch auf Rettung warteten, und für die, bei denen traurigerweise die Rettung zu spät gekommen war.

Ich war so etwas wie ein lebender Beweis, dass satellitengesteuerte Funksysteme ihren Zweck erfüllen.

Ich denke, ich konnte auch etwas dazu sagen, wie man das Funksystem noch weiter verbessern könnte, zum Beispiel durch eine Direktverbindung für den Vermissten mit einer Seenotrettungsstelle wie die in Canberra.

Nach dem NASA-Event erhielt ich noch weitere Einladungen von Institutionen wie der Marine-Akademie in Annapolis (wo sie mich fragten, ob ich bei ihrer Segelmannschaft mitmachen wollte!) und besuchte als Gastrednerin die Universität von Maryland, die Behörde *National Oceanic and Atmospheric Administration* und verschiedene Jacht-Clubs in ganz Amerika.

Und jedes Mal, wenn ich meine Geschichte erzählte, schien mein Alter und die Tatsache, dass mein Schiffbruch in einem der entferntesten Winkel der Erde stattgefunden hatte, eine große Rolle zu spielen. Die meisten Leute zeigten sich beeindruckt, dass ich mit der *Wild Eyes* um Kap Hoorn und um die halbe Welt gesegelt war. Aber es gibt immer noch solche, die glauben, dass meine Reise von Anfang an zum Scheitern verurteilt war und ich nur mit viel Glück überhaupt so weit gekommen war. Inzwischen macht mir das nichts mehr aus. Ich weiß, dass man es im Leben nie allen recht machen kann. Und wahrscheinlich auch gar nicht braucht.

Ich weiß auch, dass viel diskutiert wurde über die immensen Kosten so einer Rettungsaktionen auf See. Die Kritiker führten an, dass letztendlich die australischen Steuerzahler meine Rettung bezahlen mussten, was unfair sei. Aber ich glaube, die Amerikaner würden für jemanden in Not ohne zu zögern dasselbe tun – ganz gleich welcher Nationalität –, was die Australier und die Franzosen für mich getan haben.

Auf jeden Fall hoffe ich, dass ich noch eine zweite Chance bekomme, um die Welt zu segeln. Vielleicht schaffe ich es beim nächsten Mal. Vielleicht auch nicht.

Aber ich möchte es noch einmal versuchen.

Oft sind Ziele, für die es sich zu leben lohnt, nicht ohne Risiko zu erreichen. Und nicht alles läuft immer wie geplant – dafür bin ich der lebende Beweis. Aber etwas habe ich gelernt: Wer seinen Traum leben will, der scheitert nur, wenn er es nie versucht.

DIE *WILD EYES*

Abbys Open 40-Jacht

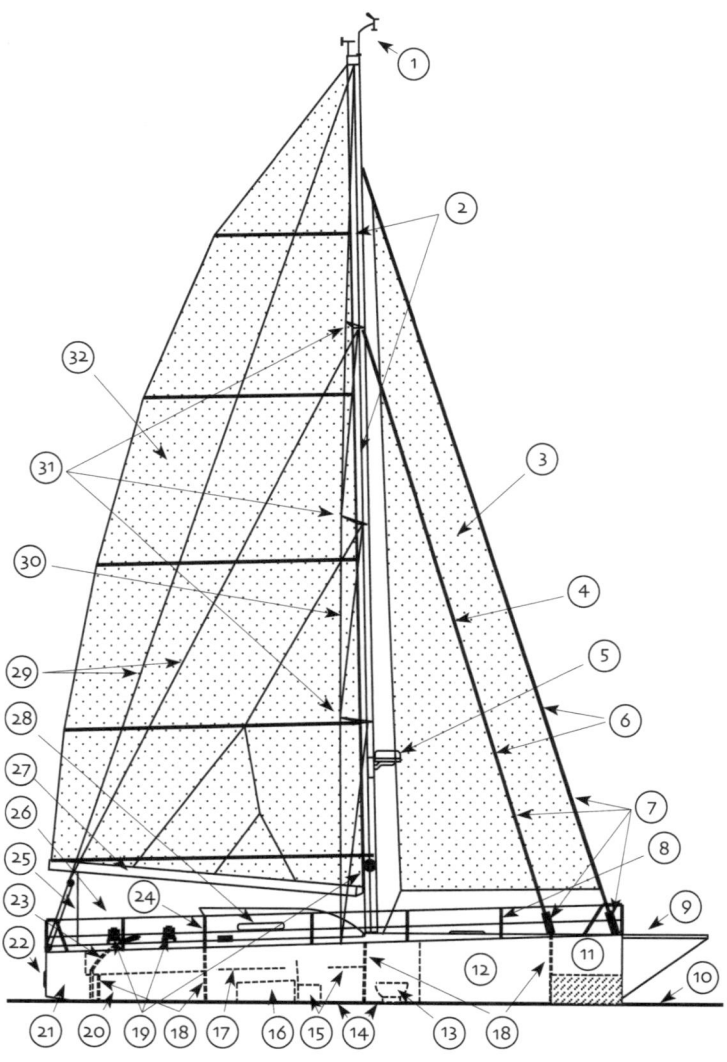

1. Windsensoren
2. Mast: Carbonfaser, Höhe 19,80 m
3. Fock oder Genua (Vorsegel)
4. Stagsegel, aufgerollt abgebildet (um das innere Stag)
5. Radarantenne, an Kardanaufhängung am Mast
6. Stage, Vorstag und inneres Stag
7. Rollsegelvorrichtung
8. Sicherheitsleinen (Reling)
9. Bugspriet, sichert die Basis des Spinnaker-Segels
10. Wasserlinie
11. Bug-Abteil, zur Hälfte mit Schwimmkörpern gefüllt, durch Schotten wasserdicht
12. Vordere Segelluke für Segel, Essensvorräte, Kleidung, Anker, Reserveruder und -pinne
13. Dusche und Toilette
14. Rumpf: Epoxydglas-Schaum, innen und außen mit Kevlarfaser verkleidet, Länge 12 m, Breite 3,30 m
15. Kartentisch und Stuhl
16. Motorkasten
17. Klappbett auf der Backbord-, Kombüse (Küche) auf der Steuerbordseite
18. Vier wasserdichte Schotten mit wasserdichten Luken
19. Winsche: insgesamt 6; je eins links und rechts vom Cockpit, und je zwei links und rechts vom Mast, handgeschmiedet
20. Achterluke, Treibstoff- und Wassertanks, Materiallager, Werkzeuge und Ersatzteile
21. Wasserdichtes Fach für Steuerung, Sitz der Autopilotanlage
22. Hintere Notausstiegsluke, schließt wasserdicht ab
23. Ruderpinne (für Handsteuerung)
24. Kabinen-Niedergangsluke, wasserdicht
25. Großschot
26. Cockpit, offen
27. Großbaum
28. Kabine, geschlossen, 3 m x 2,40 m
29. Backstag, ein Satz auf jeder Seite
30. Wanten, beidseitig
31. Salinge, drei pro Seite
32. Großsegel, Segelfläche kann durch Reffen verkleinert werden (in 3 Etappen)

VERZEICHNIS EINIGER BEGRIFFE
AUS DER SEEFAHRT

achtern, Achter-: hinten; am hinteren Ende des Bootes.

Autopilot: automatische Steuerungsanlage. Ein mechanisches, elektronisches oder hydraulisches System der Steuerung, um den Segler zu entlasten (beim Einhandsegeln unentbehrlich).

Backbord: links; auf der linken Seite; linke Seite des Schiffes (in Fahrtrichtung).

Backstag: ein Stag (starkes Drahtseil, Stab oder Seil), das von der Mastspitze zum Heck läuft und den Mast hält.

Ballasttanks: zwei Tanks auf jeder Seite des Bootes. Durch Einfluten von Wasser sollen sie der Krängung entgegenwirken und das Boot stabilisieren, wodurch die Geschwindigkeit zunimmt.

Baum (Großbaum): eine horizontale Spiere (Rundholz), die mit einem Ende am Mast und mit dem anderen Ende am Schothorn (die hintere untere Ecke des Segels) befestigt ist. Der Baum dient zum Aufspannen des Segels und hält es in der Horizontale.

Bootsmannstuhl: gesichertes Sitzbrett, mit dem man sich für Reparaturarbeiten am Mast hochziehen lassen kann.

Bug: die Vorderseite des Bootes.

Bugspriet: eine Spiere (Rundholz) an der Bugspitze, die schräg über den Bootsrumpf hinausragt. Der Bugspriet dient sozusagen als Verlängerung des Rumpfes und zur Befestigung eines Vorsegels wie Spinnaker oder Fock (bei der *Wild Eyes* das Code Zero).

Code Zero: ein sehr großes, extrem leichtes Vorsegel für schwache Winde, zum Beispiel am Äquator. Ähnlich wie ein Spinnaker, aber einfacher zu handhaben beim Einhandsegeln.

Cockpit: vertiefter Sitzraum für die Besatzung einer Jacht.

Deck: der obere, horizontale Abschluss des Schiffsrumpfes; der „Fußboden" draußen an Bord.

Einholen: Ein Segel kann durch Einrollen eingeholt werden oder einfach heruntergelassen und am Großbaum aufgetucht (zusammengefaltet) werden.

beidrehen, beiliegen: mit dem Bug in den Wind drehen und Segel und Ruder so einstellen, dass das Boot kaum noch Fahrt macht. Im Idealfall liegt es dann so stabil, dass man nicht mehr zu steuern braucht.

Fall: ein Tauwerk, das zum Hochziehen, Herunterlassen oder Reffen eines Segels dient.

Fock: Vorsegel bei Jachten, wie die Genua. Bei leichtem Wind wird häufig auf die Fock verzichtet.

Genua: größeres Vorsegel, das bei leichten bis mäßigen Winden gefahren wird.

Großschot: Leine, um das Großsegel zu trimmen (bedienen), d. h. um das Segel dichtzuholen (Leine anzuziehen) oder (auf)zufieren (Segel weiter aufzumachen) oder zu reffen. Die Großschot ist am Ende des „Baumes" befestigt und wird zur sicheren Bedienung für die Crew durch Rollen und Ösen ins Cockpit geführt.

Großsegel: das Segel, das am Großmast eines Segelschiffes bzw. am Mast einer (slupgetakelten) Segeljacht befestigt ist und von Mast und Großbaum eingerahmt wird.

Halse: Segelmanöver zum Richtungswechsel, bei dem das Heck durch den Wind dreht und die Segel anschließend auf der gegenüberliegenden Seite stehen.

hart am Wind: Beim Kurs „hart am Wind" kommt der Wind fast von vorn; die Segel sind dichtgeholt; das Boot segelt den kleinsten noch segelbaren Winkel zum Wind.

Heck: das hintere Ende des Schiffes.

Krängung, krängen: seitliche Neigung des Bootes beim Segeln.

Lukentür: eine Öffnung im Bootsdeck, die wasserdicht verschlossen werden kann, damit kein Wasser in die Kabine eindringt.

Laufendes Gut: auf einem Segelschiff alles Tauwerk, mit dem die Segel bedient werden.

Kiel: schweres Gewicht (z. B. aus Blei oder Gusseisen) mittschiffs unter der Wasserlinie, bietet das Gegengewicht zum Winddruck und sorgt für Stabilität (Ballastkiel).

Knoten: Maßeinheit für die Windgeschwindigkeit und Geschwindigkeit von Schiffen. 1 km/h sind 0,539 Knoten.

Lee: die dem Wind abgewandte Seite. Bei Segelbooten ist die Leeseite die Seite, auf der das Großsegel steht.

Luv: die dem Wind zugewandte Seite.

Mast: vertikale Spiere, wird durch Stahlseile (Vorstag und Achterstag) in seiner Position gehalten. Zentraler Punkt für die Befestigung der Segel.

Niedergang: Kajütenleiter; steile Treppe, die nach unten in die Kabine führt.

Radar: Gerät zur Funkortung mithilfe elektromagnetischer Wellen, insbesondere Radiowellen; auf See zur Identifizierung der Entfernung, Richtung und Geschwindigkeit anderer Boote und zur Orientierung bei schlechter Sicht.

reffen: das Verkleinern der Segelfläche (durch teilweises Einholen) bei starkem Wind. Dabei kann das Segel stufenweise eingeholt werden, bei der *Wild Eyes* z. B. in drei Stufen (drei Reffreihen): erstes Reff, zweites Reff und drittes Reff.

Rigg: alle mit dem Segel verbundenen Aufbauten an Bord eines Segelbootes. Das Rigg besteht hauptsächlich aus Mast, Salingen und Stagen.

Rollreffanlage: Vorrichtung zum Einholen oder Reffen, wobei das Segel um ein Vorstag herumgewickelt wird.

Rumpf: Bootskörper, äußere Hülle. Bei den heutigen Jachten meistens aus glasfaserverstärktem Kunststoff (GFK).

Saling: waagrechte Strebe am Mast eines Segelbootes. Die *Wild Eyes* besaß drei Sets von Salingen.

Schot: die Leinen zum Bedienen eines Segels, die beidseitig ins Cockpit geführt werden.

Schott: Trennwand im Inneren eines Bootes. Die Schotten sind die „Wände", die das Bootsinnere in einzelne wasserdichte Segmente unterteilen.

Sicherheitsleinen: Drahtseile (ähnlich einer Reling) an beiden Seiten des Decks zum Einklinken eines Sicherheitsgurts (Lifebelt).

Slup: Segelboot mit nur einem Mast, an dem zwei dreieckige Segel befestigt sind, Großsegel und Vorsegel (Sluptakelung).

Spiere: stabile Pfosten und Rundhölzer, die zur Befestigung der Segel dienen, wie Mast, Baum, Spinnakermast und Bugspriet.

Spinnaker: großes bauchiges Vorsegel aus leichtem Tuch, das nur an drei Ecken des Segels mit dem Boot verbunden ist. Spinnaker werden meistens bei sehr leichtem Wind eingesetzt und sind schwierig zu fahren.

Stag: Drahtseil, Stange oder Seil zur Absteifung des Mastes in Längsrichtung. Segelboote haben normalerweise ein Vorstag (vom Bug zur Mastspitze), ein Backstag (vom Heck zur Mastspitze) sowie Babystagen (an den Seiten des Bootes). Die *Wild Eyes* besaß zwei Sets von Backstagen.

Stagsegel: ein zweites Vorsegel, kleiner und stabiler; wird bei stärkerem Wind eingesetzt.

Stehendes Gut: Bestandteile des Riggs, die zur Absteifung des Mastes dienen und die bei Segelmanövern nicht bewegt werden, wie etwa Wanten und Stage.

Steuerbord: rechts; auf der rechten Seite; rechte Seite des Schiffes (in Fahrtrichtung).

Tiefgang: wie tief das Boot im Wasser liegt; gemessen von der Wasserlinie bis zum tiefsten Punkt des Rumpfes.

Treibanker: eine Art kleiner Fallschirm, der sich mit Wasser füllt und das Boot bremst. Ein Treibanker soll die Abdrift oder die Geschwindigkeit verringern, das Boot bei schwerer See stabilisieren und in einem bestimmten Winkel zu den Wellen halten.

vor dem Wind: Beim Vorwindkurs kommt der Wind direkt von achtern. Der schwierigste Kurs für Segeljachten; kann gefährlich werden (der kleinste Fehler kann zu einer Patenthalse führen, die für Besatzung und Schiff sehr gefährlich ist.

Vorstag: ein Stag (starkes Drahtseil, Stab oder Seil), das von der Mastspitze zum Bug läuft und den Mast von vorn stabilisiert. Vorstag und Backstag gehören zum stehenden Gut eines Schiffes.

Wanten: Stahlseile, die den Mast auf beiden Seiten verspannen. Oft mehrere Paare von Wanten auf jeder Seite und auf unterschiedlicher Höhe. Sie dienen zur Stabilisierung des Mastes, damit er dem Segeldruck standhält.

Wende: Segelmanöver zum Richtungswechsel, bei dem der Bug durch den Wind geht und die Segel die Seiten wechseln.

Windgeneratoren: ein System, das den Wind zur Stromerzeugung nutzt.

Winsch: trommelartige Seilwinde zur leichteren Bedienung von Schoten, Fallen und anderem Tauwerk.

DANK

Wenn ich an die vielen interessanten Menschen denke, die ich durch meine Reise kennenlernen durfte – und an die vielen, die mir diese Reise ermöglicht haben, bin ich unendlich dankbar. Und ohne die zahlreichen helfenden Hände hätte ich meinen Traum, um die Welt zu segeln, vergessen können.

Ich startete in der Kategorie „solo", aber „solo" ist nicht ganz richtig. Ich war zwar allein an Bord der *Wild Eyes* und musste, wenn es darauf ankam, sämtliche Entscheidungen allein treffen. Aber ich hatte ein tolles Support-Team, das immer für mich da war, wenn ich technischen Rat oder Hilfe brauchte. Deshalb – ein großes Dankeschön an euch. Denn ohne euch hätte ich es noch nicht mal bis zur Startlinie geschafft! Ihr wart das beste Team aller Zeiten!

Danken möchte ich auch den australischen, französischen und amerikanischen Such- und Rettungseinsatzkräften für alles, was sie getan haben, um mich zu retten. Sie haben beinahe Übermenschliches geleistet und ohne ihren Einsatz wäre ich heute nicht hier.

Ein ganz großes Dankeschön an Kapitän Paul-Louis LeMoigne und seine Crew von der *Ile de la Réunion*. Danke, dass Sie einen Umweg gemacht haben, um mich aufzugabeln, und für alles, was Sie für mich getan haben, um mich sicher nach Hause zu bringen. Sie alle waren so freundlich zu mir und ich werde die Tage an Bord Ihres Schiffes nie vergessen.

Und ich danke Kapitän Jacques Deshayes und seiner Crew von

der *Osiris*, der mich von den Kergueleninseln nach La Réunion mitnahm. Sie haben in dieser schwierigen Zeit so viel für mich getan.

Ich danke Nathalie Deschamps und den Bewohnern der Kerguelen für ihre herzliche Gastfreundschaft. Sie leben wirklich auf einer zauberhaften, kleinen Insel! Bei meinem nächsten Besuch habe ich hoffentlich mehr Zeit – ich möchte so gern die Pinguine sehen.

Ein besonderer Dank an meine Mama und meinen Papa: Danke, dass ihr mich so erzogen habt, dass ich meine Träume leben durfte und dass ihr mir die Selbstständigkeit zutraut, meine eigenen Entscheidungen zu treffen.

Und ich danke meinen Sponsoren: Danke, dass Sie an mich geglaubt haben und mir geholfen haben, meinen Traum zu verwirklichen.

Ich danke den vielen Menschen weltweit, die uns im Gebet mitgetragen und die gebetet haben, dass ich heil wieder nach Hause kam.

Und zum Schluss ein riesiges Dankeschön an Lynn Vincent, die bereit war, meine Story aufzuschreiben. Danke, Lynn, es ist dir gelungen, die Geschichte in Worte zu fassen und dich dabei selbst zurückzunehmen. Du bist spitze!

ANMERKUNGEN

1 Scott Jutson, Designer recounts Wild Eyes' intent, Soundings, August 2010

2 Sailing Anarchy, January 24, 2010, http://forums.sailinganarchy.com/index.php?showtopic=102689 (übernommen am 21.1.2011)

3 ebenda, 25. Jan. 2010 (übernommen am 21.1.2011)

4 Kevin Modest, Los Angeles Daily News, January 25, 2010, http://www.dailynews.com/news/ci_14257254 (übernommen am 21.1.2011)

5 Sailing Anarchy, February 1, 2010 (übernommen am 21.1.2011)

6 Sailing Anarchy, June 16, 2010, http://sailinganarchy.com/article.php?get=5761 (übernommen am 21.1.2011)

7 Anita Bennett in Thousand Oaks, Kalifornien, und Annie Karni in New York, *New York Post,* June 14, 2010, http://www.nypost.com/p/news/national/sail_kid_parents_set_cour_for_tv_crGRuKCVBcBCM5v3s23ULK (übernommen am 21.1.2011)

ABBY SUNDERLANDS REISE
MIT DER *WILD EYES*

USA

Los Angeles
Marina del Rey

Cabo San
Lucas, Mexiko

Äquator

Kolumbien

Ecuador

Peru

Pazifik

Chile

Argentinien

Atlantik

Falkland-
inseln

Ushuaia

Feuerland

Kap Hoorn

Antarktis